普通高等教育"十二五"规划教材

全国高职高专财会专业规划教材

会计基本技能

戚素文　主　编

薄海民　副主编

科学出版社

北　京

内 容 简 介

本书系中国科学院教材建设专家委员会教材建设立项项目——全国高职高专财会专业规划教材之一。

本书的主要内容包括七个模块,即会计的书写技能、会计计算的基本技能、点钞与验钞的技能、汉字录入及常用办公设备的操作技能、电子收款机的操作技能、计算机开票及网络报税的技能、会计资料整理的技能。每一模块都附有与教学进度同步的训练指南和训练内容。模块结构的使用,便于循序渐进地或有选择地进行模块教学,体现了较强的适用性。

本书可供高、中等职业技术教育中会计专业或相关的经济类、管理类专业学生使用,也可作为会计岗位培训和相关人员的自学用书。

图书在版编目(CIP)数据

会计基本技能/戚素文主编.—北京:科学出版社,2005
(普通高等教育"十二五"规划教材·全国高职高专财会专业规划教材)
ISBN 978-7-03-015927-4

Ⅰ.会… Ⅱ.戚… Ⅲ.会计学-高等学校:技术学校-教材 Ⅳ.F230

中国版本图书馆 CIP 数据核字(2005)第 078213 号

责任编辑:田悦红 / 责任校对:柏连海
责任印制:吕春珉 / 封面设计:耕者设计工作室

科 学 出 版 社出版
北京东黄城根北街 16 号
邮政编码:100717
http://www.sciencep.com

新科印刷有限公司 印刷

科学出版社发行 各地新华书店经销

*

2005 年 8 月第 一 版 开本:B5(720×1000)
2016 年 1 月第十九次印刷 印张:19 1/4
字数:373 000
定价:38.00元

(如有印装质量问题,我社负责调换〈新科〉)

销售部电话 010-62134788 编辑部电话 010-62135397-8007(VF02)

全国高职高专财会专业规划教材编委会

主　任　梁伟梓

委　员 （以姓氏笔画为序）

米　莉　　孙世臣　　杨　欣　　张玉英　　张立俊

陈　强　　陈六一　　陈建松　　邵敬浩　　侯　颖

徐　静　　徐恒山　　戚素文　　程　坚

秘书长　王　彦

前　言

按照职业教育培养目标的要求,作为一本适合于财务会计专业职业技术教育的《会计基本技能》的培养和训练教材,本书具有以下特点:

一、注重内容与体系的创新和当前经济发展的需求,有较强的适用性

本书在内容的安排与实际工作的结合、理论课时与实践课时比例的分配等方面都具有创新性,特别是在内容的安排上突出了新技术在财会领域应用对会计人员知识技能的需求。如为了适应企业网络报税方式的需要以及大型超市收银形式的变化,我们安排了收款机操作技能和计算机开票及网络报税技能等内容;结合办公自动化的普及和会计电算化的广泛应用,特增设了常用办公设备的使用和维护模块。在内容结构安排上也体现了新颖和适用的原则,将会计工作的基本技能安排成七个模块,可以循序渐进地或有选择地进行模块教学。

二、突出职教特色,强调技能训练

本书内容分不同的模块贯穿于财会专业学生在校学习期间(两年或三年)的各个学期,一般需要安排每周 2~4 节,共 324 个课时,理论与实践课时比例约为1:3,突出学生动手能力的培养,充分体现理论知识够用、技能训练为主的思想。每一模块都附有与教学进度同步的训练指南和训练内容,便于学生循序渐进地进行操作和练习,使其不断提高会计各项基本技能的实际操作能力和水平。

三、内容与学生的学习能力相适应,便于自学

本书主要适用对象为高职高专会计类专业的学生,有些模块也适用于统计、企业管理、市场营销等专业的学生。作者在编写时充分考虑到这些学生的学习能力以及他们自学成材的需求等情况,突出了教材的易读、易理解、易操作性。其结构清楚、图文并茂、深入浅出、可读性较强,便于学生课下预习和自学,并能培养、锻炼和提高学生的自学能力、理解能力和实际动手操作能力。

四、注重与相关课程内容的衔接,避免重复与脱节

本书是会计类专业必备的一门专业基础课,注重专业技能的培养和训练,有些模块的内容与“基础会计”、“计算机基础”、“超市经营管理”等课程相关,但内容侧重点不同。本教材主要为学生的会计综合实训及顶岗实习奠定基础,亦可以通过模块的选择来避免相关课程内容的重复与脱节。

五、教学和实训方法灵活多样、切实可行

在教学过程中,教师可利用各种教学工具、相关设备、多媒体投影、录像等方式进行直观教学,有些模块的教学内容也可以现场教学,如收款机的使用技能、计算

机开票及网络报税技能、常用办公设备的操作技能等。并通过组织学生现场模拟或实际操作来实现教学目标,完成教学任务,定会收到良好的教学效果。

　　本书作为由中国科学院教材建设专家委员会教材建设立项项目——全国高职高专财会专业规划教材之一,它与《基础会计》、《中级财务会计》、《成本会计》、《审计》、《会计电算化》、《预算会计》、《财务管理》、《管理会计》、《会计制度设计》等书相配套,可供高、中等职业技术教育中财务会计专业或相关的经济类、管理类专业学生使用,也可作为岗位培训和相关人员的自学用书。

　　参加编写的单位及人员有:

　　第一模块由齐齐哈尔大学衣素芹编写;第二模块由安徽商贸职业技术学院汪玉桥编写;第三模块由河北唐山职业技术学院薄海民编写;第四模块由河北廊坊职业技术学院金桂兰、张昕编写;第五模块由河北唐山职业技术学院杨波编写;第六模块由内蒙古商贸职业学院李军义编写;第七模块由河北唐山职业技术学院戚素文编写。

　　本书由河北唐山职业技术学院戚素文教授担任主编,该院会计系副主任、注册会计师薄海民任副主编并由其总纂。

　　本书在编写过程中,得到浙江丽水职业技术学院、河北石家庄信息工程职业技术学院等单位的大力支持,在此表示衷心的感谢。

　　由于作者水平有限和时间仓促,书中难免有缺点和不足,敬请专家、同仁和广大读者批评指正。

编者
2005 年 3 月

目　　录

第一模块　会计的书写技能

第一单元　数字的书写

一、基本要求

会计工作离不开书写。数字的书写是财会工作者的一项基本功，对会计人员来说尤为重要。财会工作常用的数字有两种：一种是阿拉伯数字；一种是中文大写数字。通常，将用阿拉伯数字表示的金额数字简称为"小写金额"；用中文大写数字表示的金额数字简称为"大写金额"。阿拉伯数字与中文大写数字有不同的规范化要求，会计数字的书写应规范化。对财会书写的要求是正确、规范、清晰、整洁、美观。

1. 正确

正确，是指对所发生的经济业务的记录，一定要正确反映其内容，反映其全过程及结果，反映其全貌，所用文字与数字一定要书写正确。

2. 规范

规范，是指对有关经济活动的记录书写一定要符合财会法规和会计制度的各项规定，符合对财会人员的要求。无论是记账、核算、分析、编制报表，都要书写规范、数字准确、文字适当、分析有理，要严格按书写格式书写。文字要以国务院公布的简化汉字为标准，不要滥造简化字，不要滥月繁体字。数码字要按规范要求书写。

3. 清晰

清晰，是指账目条理清晰，书写时字迹清楚，举笔坚定，无模糊不清的现象。

4. 整洁

整洁，是指账面清洁，横排、竖排整齐分明，不杂乱。书写工整、不潦草，无大小不均、参差不齐及涂改现象。

5. 美观

美观，是指结构安排合理，字迹流畅，字体大方，显示个人功底。

二、阿拉伯数字的书写规范

阿拉伯数字也称"公厅数字"。原为印度人创造，8世纪传入阿拉伯，后又从阿拉伯传入欧洲，始称为"阿拉伯数字"。由于它字数少，笔画简单，人们普遍乐于使用，因此很快传遍世界各地。阿拉伯数字，是世界各国的通用数字。

（一）标准写法示范

阿拉伯数字的写法，过去只有印刷体是统一字型的，手写体是根据人们的习惯和爱好去写，没有统一的标准字体。近年来随着经济发展，金融、商业等部门逐步采用一种适合商业、金融记数和计算工作需要的阿拉伯数字手写体，其标准书写字体如图1-1所示。

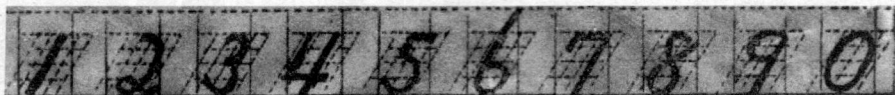

图 1-1

（二）书写要求

会计工作离不开阿拉伯数字，数码要写标准字体，在有金额分位格的账表凭证上，阿拉伯数字的书写，结合记账规则的需要，有特定的书写要求。

1）书写数字应由高位到低位，从左到右，一个一个地认真书写，各自独立，不可潦草，不可模棱两可，不得连笔写，以免分辨不清。

2）账表凭证上书写的阿拉伯数字应使用斜体，斜度大约60度左右。

3）数字高度约占账表凭证金额分位格的二分之一，这样既美观又便于改错。

4）除"7"和"9"上低下半格的四分之一、下伸次行上半格的四分之一处外，其他数字都要靠在底线上书写，不要悬空。

5）"0"要写成椭圆形，细看应接近轴对称与中心对称的几何图形，下笔要由右上角按逆时针方向划出，既不要写得太小，也不要开口，不留尾巴，不得写成D型，也不要写成C型。

6）"1"的下端应紧靠分位格的左下角。

7）"4"的顶部不封口，写第1笔画时应上抵中线，下至下半格的四分之一处，并注意中竖是最关键的一笔，斜度应为60度，否则"4"就写成正体了。

8）"6"的上半部分应斜伸出上半格的四分之一的高度。

9）写"8"时，上边要稍小，下边稍大，注意起笔应写成斜"S"型，终笔与起笔交接处应成菱角，以防止将3改为8。

10）从最高位起，后面各分位格数字必须写完整，如壹万伍仟捌佰元整（见表1-1）。

表 1-1

千	百	十	万	千	百	十	元	角	分
			1	5	8	0	0	0	0

总之，数码的宽窄与长短比例要匀称，字型要完全一致，不许多笔或少笔，同样的数字要笔顺一致，字体一致，宽窄一致，圆韵一致，圆直相接要吻接，自然、柔软、平滑。力求美观大方，眉目清新。

还要以下笔刚直为特点，圆为椭圆，角有角尖。1、4、7 下笔全神贯注，不留不滞，飞流直泻，铜筋铁骨，给人以松柏挺拔之感，5、6、8、9 的直笔也应具此势。6 与 9 旋转 130°后来看是 9 与 6，不应有任何痕迹。2 与 3 上部类同，3 与 5 下部相似。8 有两种笔顺，都起笔于右上角，结束于右上角，这都是符合阿拉伯数字书写习惯的，但第一笔写直笔容易写出字的气势来。

第二单元　文字的书写

一、中文大写数字书写的有关规定

（一）用正楷字体或行书字体书写

中文大写金额数字，主要用于发票、支票、汇票、存单等重要凭证的书写，为了易于辨认、防止涂改，应一律用正楷或者行书体书写。如壹（壹）、贰（贰）、叁（叁）、肆（肆）、伍（伍）、陆（陆）、柒（柒）、捌（捌）、玖（玖）、拾（拾）、佰（佰）、仟（仟）、万（万）、亿（亿）、圆（元）、角（角）、分（分）、整（整）、零（零）等字样。不得用中文小写一、二、三、四、五、六、七、八、九、十或廿、两、毛、另（或 0）、园等字样代替，不得任意自造简化字。大写金额数字到元或者角为止的，在"元"或者"角"字之后应当写"整"字或者"正"字；大写金额数字有分的，分字后面不写"整"或者"正"字。

（二）"人民币"与数字之间不得留有空位

有固定格式的重要凭证，大写金额栏一般都印有"人民币"字样，书写时，金额数字应紧接在"人民币"后面，在"人民币"与大写金额数字之间不得留有空位。大写金额栏没有印有"人民币"字样的，应在大写金额数字前填写"人民币"三字。

（三）有关"零"的写法

一般在填写重要凭证时，为了增强金额数字的准确性和可靠性，需要同时书写小写金额和大写金额，且两者必须相符。当小写金额数字中有"0"时，大写金额应怎样书写，要看"0"所在的位置。

1）金额数字尾部的"0"，不管有一个还是有连续几个，大写金额到非零数位后，用一个"整（正）"字结束，都不需用"零"来表示。如"￥4.80"，大写金额数字应写成"人民币肆元捌角整"；又如"￥200.00"时，应写成"人民币贰佰元整"。

2）对于小写金额数字中间有"0"的，大写金额数字应按照汉语语言规律、金额数字构成和防止涂改的要求进行书写。举例说明如下：

① 小写金额数字中间只有一个"0"的，大写金额数字要写成"零"字。如"￥306.79"，大写金额应写成"人民币叁佰零陆元柒角玖分"。

② 小写金额数字中间连续有几个"0"的，大写金额数字可以只写一个"零"字。如"￥9 008.36"，大写金额应写成"人民币玖仟零捌元叁角陆分"。

③ 小写金额数字元位是"0"，或者数字中间连续有几个"0"，元位也是"0"，但角位不是"0"时，大写金额数字中间可以只写一个"零"，也可以不写"零"。如"￥3 480.40"，大写金额应写成"人民币叁仟肆佰捌拾元零肆角整"，或者写成"人民币叁仟肆佰捌拾元肆角整"；又如"￥920 000.16"，大写金额应写成"人民币玖拾贰万元零壹角陆分"，或者写成"人民币玖拾贰万元壹角陆分"。

④ 小写金额数字角位是"0"而分位不是"0"时，大写金额"元"字后必须写"零"字。如"￥637.09"，大写金额应写成"人民币陆佰叁拾柒元零玖分"。

（四）数字前必须有数量字

大写金额"拾"、"佰"、"仟"、"万"等数字前必须冠有数量字"壹"、"贰"、"叁"……"玖"等，不可省略。特别是壹拾几的"壹"字，由于人们习惯把"壹拾几"、"壹拾几万"说成"拾几"、"拾几万"，所以在书写大写金额数字时很容易将"壹"字漏掉。"拾"字仅代表数位，而不代表数量，前面不加"壹"字既不符合书写要求，又容易被改成"贰拾几"、"叁拾几"等。如"￥120 000.00"大写金额应写成"人民币壹拾贰万元整"，而不能写成"人民币拾贰万元整"，如果书写不规范，"人民币"与金额数字之间留有空位，就很容易被改成"人民币叁（肆、伍……）拾万元整"等。

（五）票据的出票日期必须使用中文大写

为防止变造票据的出票日期，在填写月、日时，月为壹至壹拾的，日为壹至玖和壹拾、贰拾、叁拾的，应在其前加"零"，日为拾壹至拾玖的，应在其前面加壹。如：3月15日应写成零叁月壹拾伍日，票据出票日期使用小写填写的，银行不予受理。

票据和结算凭证上金额、出票或者签发日期、收款人名称不得更改，更改的票据一律无效。票据和结算凭证金额以中文大写和阿拉伯数码同时记载的，二者必须一致，否则票据无效，银行不予受理。

票据和结算凭证上一旦写错或漏写了数字，必须重新填写单据，不能在原凭单上改写数字，以保证所提供数字真实、准确、及时、完整。

二、会计科目及摘要书写要求

会计科目是对会计核算对象的具体内容进行科学分类的项目，设置会计科目是会计核算的专门方法之一。按照会计科目提供信息的详细程度分类，它分为"总分类科目"和"明细分类科目"。在会计工作中，当经济业务发生时，要按照会计科目填制"记账凭证"和开设并登记账簿。不论是填制记账凭证和登记账簿，都应对该项经济业务的事由说明清楚，即"摘要"。在使用会计科目和填写摘要时，要遵循以下原则和要求：

1）填制记账凭证和登记账簿时，必须用碳素笔或钢笔认真书写，不得使用圆珠笔、铅笔和纯蓝色墨水；一般使用楷书或行书书写，不得使用草书书写；文字书写的宽窄与长短比例要匀称，字型要完全一致，不能满格书写；文字上方要向右倾斜，文字的中心线与水平线的交角以 60°为宜；文字的长度占所记录表格的二分之一为宜，以备留看改错的空间。同时也是为了保持账面美观。

2）"会计科目"应按"会计制度"规定的名称、内容和要求填写，要用全称；凡有明细分类科目者，必须填齐；不能只用科目代号；科目之间的对应关系必须清楚。

3）会计凭证中有关经济业务内容的"摘要"必须真实。在填写"摘要"时，既要简明，又要全面、清楚，应以说明问题为主。一般来说：写物要有品名、数量、单价；写事要有过程；银行结算凭证要注明支票号码、去向；送存款项，要注明现金、支票、汇票等。遇有冲转业务，不能只写冲转，应写明冲转某年、某月、某日、某项业务和凭证号码，也不能只写对方账户。要求"摘要"能够正确、完整地反映经济活动和资金变化的来龙去脉，切忌含糊不清。

4）账簿上的"摘要栏"，应依据记账凭证上的"摘要"填写，其简明程度，以能从账簿上看出经济业务的基本内容为限。不能过于详细以至栏内书写不下，有失账面整洁，也不能过于简单看不出经济业务的基本情况，遇有查询还得查阅会计凭证，更不能画点儿或空白不填。

5）记账凭证和账簿上所填写的文字也和数字一样，不准随意涂改、刀刮、纸贴、药水洗、橡皮擦。填写错误需要更正时，应将错误的文字用红色墨水单线注销，另填正确的文字，并加盖经手人的印章。

三、更正书写错误的方法

在填写单据、登记账簿时，必须用碳素笔和钢笔认真书写，不得使用圆珠笔或铅笔。在书写时，要专心细致，防止发生书写的错误。如果不慎发生书写错误，应按正确的方法进行更正，不得随意涂改、刮擦、挖补，更不能用药水消字。

对于会计凭证、账簿记录中所发生的错误应视不同情况按照规定的方法加以更正。

（一）在记账凭证中出现书写错误

如果是尚未记账，应当重新填制；如果已经记账，但尚未进行年度结账时，可以用红字填写一张与原内容相同的记账凭证，同时再用蓝字重新填制一张正确的记账凭证，不能撕掉重填。如果会计科目没有错误，只是金额错误，也可以将正确数字与错误数字之间的差额，另编制一张调整的记账凭证，调增金额用蓝字，调减金额用红字；如果已经进行了年度结账，即以前年度记账凭证有错误的，应当用蓝字填制一张更正的记账凭证。

（二）在结账前发现账簿记录有文字或数字错误，而记账凭证没有错误

可以采用划线更正方法。更正时，先在错误的文字或数字上划一条红线，将其全部注销，然后，在错误文字或数字上方的空白处，用蓝色或黑色墨水笔填写上正确数字，予以更正。并由经手人在更正处盖章，以明确责任。需要注意的是，在划红线注销时，要把错误数字全部划去，不可只划去其中一部分，划销的部分要保持原有数字清晰可辨，以便审查和明确责任。

订正错误数字的式样如表 1-2 所示。

（三）在原始凭证中出现书写错误

不能用划线订正方法更正，需要重新填写。收据、支票等由于书写错误的原始凭证，不能毁掉，而是在其上注明"作废"字样，并与重新写好的凭证订在一起保存好，以便备查。

产生错误的原因虽然很多，但主要的是业务不够熟悉，计算不够准确，精神不够集中，填写不够认真所致。如果仔细审查业务，计算功夫过硬，全神贯注地书写数码，差错能够杜绝。

表 1-2

不合规定的更正方法		符合规定的更正方法	
(1) 涂改	2 6 7 ~~2~~3	2 6 7 3 / ~~2 6 7 2~~	
(2) 只改错数	4 ~~5~~3 9 8	4 3 9 8 / ~~4 5 9 8~~	
(3) 未全部划线	1 8 3 / ~~1 6 3 4 7~~	1 8 3 4 7 / ~~1 6 3 4 7~~	
(4) 更正位置不对未全部划线	~~8 4~~ 8 4 0 0 0	8 4 0 0 0 / ~~8 4 0 8 4 0 0 0~~	

实 训 一

一、数码字练习题

(一) 把下列各数写成大写数码字（数字中间连续多"0"用一个"零"字）

1. 24 675 　　　　　　　　应写成：

2. 382 607 　　　　　　　　应写成：

3. 6 000 846 　　　　　　　应写成：

4. 5 128 723 　　　　　　　应写成：

5. 875 689 430 　　　　　　应写成：

6. 48 325 　　　　　　　　应写成：

7. 243 804 　　　　　　　　应写成：

8. 8 000 412 　　　　　　　应写成：

9. 6 243 216 　　　　　　　应写成：

10. 454 821 760 　　　　　　应写成：

(二) 将下面大写金额用小写金额表示（小写前的人民币用"￥"表示，"角""分"用"0"补齐）

1. 人民币陆佰肆拾捌元伍角贰分 　　　　　　￥

2. 人民币伍拾元整 　　　　　　　　　　　　￥

3. 人民币壹拾元整 　　　　　　　　　　　　￥

4. 人民币捌万元整 　　　　　　　　　　　　￥

5．人民币壹拾亿元整　　　　　　　　　　　¥
6．人民币肆元整　　　　　　　　　　　　　¥
7．人民币伍元伍角　　　　　　　　　　　　¥
8．人民币柒角贰分　　　　　　　　　　　　¥
9．人民币玖角捌分　　　　　　　　　　　　¥
10．人民币捌分　　　　　　　　　　　　　　¥

（三）将下列小写金额用大写金额表示

1．人民币　　　　　　　　　　　26.96
2．人民币　　　　　　　　　　　47.00
3．人民币　　　　　　　　　　　10.00
4．人民币　　　　　　　　　　　5 007.00
5．人民币　　　　　　　　　　　3 000.00
6．人民币　　　　　　　　　　　800 001.26
7．人民币　　　　　　　　　　　6 200.10
8．人民币　　　　　　　　　　　0.63
9．人民币　　　　　　　　　　　0.09
10．人民币　　　　　　　　　　6 000 000 000.00

二、错误数字订正练习题

（一）下列数字前面是正确的，后面是错误的，请用划线订正法订正错误数字

1．64.27　　　　　　　　　　64.37
2．786.34　　　　　　　　　　786.54
3．9 764.21　　　　　　　　　9 764.31
4．432.16　　　　　　　　　　432.15
5．76 342.67　　　　　　　　76 342.87
6．438.67　　　　　　　　　　468.67
7．865 432　　　　　　　　　865 443
8．9 876.54　　　　　　　　　9 876.24
9．126.27　　　　　　　　　　127.63
10．7 643.29　　　　　　　　8 643.29

（二）指出下列各大写数字及数位词在书写上的正确与错误（认为正确的在括号内打"√"，错误的在字旁括号内写上正确的字）

壶（　　）　　贰（　　）　　参（　　）　　肆（　　）　　五（　　）

陆（　　）　　柒（　　）　　柴（　　）　　染（　　）　　捌（　　）

玖（　　）　　玫（　　）　　拾（　　）　　零（　　）　　伯（　　）

佰（　　）　　千（　　）　　仟（　　）　　壹（　　）　　万（　　）

亿（　　）　　乙（　　）　　角（　　）　　元（　　）　　伍（　　）

（三）下列各题都没按规则书写，请在各题后面将其按正确规则书写

1．人民币拾元整

2．伍拾玖元整

3．人民币陆仟零零贰元

4．人民币 76.00 元

5．人民币肆元陆角

6．人民叁元整

7．人民币伍仟元

8．人民币七十六元

9．人民币伍元

10．人民币零点伍元整

三、数码字练习

（一）阿拉伯数码字书写练习

请按标准阿拉伯数字字体练习

阿拉伯数字书写练习用纸

	千	百	十	万	千	百	十	元	角	分	千	百	十	万	千	百	十	元	角	分	千	百	十	万	千	百	十	元	角	分	千	百	十	万	千	百	十	元	角	分

（二）汉字大写数字书写练习

请按标准练习大写数字的书写

壹	贰	叁	肆	伍	陆	柒	捌	玖	拾	零					

大写数字书写练习用纸

四、会计科目和摘要的书写训练题

（一）示范

资料：某企业 2004 年 5 月初发生下列业务

1. 2 日厂部李华出差借旅差费 200 元，现金支付。

2. 2 日从银行提取现金 1000 元备用。

3. 2 日接银行通知：凤华公司汇来前欠货款 9000 元，已入账。

4. 3 日银行存款支付厂部办公费 600 元。

5. 3 日以存款支付光华厂货款 5000 元。

将上述业务编制简化记账凭证如下：

记账凭证简化格式

2004 年		凭证 字号	摘　　要	会计 科目	借方 金额	贷方 金额
月	日					
5	2	现付字1	李华借支差旅费	其他应收款	200.00	
				现金		200 00
	2	银付字1	提现金备用	现金	1 000.00	
				银行存款		1 000 00
	2	银收字1	收到凤华公司前欠货款	银行存款	9 000.00	
				应收账款		9 000 00
	3	银付字2	支付厂部办公费	管理费用	600.00	
				银行存款		600 00
	3	银付字3	支付前欠光华厂货款	应付账款	5 000.00	
				银行存款		5 000 00

(二) 练习

资料：

立新工厂 2004 年 12 月发生下列业务：

1. 5 日，收到投资人 100 000 元投资存入银行。

2. 9 日，从工商银行取得一项为期五年的长期借款 500 000 元。

3. 11 日，从银行提取现金 2 000 元备用。

4. 18 日，从某单位购甲材料 30 000 元，验收入库，货款未付。

5. 20 日，以现金 2 500 元直接用于支付上述材料的运输及装卸费用。

6. 26 日，用银行存款偿还所欠某供货单位材料款 30 000 元。

7. 27 日，向 A 公司销售库存商品价款 60 000 元，A 公司以转账支票支付部分货款 40 000 元，余款暂欠。

8. 30 日，董事会决议向投资者分配股利 80 000 元。

9. 31 日，将现金 30 000 元存入银行。

10. 31 日，职工刘林出差预借差旅费 5 000 元，以现金付款。

要求：请写出上述业务所使用的会计科目和每一项业务的摘要、金额，填入简化记账凭证中。

简化记账凭证

2004 年		凭证 字号	摘　　要	会计 科目	明细 科目	借方 金额	贷方 金额
月	日						

第二模块　会计计算的基本技能

第一单元　珠算计算技能

一、珠算加减法的运算

根据珠算的特点，在进行加减运算前，必须先确定个位档的位置，以做到数位的一一对应。确定个位档时，最好在个位档的右边留出两档作为小数的位置。通常选择算盘梁上右边第一个计位点的左一档作为个位档，如图 2-1 所示。

算盘梁上的计位点，应标在两档之间（如图 2-1 所示），这样，可以与数字的分节号、小数点一一对应，且一目了然，运算时便于判断首位数字，不易错位。

珠算加减法最基本的操作是一位数的加减法，只要掌握了一位数的加减法，学习多位数的加减法就比较容易。其基本规则是：高位算起，同位相加减。

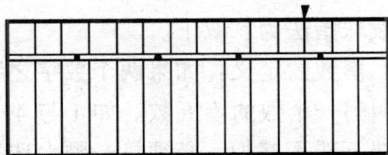

图 2-1

（一）基本加法

具体的运算步骤和方法：

第一步，首先确定个位档，然后将被加数按对应个位自左向右拨入盘中；

第二步，高位算起，将加数对准个位逐位按"同位相加"的原则相加；

第三步，最后盘上的数就是所求的和。

下面结合拨珠指法，分别介绍直接的加法、补五的加法、进十的加法和破五进十的加法四种基本类型。

1. 直接的加法

在算盘上加 1~9 各数时，只需拨珠靠梁即完成运算，而不发生进位和拨珠离梁的情况。也就是"见几加几"。

例1　256 + 631 = 887

运算步骤：

① 定好个位档，将被加数 256 拨上算盘。

② 在百位 2 这一档上，用中指和拇指拨一颗上珠 5 与一颗下珠 1 靠梁，即

加上 6；在十位 5 这一档上，用拇指拨三颗下珠靠梁，即加上 3；在个位档 6 这一档上，用拇指拨一颗下珠靠梁，即加上 1，如图 2-2 所示。

③ 算盘上读出 887 即为答案。

例 2 6 502 + 1 375 = 7 877

先从左到右拨上被加数 6 502，加看外珠，在千位上直加 1，在百位上直加 3，在十位上直加 7，在个位上直加 5。答数为 7 877。

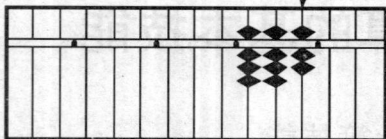

图 2-2

"直接的加法"是珠算加减法中最简单的一类。但这里应重点强调使用正确的拨珠方法。其运算方法总结为："加看外珠，够加直加"。

2．补五的加法

在算盘上加 1、2、3、4 各数时，已有部分下珠，下珠不够加，需用上珠五来凑，然后将多加的数在下珠中减去。其运算规律是"下珠不够，加五减凑"。其拨珠指法为：双下。

凑数的定义：如果两个数字之和为 5 时，那么这两个数互为凑数，其中一个数叫另一个数的凑五数。如 1 与 4，2 与 3 互为凑数。以 3＋4 为例，在加 4 时，本档下珠不够加，必须拨一颗上珠靠梁，同时将多加的 1 拨去离梁。

例 3 3 344 + 3 214 = 6 558

运算步骤：

① 定好个位档，将被加数 3 344 拨入算盘，如图 2-3 所示。

② 从高位算起，千位加上 3 时，下珠不够，则用中指拨一颗上珠靠梁，同时用食指拨去多加的两颗下珠离梁。

③ 用同样道理加上其余各数，盘上的数 6 558 即为答数，如图 2-4 所示。

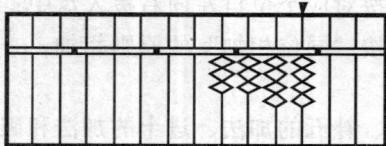

图 2-3

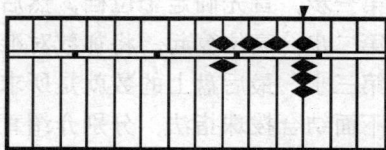

图 2-4

例 4 3 421 + 3 244 = 6 665

先拨上被加数 3 421，再逐位加上 3 244，下珠不够，加五减凑。从左到右依次加 5 减去 3 的凑数 2；加 5 减去 2 的凑数 3；加 5 减去 4 的凑数 1 等。

补五加法的运算方法："下珠不够，加五减凑"。

3．进十的加法

在算盘上加 1～9 各数时，本档满十，需向左档进一，然后将多加的补数在本档中减去。其运算规律是："本档满十，减补进一"。在减补数时采用直接的减法。

补数的定义：如果两个数的和为 10，100……即 10^n（n 为自然数）时，那么这两个数互为补数，其中一个数称为另一个数的补数，而其和数称为齐数。

例5 $37 + 85 = 122$

运算步骤：

① 定好个位档，将 37 拨入算盘，如图 2-5 所示。

② 在十位档加 8 时，本档超过 10，用食指拨去两颗下珠（减去 8 的补数 2）的同时用拇指在左档拨一颗下珠靠梁（进 1），如图 2-6 所示。

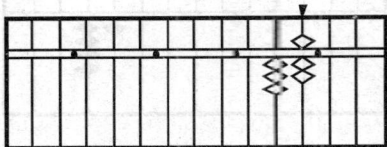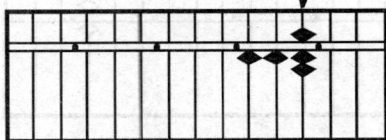

图 2-5   图 2-6

③ 个位档加 5 时，本档超过 10，用中指拨去上珠五的同时，用拇指拨左档一颗下珠靠梁。其盘上显现的数字 122 即为答数，如图 2-7 所示。

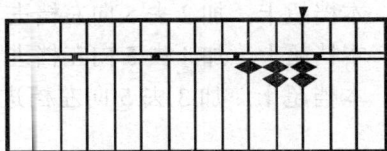

图 2-7

例6 $634 + 978 = 1\ 612$

运算步骤：

① 拨被加数 634 入盘。

② 在百位上加 9，本档超十，用食指拨去一颗下珠（减 1），再向左档进 1。

③ 在十位上加 7，本档超十，用食指拨去三颗下珠（减 3），再向左档进 1。

④ 在个位上加 8，本档超十，用食指拨去二颗下珠（减 2），再向左档进 1。

进十的加法运算方法是："本档直接减补，向左档进一"。

4. 破五进十的加法

在算盘上加 6、7、8、9 四个数时，本档满十，需向左档进一，本应将多加的数 4、3、2、1 在本档减去，可是本档下珠不够减，需破去上珠五才够减。其运算规律也是"本档满十，减补进一"，它与进十加法的区别在于减补数时要采用破五的减法。

"破五进十的加法"条件是本档已有上珠靠梁，加数为 6、7、8、9 时才适用。

例 7　6 + 8 = 14

运算步骤：

① 定好个位档，拨上被加数 6，如图 2-8 所示。

② 加 8 时，应减去 2，但无靠梁的下珠，我们就用拇指拨三颗下珠靠梁，同时用中指拨去上珠 5，再向左档进 1 即可，如图 2-9 所示。

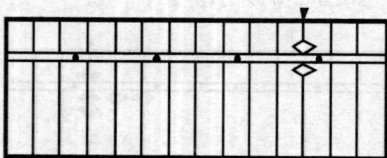　　　　　　　　　　　　　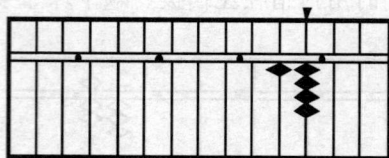

图 2-8　　　　　　　　　　　　　　　　　图 2-9

例 8　6 556 + 6 798 = 13 354

① 拨被加数 6 556 入盘。

② 在千位档加 6 时，本档超十，加 1 去 5 向左档进 1。

③ 在百位档加 7 时，本档超十，加 2 去 5 向左档进 1。

④ 在十位档加 9 时，本档超十，加 4 去 5 向左档进 1。

⑤ 在个位档加 8 时，本档超十，加 3 去 5 向左档进 1。其结果 13 354 即为答数。

破五进十加法的运算方法是："本档减补（加凑减 5），左档进一"。

以上所述四种加法类型的运算方法，在实际工作中是融合在一起的，必须持之以恒地加以练习，才能做到不假思索，见数拨珠的熟练程度。

例 9　53 765 + 24 775 = 78 540

运算步骤：

① 定好个位档，0 将被加数 53 765 拨入算盘，如图 2-10 所示。

② 从高位算起，先在万位档上加 2，用"直接加法"。

③ 在千位档加上 4，用"补五加法"。

④ 在百位档加上 7，用"破五进十加法"。

⑤ 在十位档加上 7，用"破五进十加法"。

⑥ 在个位档加上 5，用"进十加法"。其盘上显现的数字 78 540 即为答数，如图 2-11 所示。

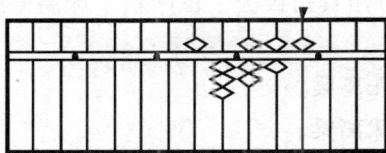

图 2-10

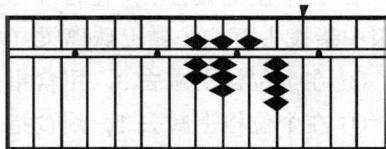

图 2-11

（二）基本减法

具体的运算步骤和方法：

第一步，首先确定个立档，然后将被减数按对应个位自左向右拨入盘中；

第二步，高位算起，将减数对准个位逐位按"同位相减"的原则相减；

第三步，最后盘上的数就是所求的差。

下面结合拨珠指法，分别介绍直接的减法、破五的减法、退十的减法和退十补五的减法四种基本类型。

1．直接的减法

在算盘上减 1～9 各数时，只需拨珠离梁即完成运算，而不发生退位和拨珠靠梁的情况。也就是"见几减几"。

例1　786 − 275 = 511

运算步骤：

① 定好个位档，将被减数 786 拨入算盘，如图 2-12 所示。

② 在百位档上减去 2 时，直接用食指拨去两颗下珠离梁；用同样方法在十位上减去 7 时，用中指拨去上珠五离梁的同时用拇指拨去两颗下珠；在个位档上减去 5 时，直接用中指拨去一颗上珠离梁即可。其结果 511 即为答数，如图 2-13 所示。

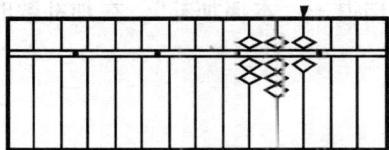

图 2-12

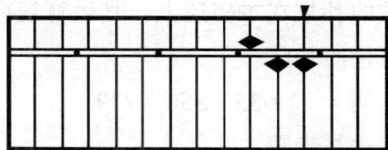

图 2-13

例2　7 842 − 2 531 = 5 311

运算步骤：

① 置数，将被减数 7 842 按对应个位拨入盘中。

② 在千位上减去 2，在百位档上减去 5，用食指拨去千位两颗下珠离梁的同时用中指拨去百位一颗上珠离梁（联拨）。

③ 在十位档上减去 3，用食指拨三颗下珠离梁。

④ 在个位档上减去 1，用食指拨一颗下珠离梁。

⑤ 盘上的数字为 5 311，就是答案。

"直接的减法"的运算方法是："减看内珠，够减直减"。

2．破五的减法

在减 1、2、3、4 各数时，下珠不够直接减，必须破去上珠五才够减的减算，同时把多减的数在下珠中加上。其运算规律为："下珠不够，去五加凑"。其拨珠指法为：双上。

例 3   6 556 − 4 324 = 2 232

运算步骤：

① 定好个位档。将被减数 6 556 按对应个位拨入算盘，如图 2-14 所示。

② 在千位档上减去 4 时，下珠不够减，必须动用上珠，同时将多减的数 1 在下珠加上。操作过程是：用拇指拨一颗下珠靠梁同时，用中指拨去上珠离梁。同理减去 324，得出运算结果 2 232，如图 2-15 所示。

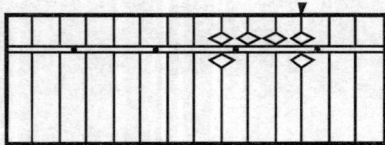
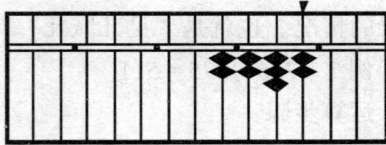

图 2-14   图 2-15

"破五的减法"的运算方法是："下珠不够，去五加凑"。

3．退十的减法

在减 1~9 各数时，本档被减数不够减，需左档退一才够减的减算，然后将多减的补数在本档还上。其运算规律为："左档退一，本档加补"。在加补数时采用直接的加法。

例 4   1 635 − 856 = 779

运算步骤：

① 定好个位档，将被减数 1 635 拨入算盘，如图 2-16 所示。

② 数位对齐，在百位的 6 上减去 8，很明显不够减，需从左档退 1 来减，退 1 当 10 再把多减的 2 在本档加上，其操作过程为：用食指在左档拨一颗下珠离梁，同时用拇指在本档拨两颗下珠靠梁。同理，在十位的 3 上减去 5 时，也不够减，需左档退 1，本档加上 5；在个位的 5 上减去 6 时，也不够减，需左档退 1，

本档加上 4 即可。其结果 779 即为答数，如图 2-17 所示。

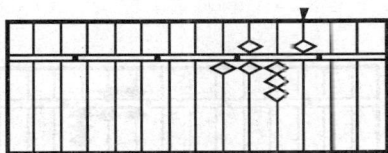 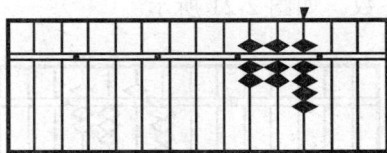

图 2-16 图 2-17

"退十的减法"的运算方法是："本档不够减，退十加补"。

4．退十补五的减法

在算盘上减 6、7、8、9 四个数时，本档不够减，需左档退一，本应在本档加上 4、3、2、1，可是本档下珠不够加，需用补五的加法。其运算规律也是"左档退一，本档加补"。它与退十的减法的区别在于加补数时要用补五的加法。

例 5 14 343 - 9 786 = 4 557

运算步骤：

① 定好个位档，将被减数 14 343 拨入算盘，如图 2-18 所示。

② 位数对齐，在千位的 4 上减去 9，不够减，需万位退 1，然后在本档千位上加上 9 的补数 1，可千位下珠已满，只能用"补五的加法"，即加 5 减凑数 4。

操作过程：用食指从左当拨一颗下珠离梁，再用中指将本档的上珠拨下靠梁，同时用食指拨去四颗下珠离梁。

③ 同理，用上述方法完成 786 各档的运算。其结果 4 557 即为答数，如图 2-19 所示。

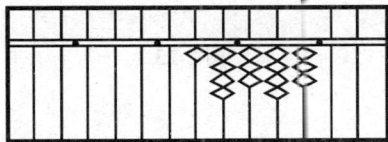 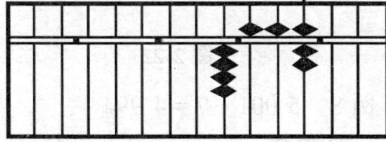

图 2-18 图 2-19

"退十补五减法"的运算方法是：左档退一，本档加补数，只是加补数时要用到补五的加法。

同加法运算原理一样，减法运算在实际工作中也是四种类型的综合应用。

例 6 4 537 - 3 874 = 663

运算步骤：

① 定好个位档，将被减数 4 537 拨入算盘，如图 2-20 所示。

② 位数对齐，逐位相减。4 - 3，用直接的减法；5 - 8，不够减，用退十的

减法；3－7，不够减，用退十补五的减法；7－4，用破五的减法。其结果663即为答数，如图2-21所示。

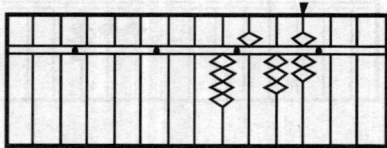 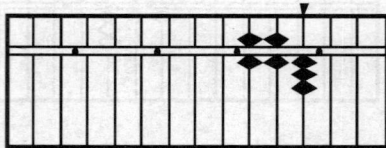

图 2-20　　　　　　　　　　　　　　　　　图 2-21

隔档退位减法：在算盘上减1～9各数时，本档不够减，需隔档退位才够减的减算，称为隔档退位减法。其处理方法为：隔几档退位还几个9，本档加上减数的补数。

例7　303－9＝294

运算步骤：

① 定好个位档，将被减数303按对应个位档拨入算盘，如图2-22所示。

② 在个位的3上减去9，不够减，应由十位档退一，但十位档是0，必须再由百位档退位，即在百位档退一，隔一档退位，还一个9，本档加上9的补数1，答数为294，如图2-23所示。

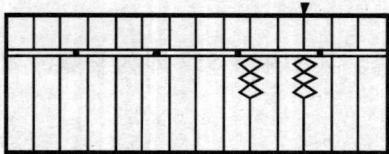 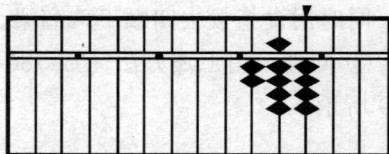

图 2-22　　　　　　　　　　　　　　　　　图 2-23

例8　5 001－7＝4 994

运算步骤：

① 定好个位档，将被减数5 001拨入盘中，如图2-24所示。

② 根据隔档退位减法运算方法，千位退1，还两个9，个位加上补数3。

运算时，个位的1减去7，不够减，应由十位档退1，但十位档是0，只能再由百位档退1，可是百位档也是0，必须再由千位档退1（用"破五的减法"），隔两档退位，还两个9，本档加上7的补数3，答数4 994，如图2-25所示。

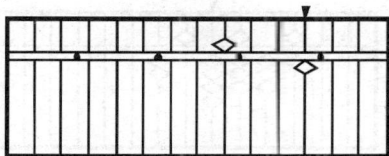

图 2-24

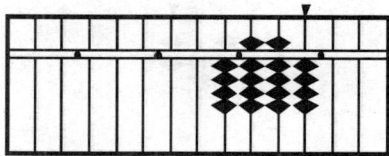

图 2-25

（三）其他加减法

1．补数加减法

补数加减法是指运用补数原理进行加减法的运算。

其运算方法是：在加减运算中，当某数接近 10^n（n 为自然数）时，可运用补数原理进行简化运算。加法运算方法是：加齐减补；减法运算方法是：减齐加补。

求补数的方法为"前位凑九，末位凑十"。

例1　138 562 + 99 964

　　　= 138 562 + 100 000 − 36

　　　= 238 526

运算步骤：

① 确定个位档，将被加数 138 562 拨入算盘，如图 2-26 所示。

② 加数 99 964 接近 100 000，加上齐数 100 000，如图 2-27 所示。

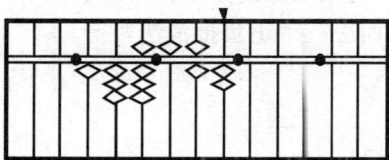

图 2-26

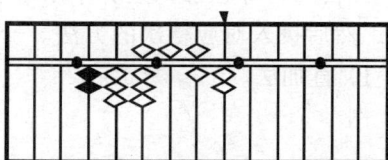

图 2-27

③ 减去加数的补数 36，得 238 526，如图 2-28 所示。

例2　6 384.52 − 995.78

　　　= 6 384.52 − 1 000 + 4.22

　　　= 5 388.74

运算步骤：

① 确定个位档，将被减数 6 384.52 拨入算盘，如图 2-29 所示。

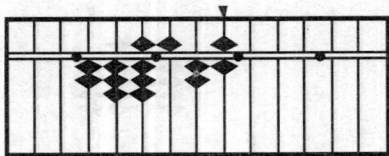

图 2-28

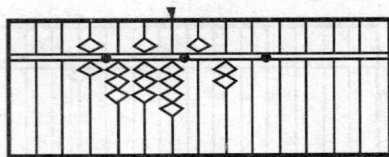

图 2-29

② 减数 995.78 接近 1 000，即减齐数 1 000，如图 2-30 所示。

③ 加上减数的补数 4.22，得差 5 388.74，如图 2-31 所示。

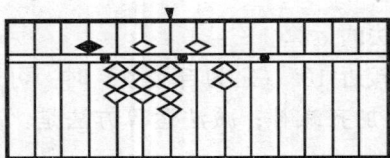

图 2-30

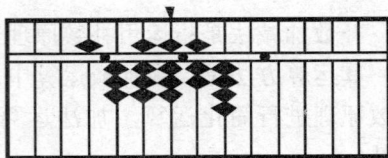

图 2-31

2．并行加减法

是把几个加数或减数的同位数用心算将两行、三行或多行进行并算后的和（或差）一次拨入算盘。这种运算方法提高了心算能力，成倍地减少了拨珠次数，大大提高了运算速度和准确率。

（1）一目二行

一目二行即在加减运算中采取一次看二行同数位上的数字，并心算出和（或差），然后拨入对应档次的方法。一般有"直加法"、"正负抵消法"等。

1）直加法。

例

$$
\begin{array}{r}
14\ 372 \\
3\ 216 \\
1\ 084 \\
+\quad 7\ 503 \\
\hline
26\ 175
\end{array}
$$

心算首两行合并从高位算起，将上下两行同位数的和直接拨入算盘，首两行计算完毕，再计算三四行，依此类推。

运算步骤：

① 心算万位之和，心算得 1，在算盘的相应档位上拨入 1，如图 2-32 所示。

② 心算千位之和，心算得 7，对应地拨入算盘，如图 2-33 所示。

图 2-32

图 2-33

③ 心算百位之和，心算得 5，对应地拨入算盘，如图 2-34 所示。

④ 心算十位之和，心算得 8，对应拨入算盘，如图 2-35 所示。

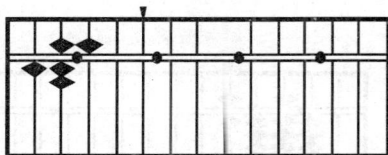

图 2-34

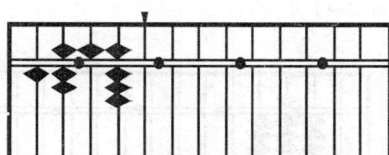

图 2-35

⑤ 心算个位之和，心算得 8，对应拨入算盘，如图 2-36 所示。

⑥ 用同样的方法将三四两行并行心算结果依次加在前两行之和上，即在 17 588 对应档上依次加上 8、5、8、7，答案为 26 175，如图 2-37 所示。

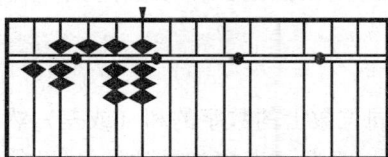

图 2-36

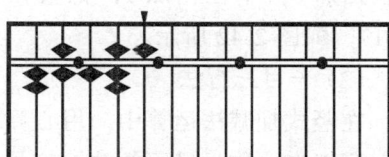

图 2-37

2）正负抵消法。

例

$$
\begin{array}{r}
5\ 671 \\
-\ 735 \\
294 \\
-\ 2\ 413 \\
\hline
2\ 817
\end{array}
$$

运算步骤：

① 第一、二两行千位两数差为加 5，将其对应拨入盘中，如图 2-38 所示。

② 百位两数为加 6，减 7，相抵消后为 -1，从前档退 1 运算，前档减 1，本档拨入余数 9，如图 2-39 所示。

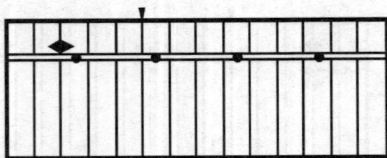
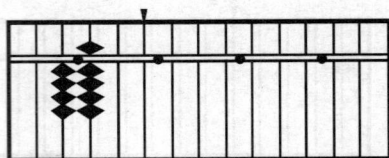

图 2-38 　　　　　　　　　　　　　　　　图 2-39

③ 十位两数为加 7，减 3，相抵消后为 + 4，对应拨入盘中，如图 2-40 所示。

④ 个位两数为加 1，减 5，相抵消后为 − 4，从前档退 1，本档拨入余数 6，如图 2-41 所示。

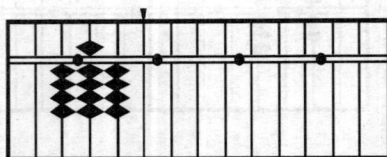
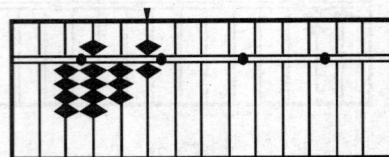

图 2-40 　　　　　　　　　　　　　　　　图 2-41

⑤ 用同样的方法将第三、四两行抵消后，分别在千位档减 2，百位档减 2，十位档加 8，个位档加 1，依次在算盘对应档上该加则加，该减则减，答案为 2 817，如图 2-42 所示。

（2）一目三行法

在竖式加减法运算中，用心算求出三行同位数上的数字的和（或差）然后拨入对应档次，称一目三行法。一目三行运算一般有"直接加减法"、"正负抵消法"、"提前进位法"、"弃九弃十法"等。

1）正负抵消法。

例

$$
\begin{array}{r}
254.36 \\
-\ 72.98 \\
9.45 \\
1\ 063.27 \\
-\ 41.62 \\
-\ 815.79 \\
\hline
396.69
\end{array}
$$

运算步骤：

① 从高位算起，前三行百位上只有第一行有数字，第二、三行无数字，视

为 0，所以本档为加 2，对应拨入算盘，如图 2-43 所示。

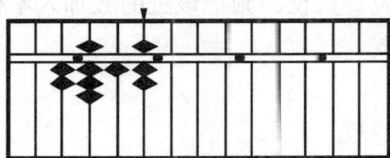
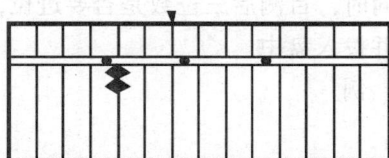

图 2-42   图 2-43

② 前三行十位上第一、二行有数字，第三行无数字，视为 0，第一、二行两数相抵消后为减 2，不够减，从前档退 1 减后得 8，对应拨入算盘，如图 2-44 所示。

③ 前三行个位上三个数相抵消后为加 11，对应拨入算盘，如图 2-45 所示。

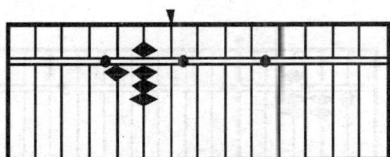
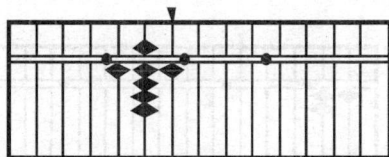

图 2-44   图 2-45

④ 前三行十分位上三个数相抵消后为减 2，不够减，从前档退 1 后减得 8，对应拨入算盘，如图 2-46 所示。

⑤ 前三行百分位上三个数相抵消后为加 3，对应拨入算盘，如图 2-47 所示。

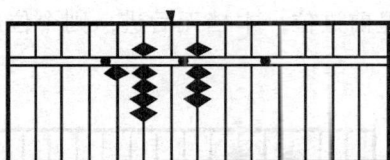
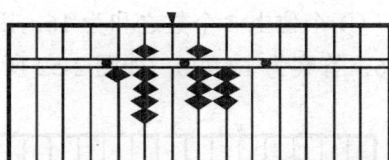

图 2-46   图 2-47

⑥ 用同样的方法，将第四、五、六三行并行抵消后，分别求出千位档上加 1，百位档上减 8，十位档上加 1……依次在算盘上该加则加，该减则减，答案为 396.69，如图 2-48 所示。

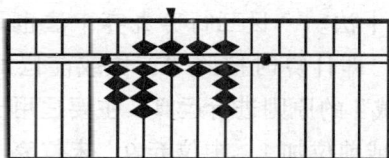

图 2-48

2）提前进位法。一目三行提前进位法是指在运算时，心算本位三个数的和的同时，目测后三位数是否要进位，如后三位要进位，则把该进的数加入本档数一并拨入盘中。

例

$$4\ 937$$
$$5\ 186$$
$$+\ 2\ 603$$
$$\overline{12\ 726}$$

① 从高位算起，千位上三个数之和为 11，因后一位需进位 1，则算盘上万位拨入 1，千位档拨入 1＋1，即 2，如图 2-49 所示。

② 百位上三个数之和为 16，因十位已提前进位，本档拨入 6，因后一位需进位 1，则应拨入 6＋1，即 7，如图 2-50 所示。

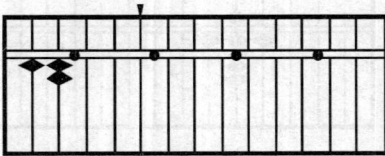

图 2-49

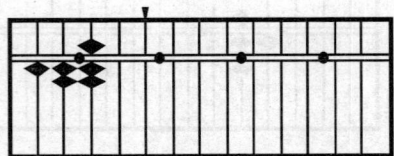

图 2-50

③ 十位上三个数之和为 11，十位已提前进位，本档拨入 1，因后一位需进位 1，则应拨入 1＋1，即 2，如图 2-51 所示。

④ 个位上 3 个数之和为 16，因十位已提前进位，本档无后进，则个位应拨入 6，答案为 12 726，如图 2-52 所示。

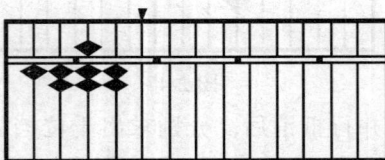

图 2-51

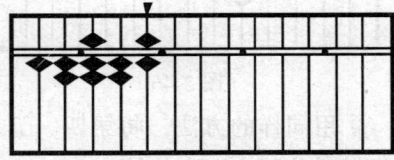

图 2-52

3）一目三行弃九弃十法。一目三行弃九弃十法也是一种提前进位的方法。它是利用补数加齐减补，即计算时按照"首位或前位加 1，中位弃九，末位弃十，够弃加余，欠弃退减"的原则进行运算。主要适用于加法运算。

① 够弃加余。首位或前位加 1，中位弃 9，末位弃 10，够弃加余。计算时，高位算起，首位或第二位不满 9 时直加，满 9 或超 9 时即在其前一位上先进 1，

然后在其右一档起直至末位档的左一位所有各档（中位）先弃掉9，末位档弃掉10，弃9弃10后的余数照加。一般简称"余几加几"。

② 欠弃退减。首位或前位加1，中位弃9，末位弃10，欠弃退减。计算时，高位算起，若中位三行同位数之和不满9，或末位三行同位数之和不满10，则先弃掉这个数，然后差多少，则在盘中对应的档位上，减去多少。一般简称"少几减几"。

例1

$$
\begin{array}{r}
6\ 235 \\
984 \\
+\ 8\ 623 \\
\hline
15\ 842
\end{array}
$$

从高位算起，千位6+8之和超过9，在前一档进位1（万位档），然后所有中位各档都弃9，千、百、十位都是中位，依次拨入弃9后的余数，分别为5、8、4，末位弃10后拨入余数2，答案为15 842，如图2-53所示。

例2

$$
\begin{array}{r}
43\ 021 \\
9\ 168 \\
+\ 2\ 705 \\
\hline
54\ 894
\end{array}
$$

从高位算起，千位三个数之和大于9，则向万位先进1，万位档应拨入5；千位档三个数之和大于9，拨入弃9后的余数5；百位档三个数之和小于9，拨减9与百位三个数之和的差1；十位档同样是三个数之和小于9，拨减9与十位三数之和的差1；个位档三数之和大于10，拨入弃10后的余数4。答案为54 894，如图2-54所示。

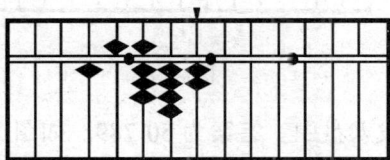

图 2-53

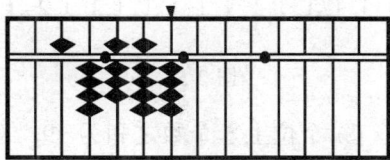

图 2-54

（3）一目多行法

在一目二行、一目三行已熟练掌握的基础上，为进一步将珠算与心算结合起来，加快运算速度，提高计算水平，可以逐步过渡到一目四行、一目五行等一目多行的运算方法，常用的一目多行有"直加直减法"、"提前进位法"、"弃双九弃双十法"等。

1）一目多行直加法。

例

$$
\begin{array}{r}
5\ 732 \\
18\ 604 \\
21\ 956 \\
187 \\
+\ 4\ 310 \\
\hline
50\ 789 \\
\end{array}
$$

运算步骤：

① 万位上两个数之和为 3，对应档位拨入盘中，如图 2-55 所示。

② 千位上 4 个数之和为 18，对应档位拨入盘中，如图 2-56 所示。

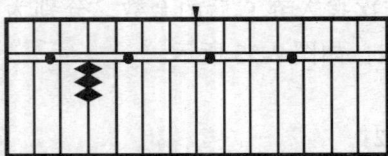 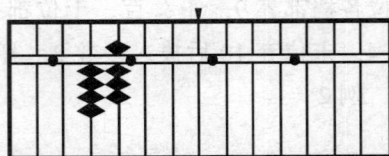

图 2-55   图 2-56

③ 百位上 5 个数之和为 26，对应档位拨入盘中，如图 2-57 所示。

④ 十位上 5 个数之和为 17，对应档位拨入盘中，如图 2-58 所示。

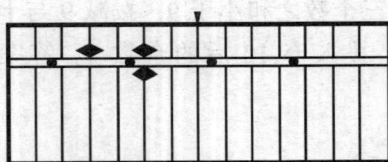 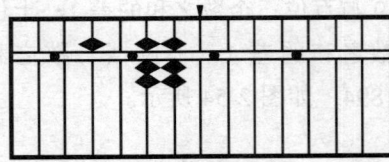

图 2-57   图 2-58

⑤ 个位上 5 个数之和为 19，对应档位拨入盘中。答案为 50 789，如图 2-59 所示。

2）一目多行提前进位法。一目多行提前进位法类似一目三行提前进位法，在运算时，心算本位多个数之和的同时，目测后位是否要进位，后位需要进几则本位加进几。

例

$$7\ 231$$
$$1\ 684$$
$$9\ 563$$
$$+\ 2\ 475$$
$$\overline{20\ 953}$$

运算步骤：

① 从高位算起，千位 4 个数之和为 19，目测后一位须进位 1，则盘上万位档应拨入 2，本档为 0（本档为 9 加后位进 1），如图 2-60 所示。

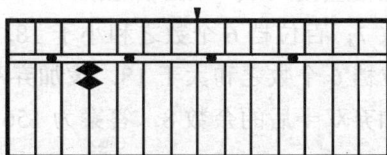

图 2-59   图 2-60

② 百位 4 个数之和为 17，由于十位已提前进位，本档应拨入 7，目测后一位需要进位 2，则盘上百位档应拨入 7+2，即 9，如图 2-61 所示。

③ 十位 4 个数之和为 24，目测后一位需要进位 1，则盘上十位档应拨入 4+1 即 5，如图 2-62 所示。

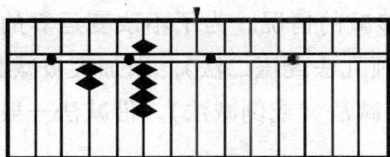

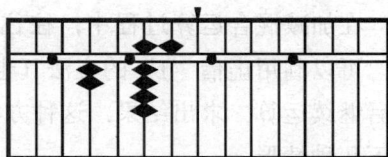

图 2-61   图 2-62

④ 个位 4 个数之和为 13，十位已提前进位，所以本档只需要拨入 3。答案为 20 953，如图 2-63 所示。

3）一目多行弃双九弃双十法。一目多行弃双九弃双十法类似一目三行弃九弃十法，同样是利用提前进位，补数加齐减补，即前位加 2，中位弃双 9，末位弃双 10，少减多加，进行一目多行的运算方法。

例

$$
\begin{array}{r}
3\ 251 \\
65\ 092 \\
836 \\
79\ 408 \\
347 \\
+\ 8\ 024 \\
\hline
156\ 958
\end{array}
$$

从高位算起，小数点前万位 2 个数之和为 13，加上提前进位的 2，算盘上十万位档应拨入 1，万位档应拨入 5；千位档 6 个数之和大于 18，拨加弃双九后的余数 7；百位档 6 个数之和小于 18，拨减 9 与该 6 个数之和弃一个九后的差 1；十位档 6 个数之和大于 18，拨加弃双九后的余数 5；个位档 6 个数之和大于 20，拨加弃双十后的余数 8，答案为 156 958，如图 2-64 所示。

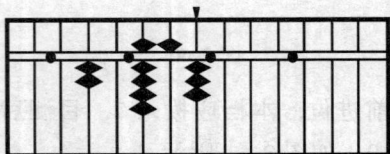

图 2-63　　　　　　　　　　　　　图 2-64

3．借减法（倒减法）

在加减混合运算过程中，往往会遇到不够减的情况。为了不改变运算的顺序，可以利用虚借"1"的方法（也可以运用顶九法或压二法），来加大被减数，然后继续运算，求出结果，这种方法被称为借减法（或倒减法）。借减法一般有以下几种情形：

（1）有借有还

在加减混合运算过程中，当出现不够减时，就在减数的前一位档上虚借"1"，来加大被减数减去减数，直加或进位所得一旦够还时，需及时归还所虚借的"1"，即随借随还。如果又遇上不够减时，还可以再借，够还时再及时归还。运算结束所虚借的"1"已经归还，那么盘上的数就是我们所求的值，且为正值，称作有借有还。

（2）有借无还

如果运算结束，算盘上的数尚不足归还所虚借的"1"，那么盘上数的补数才是我们所求的值，且为负值，称作有借无还。

（3）借大还小

在加减混合运算过程中，虚借"1"两次或两次以上，前次借数小，后次借数大，借大数的同时需及时归还前次所虚借的"1"（同一档只准许虚借"1"），称作借大还小。

当第一次虚借"1'没有归还，又遇上不够减时，就要再虚借"1"；第二次虚借"1"时不能从原先虚借"1"的同档上再借，而必须在第一次虚借"1"的前档上虚借"1"，同时要及时归还第一次虚借的"1"，保证只虚借"1"，即借大还小。答案也存在两种情况。

例 1　284.37 − 612.59 + 461.03 = 132.81

运算步骤：

① 将被减数 284.37 拨入盘中，减去 612.59 不够减，从千位虚借 1，把被减数看作 1 284.37，如图 2-65 所示。

② 减去 612.59，得 671.78，如图 2-66 所示。

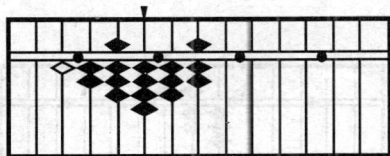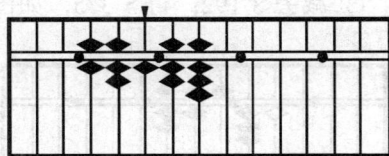

图 2-65　　　　　　　　　　　　　图 2-66

③ 加上 461.03，及时归还千位上虚借的 1，得 132.81，如图 2-67 所示。

例 2　432.95 − 591.67 − 28.53 = − 187.25

运算步骤：

① 将被减数 432.95 拨入盘中，减去 591.67 不够减，从千位虚借 1，把被减数看作 1 432.95，如图 2-68 所示。

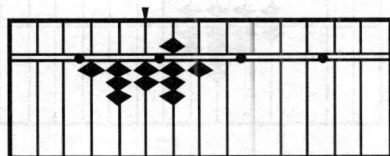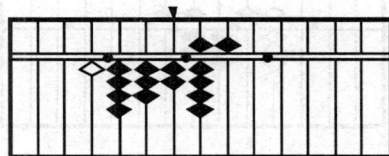

图 2-67　　　　　　　　　　　　　图 2-68

② 减去 591.67，得 841.28，如图 2-69 所示。

③ 再减去 28.53，得 812.75，如图 2-70 所示。

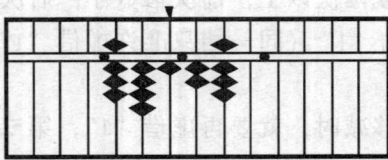

图 2-69

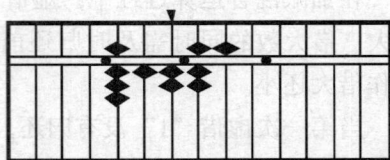

图 2-70

④ 因虚借的 1 一直未归还，算盘上的数不是答案，而是它的补数，且是负值。即为 -187.25。

例 3 3 567 - 8 192 - 27 405 + 615 284 = 583 254

运算步骤：

① 将被减数 3 567 拨入算盘，减去 8 192 不够减，从万位上虚借 1，把被减数看作 13 567，如图 2-71 所示。

② 减去 8 192，得 5 375，如图 2-72 所示。

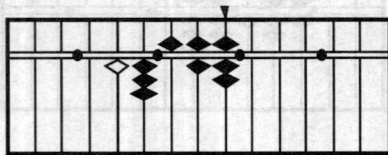

图 2-71

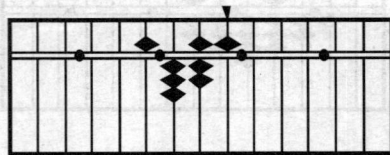

图 2-72

③ 减去 27 405，又出现不够减，只能从十万位上再虚借 1，同时归还万位上虚借的 1，即借大还小，盘面得 95 375，如图 2-73 所示。

④ 减去 27 405，得 67 970，如图 2-74 所示。

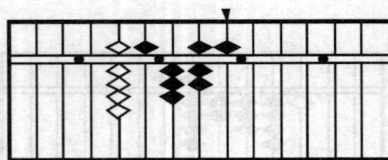

图 2-73

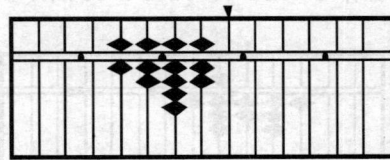

图 2-74

⑤ 加上 615 284，及时归还十万位上虚借的 1，得 583 254，如图 2-75 所示。

进行借减法运算时，一定要记住虚借"1"的档位。其运算要点是：在减算不够减时就在减数的前档虚借"1"，随借随还，借大还小，还清得正，未还得负。

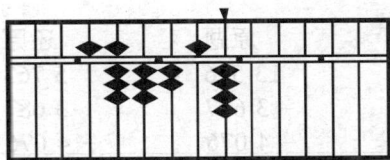

图 2-75

（四）加减法的验算

加减法容易发生的错误主要有：尾差、错位（串位）、漏数、重复、错看正负号、数字颠倒、运算规律错误、看错数字、用力不当或小指带珠等。

加减法的验算一般采用重算或还原运算的方法。

1. 加法验算

加法的重复运算是指运用加法的交换律或结合律对算题重算。

例 1
原题	重算	重算
3 637	5 764	3 687
4 076	4 076	4 076
+ 5 764	+ 3 687	+ 5 764
13 527	13 527	13 527

加法的还原运算是利用加减法互为逆运算的原理，将其和数减去一个（或几个）加数，结果等于另一个（或最后一个）加数，即为正确。

例 2
原题	还原
3 687	13 527
4 076	− 3 687
+ 5 764	− 4 076
13 527	5 764

2. 减法验算

减法的重复运算是将减数交换位置或先将减数求和，再从被减数中减去的方法。

例 3
原题	重算	重算
13 526	13 526	13 526
− 3 687	− 4 076	− 3 687
− 4 076	− 3 687	− 4 076
5 763	5 763	5 763

减法的还原还可利用差数加上减数等于被减数的方法进行验算。

例 4

	原题	还原
	13 526	5 763
	− 3 687	3 687
	− 4 076	+ 4 076
	5 763	13 526

实践证明，差错的发生常常是有规律的，我们完全可以找出规律，及时更正，保证计算结果准确无误。

一般来说，对于尾差，我们可以采用只打尾数的方法来更正；对于错位可以将两次运算的结果之差除以 9，同原数对照；对于漏数和重复，可用两次运算结果之差到原数中去查找；对于两数颠倒，可用两次运算结果之差除以 2，到原数中去查找；对于用力不当或小指带珠，则需加强基本功练习，计算时沉着、谨慎，养成良好的习惯，这是非常重要的。

总之，以上方法行之有效，是快速、高效查错和改错的好方法，在实际工作中灵活运用，能达到事半功倍的效果。

（五）几种常见的练习方法

1．指法练习

指法是打好算盘的基础，拨珠指法的正确与否、频率的高低，直接影响计算的速度和准确性。因此，在进行指法练习时，要用力适度，不可太重也不可太轻，手指离盘面的高度要控制好，拨珠要顺畅有序，速度要均匀，且有节奏。力求做到手指拨珠轻巧灵敏，动作协调连贯。

2．打定数

（1）打百子

先做加百子，从个位档开始，从 1 起连续加 2、3、4……一直加到 100，答数为 5 050，也可把答数读成"我灵我灵"。

再做减百子，就是从 5 050 中依次减去 1、2、3、4……一直减到 100 为止，算盘上还原为 0。

为了便于检查计算过程中是否有误，现将各段得数列表，如表 2-1 和表 2-2 所示。

表 2-1

加数	10	20	36	50	60	70	80	90	100
和	55	210	666	1 275	1 830	2 485	3 240	4 095	5 050

表 2-2

减数	10	20	30	50	60	70	80	90	100
差	4 995	4 840	4 585	3 775	3 220	2 565	1 810	955	0

（2）九盘清

先在算盘上拨入 123 456 789，再在各档分别加上 123 456 789，加一次称为一盘，连加九次称为九盘（连同原数一共加了十遍），答案 1 234 567 890，称九盘清。

（3）三盘成

先将 123 456 789 拨在算盘上，然后看到档上的数是多少就加多少，三次后，算盘上的数字为 987 654 312，再在最末位数 2 上加 9，得数 987 654 321 正好是原数倒过来的数字。因为本题的做法是原档是几就加上几，所以也叫"见子打子"或"三回头"。

（4）一条心

将 625 连续加 16 次，得数为 10 000，所以叫"一条心"。

传统的加减练习方法还有很多，以上只是简单介绍几种。

3．练习方式

（1）听算

听算是由一个人念数，学习者耳朵听数，手指拨珠运算的一种方式。它有助于提高学生的注意力，并且互相带动，共同提高，也便于对照答案。

（2）看算

看算是学习者自己边看边算。根据计算资料的不同，分为算题、表册算和传票算等。

1）算题是最常用的练习方式，有横式和竖式之分。

2）表册算是对账表或簿册所记载的数据进行汇总计算。为防止漏算和重复，看数时可用左手指点（算一笔数移动一下）。

3）传票算是财会工作的基本功之一。会计实务中的传票，有一行数和多行数之分。应做到边看、边翻、边打。这其中翻页是首要的，只有翻得快，才能打得快，而且还应看得准。总之，珠算技术非一日之功，唯有下工夫，才会有真正的效果。

二、珠算乘法的运算

（一）积的定位法

1．数的位数

（1）正位数

在一笔数中，最先出现的不为零的数字称为最高位数字，也称首位数字。含有整数部分的数称为正位数，有几位整数就是正几位数。例如：10、35.90、58都是正 2 位，用"＋2"表示；100、305.28、318 都是正 3 位，用"＋3"表示。

（2）零位数

属纯小数，是指小数点到最高位数字之间"无零"间隔的数，称为零位数，也就是十分位上的数字就是这笔数的最高位数字。例如：0.24、0.7402、0.8074都是零位数，用"0"表示。

（3）负位数

属纯小数，是指小数点到最高位数字之间"有零"间隔的数，称为负位数，间隔几个"零"就是负几位数。例如：0.0057、0.0069 都是负 2 位数，用"－2"表示；0.077、0.0708 都称为负 1 位，用"－1"表示。

2．积的定位法

（1）公式定位法

公式定位法是一种算后定位法，即需先将乘积算出后，用积的首位数字与两因数首位数字大小比较以及两因数位数来确定积的位数的一种定位方法。一般设被乘数的位数为 m，乘数的位数为 n。则积的定位公式有：

$$m + n \qquad\qquad\qquad\qquad (\text{i})$$
$$m + n - 1 \qquad\qquad\qquad (\text{ii})$$

运用时具体有下列三种情形：

1）当积的最高位数字小于被乘数或乘数的最高位数字时（其中包括一个小于，另一个等于），其积的位数用公式（i）定位。例如，$31 \times 42 = 1\ 302$，因 1 小于 3 或 4，所以积的位数为 m（2）＋n（2）＝＋4 位，其积是 1 302；又如 $16 \times 71 = 1\ 136$，积的首位数字 1 等于被乘数首位数字 1，小于乘数首位数字 7，所以同样用公式（i）定位，即 m（2）＋n（2）＝＋4 位，其积为 1 136。

2）当积的最高位数字大于被乘数或乘数的最高位数字时（其中包括一个大于，另一个等于），其积的位数用公式（ii）定位。例如 $35 \times 23 = 805$，因为 8 大于 3 或 2，所以积的位数为 m（2）＋n（2）－1＝＋3 位，其积是 805；又如 $21 \times 14 = 294$，积的首位数字 2，等于被乘数首位数字 2，小于乘数首位数字 1，所以同样用公式（ii）定位，即 m（2）＋n（2）－1＝＋3 位，其积为 294。

3）当积的最高位数字与被乘数和乘数首位数字相同时，则依次比较它们的第二位数字；若第二位数字再相同，则比较它们的第三位数字，依此类推，然后再按上述方法来确定积的位数。

例如：$12 \times 11 = 132$，积与被乘数和乘数的最高位数字都相同，则比较次高位数字，因 3 大于 2 或 1，所以用公式（ii）定位，即 2＋2－1＝3 位。

再如，$99 \times 99 = 9\ 801$，积与被乘数和乘数的最高位数字都相同，则比较次高位数字，因 8 小于 9，所以用公式（i）定位，即 2＋2＝4 位。

上述定位方法也可简记为："积首大减一，积首小不减"。

例 1　$9.53 \times 73.26 = 698.167\,8$

定位：积的最高位数字 6 小于被乘数最高位数字 9，用公式（i）定位，即 1 + 2 = 3 位，积数为 698.167 8。

例 2　$0.34 \times 0.2547 = 0.086\,598$

定位：积的最高位数字 8 大于被乘数最高位数字 3，用公式（ii）定位，即 0 + 0 - 1 = -1 位，积数为 0.086598。

（2）盘上公式定位法

盘上公式定位法就是根据积的首位数字是否落在标准首位档上来确定积的位数的一种定位方法。具体方法如下：

1）确定标准首位档。一般以算盘左框第一档，作为积的标准首位档。（标准首位档是指被乘数首位数字与乘数首位数字相乘积的十位数加积所确定的算档。）

2）按以下规则定位：

① 两因数相乘，若积的首位数字落在算盘标准首位档上，用公式（i）定位，即积的位数等于被乘数位数加上乘数位数。

② 两因数相乘，若积的首位数字落在算盘左框第二档上，标准首位档为空档，用公式（ii）定位，即积的位数等于被乘数位数加上乘数位数再减一。

例 1　$625 \times 0.08 = 50$

将算盘左边第一档确定为标准首位档（用空盘乘法），如图 2-76 所示。

计算如下：用被乘数第一位数字 $6 \times 8 = 48$，第二位数字 $2 \times 8 = 16$，第三位数字 $5 \times 8 = 40$，其结具如图 2-77 所示。

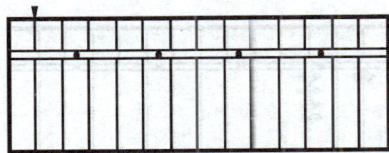
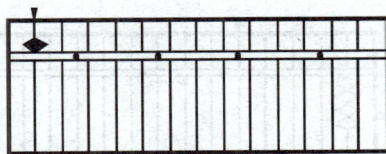

图 2-76　　　　　　　　　　　　　　　　　　图 2-77

因积的首位数字落在标准首位档上，故积的位数为：3 + （-1） = +2 位，积数为 50。

例 2　$357 \times 0.02 = 7.14$

将算盘左边第一档确定为标准首位档（用空盘乘法），如图 2-78 所示。

计算如下：用被乘数第一位数字 $3 \times 2 = 06$，第二位数字 $5 \times 2 = 10$，第三位数字 $7 \times 2 = 14$，其结果如图 2-79 所示。

因积的首位数字落在算盘次位档上，故积的位数为 3 + （-1） - 1 = +1 位，积数为 7.14。

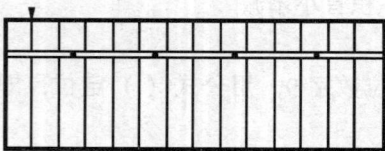

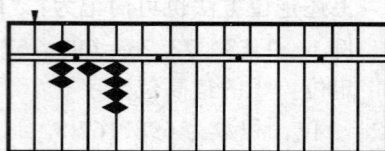

图 2-78

图 2-79

盘上公式定位法可以概括为八个字，即"位数相加，空档减 1"。此方法定位快、准，尤其适用于现在普遍采用的空盘前乘法。

（3）固定个位档定位法

固定个位档定位法是算前定位，其定位规则是：

1）在算盘上选定一档作为积的个位档。

2）运算时，采用空盘前乘法，则从"$m+n$"档开始拨加积数；若采用留头乘法或破头乘法，用"$m+n$"求出新的"被乘数"的位数，然后将新的"被乘数"按对应的个位拨入算盘。

采用固定个位档定位法应注意以下问题：个位本身是 +1 位；个位档的右一档是零位档；零位档的右一档是 −1 位，依次下一档为 −2 位、−3 位；高位在左，低位在右。

例 1　400×26 = 10 400（破头后乘法）

因为 $m+n = 3+2 = +5$ 位，所以从 +5 位档起依次拨入被乘数，如图 2-80 所示。

运算结束后，看固定个位档求出答数为 10 400，如图 2-81 所示。

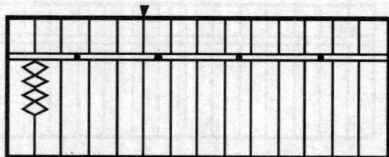

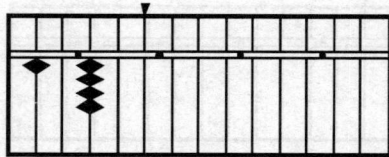

图 2-80

图 2-81

例 2　0.4×260 = 104（留头乘法）

因为 $m+n = 0+3 = +3$ 位，所以从 +3 位档起依次拨入被乘数，如图 2-82 所示。

运算结束后，看固定个位档求出答数为 104，如图 2-83 所示。

例 3　0.03×26 = 0.78（空盘前乘法）

由于积的标准首位档 $m+n = −1+2 = +1$ 位，所以从 +1 档起拨加积数，如图 2-84 所示。

因为"三二06"的零应占一档，然后"三六18"。看固定个位档求出结果为0.78，如图2-85所示。

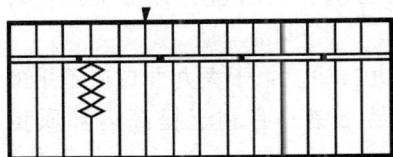

图 2-82

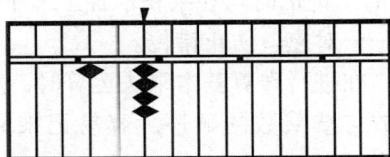

图 2-83

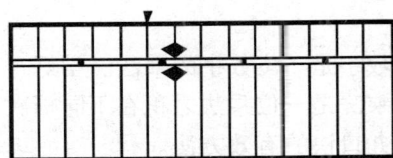

图 2-84

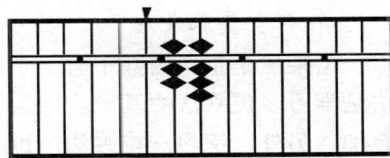

图 2-85

（二）乘法大九九口诀

珠算的基本乘法是用口诀指导拨珠运算的，乘法口诀是根据1到9九个数字分别乘以1到9九个数字编制，计81句，叫大九九口诀（见表2-3）。

表2-3 大九九口诀表

被乘数 / 乘数	一	二	三	四	五	六	七	八	九
一	一一01	一二02	一三03	一四04	一五05	一六06	一七07	一八08	一九09
二	二一02	二二04	二三06	二四08	二五10	二六12	二七14	二八16	二九18
三	三一03	三二06	三三09	三四12	三五15	三六18	三七21	三八24	三九27
四	四一04	四二08	四三12	四四16	四五20	四六24	四七28	四八32	四九36
五	五一05	五二10	五三15	五四20	五五25	五六30	五七35	五八40	五九45
六	六一06	六二12	六三18	六四24	六五30	六六36	六七42	六八48	六九54
七	七一07	七二14	七三21	七四28	七五35	七六42	七七49	七八56	七九63
八	八一08	八二16	八三24	八四32	八五40	八六48	八七56	八八64	八九72
九	九一09	九二18	九三27	九四36	九五45	九六54	九七63	九八72	九九81

在乘法大九九口诀表中，大数在前，小数在后的36句，称为逆九九口诀，其余的45句，称为小九九口诀。因其小数在前，大数在后，念起来比较顺口，又称为顺九九口诀。

乘法口诀中，前两个中文数字分别表示乘数和被乘数，后两个阿拉伯数字表示积的十位数和个位数。为了保证加积时数位一一对应，凡遇到两因数的积小于10的，记忆时均在乘积前加上一个"0"，如二二04、二四08，以保证加积时数位一一对应，防止错位。

在进行珠算基本乘法运算时，应采用大九九口诀。由于大九九口诀不用颠倒乘数与被乘数的顺序，容易记乘数，且不容易出错，有利于提高运算质量和速度。

（三）空盘前乘法

1. 一位空盘前乘法

一位乘法是指两因数中有一个因数的有效数字是一位数字的乘法。学好一位乘法是学习多位乘法的基础。因为实际上多位乘法是一位乘法之积在不同档次上的叠加。另外，练习一位乘法，也是熟悉大九九口诀的有效方法。

其运算步骤如下：

1）先确定标准首位档，一般以左框第一档为宜。默记乘数。

2）乘算顺序：用被乘数首位至末位分别乘以乘数，将所得的积加在对应档位上。

3）加积的方法：本位在被乘数中是第几位的，它与乘数相乘积的十位数就加在标准首位档的第几档上，个位数在右一档，本次的个位即是下一次的十位，个位又在右一档，以此类推。

4）积的定位：选择盘上公式定位法定位和公式定位法定位均可。

例1 4 827×6 = 28 962

运算步骤：

① 标准首位档定在左框第一档。用乘数 6 与被乘数的首位数字 4 相乘，"四六24"，将乘积十位数拨在算盘左框第一档上，乘积的个位数拨在下一档，盘上算珠为 24，如图 2-86 所示。

② 用乘数 6 与被乘数的 8 相乘，"六八48"，从第二档起依次拨加积数48，盘上算珠为 288，如图 2-87 所示。

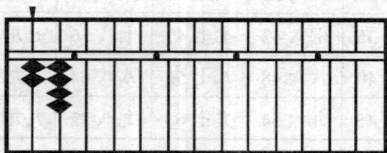

图 2-86

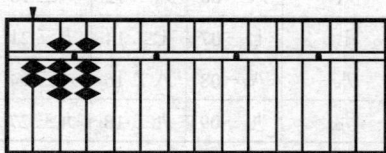

图 2-87

③ 用乘数 6 与被乘数的 2 相乘，"六二12"，从第三档起依次拨加乘积12，

盘上算珠为 2 892，如图 2-88 所示。

④ 用乘数 6 与被乘数的 7 相乘，"六七 42"，从第四档起依次拨加乘积 42，盘上算珠为 28 962，如图 2-89 所示。

⑤ 积的定位：因左框第一档有积数，其积的位数为 4 + 1 = + 5 位，故积数为 28 962。

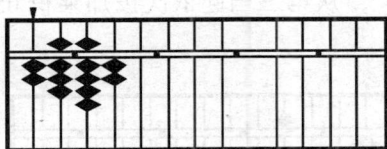

图 2-88

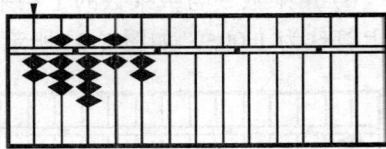

图 2-89

例 2 $12.87 \times 50 = 643.5$

运算步骤：

① 用乘数 5 与被乘数的首位数字 1 相乘，"五一 05"，从算盘左边第一档起依次拨加乘积 05（乘积十位数是 0 时，应占一档），盘上算珠为 05，如图 2-90 所示。

② 用乘数 5 与被乘数的 2 相乘，"五二 10"，从第二档起依次拨加乘积 10，盘上算珠为 060，如图 2-91 所示。

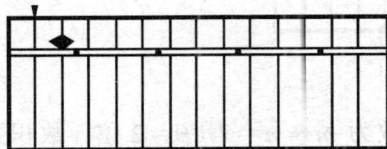

图 2-90

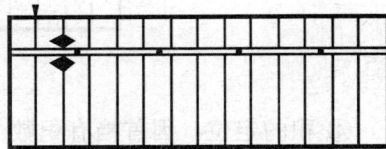

图 2-91

③ 用乘数 5 与被乘数的 8 相乘，"五八 40"，从第三档起依次拨加乘积 40，盘上算珠为 0640，如图 2-92 所示。

④ 用乘数 5 与被乘数的 7 相乘，"五七 35"，从第四档起依次拨加乘积 35，盘上算珠为 06435，如图 2-93 所示。

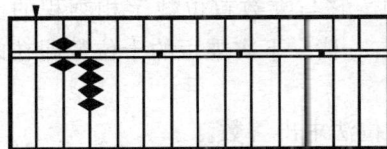

图 2-92

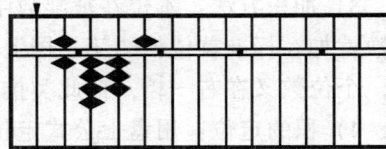

图 2-93

⑤ 积的定位：因标准首位档无积数，其积的位数为 $m + n - 1 = 2 + 2 - 1 =$

+3 位，故积数 643.5。

例 3   20.19×0.5＝10.095

运算步骤：

① 用乘数 5 与被乘数的首位数字 2 相乘，"五二 10"，从算盘左边第一档起依次拨加乘积 10，盘上算珠为 10，如图 2-94 所示。

② 用乘数 5 与被乘数的 1 相乘，"五一 05"，从第三档起依次拨加乘积 05，盘上算珠为 1 005，如图 2-95 所示。

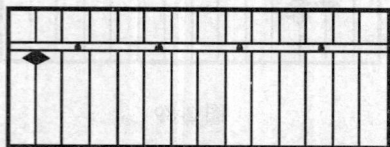

图 2-94

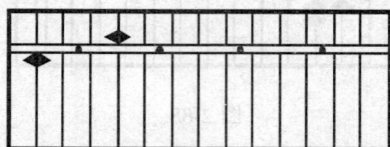

图 2-95

③ 用乘数 5 与被乘数的 9 相乘，"五九 45"，从第四档起依次拨加乘积 45，盘上算珠为 10 095，如图 2-96 所示。

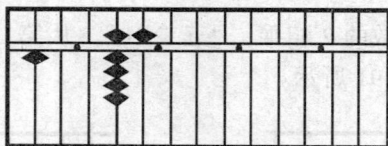

图 2-96

④ 积的定位：因首档有积数，其积的位数为 $m+n=2+0=2$ 位，故积数为 10.095。

2．多位空盘前乘法

其具体的运算步骤如下：

1）确定标准首位档，默记乘数。

2）乘算顺序：用被乘数的首位数字至末位数字分别乘以乘数首位数字、第二位、第三位，直至末位数字。

3）加积方法：本位在被乘数中是第几位的，它与乘数首位数字相乘积的十位数就加在标准首位档的第几档上，个位数在右一档，下次乘积的十位数即在此档，个位数又在右一档，依此类推。

4）积的定位：用盘上公式定位法或公式定位法求出答数。

例 1   54 700×2.69＝147 143

运算步骤：

① 用盘上公式定位法定位。用被乘数首位数字 5 分别乘以乘数 269，从第一

档起依次拨加乘积 10、30 和 45，盘上算珠为 1 345，如图 2-97 所示。

②用被乘数的 4 分别乘以乘数 269，从第二档起依次拨加乘积 08、24 和 36，盘上算珠为 14 526，如图 2-98 所示。

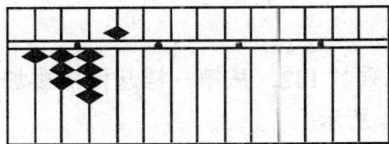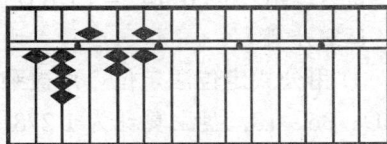

图 2-97　　　　　　　　　　　　　　　　　　图 2-98

③用被乘数的 7 分别乘以乘数 269，从第三档起依次拨加乘积 14、42 和 63，盘上算珠为 147 143，如图 2-99 所示。

④积的定位：因首档（第一档）有积数，其积的位数为 $m + n = 5 + 1 = 6$ 位，故积数为 147 143。

例 2　$0.149\,2 \times 896 = 133.683\,2$

运算步骤：

①用盘上公式定位法定位。用被乘数的 1 分别乘以乘数 896，从第一档起依次拨加乘积 08、09 和 06，盘上算珠为 896，如图 2-100 所示。

②用被乘数的 4 分别乘以乘数 896，从第二档起依次拨加乘积 32、36 和 24，盘上算珠为 12 544，如图 2-101 所示。

③用被乘数的 9 分别乘以乘数 896，从第三档起依次拨加乘积 72、81 和 54，盘上算珠为 133 504，如图 2-102 所示。

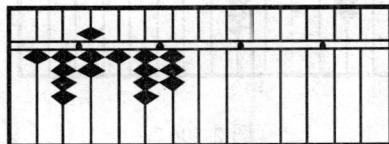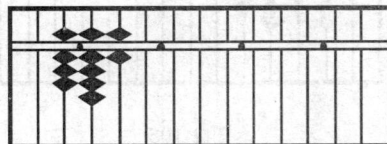

图 2-99　　　　　　　　　　　　　　　　　　图 2-100

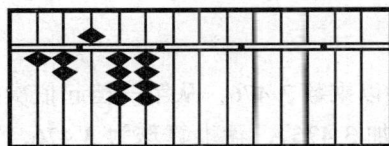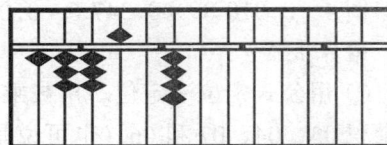

图 2-101　　　　　　　　　　　　　　　　　　图 2-102

④用被乘数的 2 分别乘以乘数 896，从第四档起依次拨加乘积 16、18 和

12，盘上算珠为 1 336 832，如图 2-103 所示。

⑤ 积的定位：因首档有积数，积的位数为 $m + n = 0 + 3 = 3$ 位，故积数为 133.683 2。

例 3　$96.25 \times 0.142 = 13.667\ 5$

运算步骤：

① 用公式定位法定位。用被乘数的 9 乘以乘数 142，从第一档起依次拨加乘积 09、36、18，盘上算珠为 1 278，如图 2-104 所示。

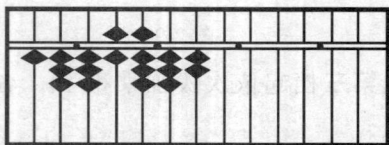
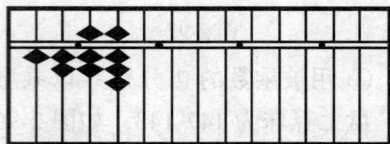

图 2-103　　　　　　　　　　　　　　　图 2-104

② 用被乘数的 6 乘以乘数 142，从第二档起依次拨加乘积 06、24 和 12，盘上算珠为 13 632，如图 2-105 所示。

③ 用被乘数的 2 乘以乘数 142，从第三档起依次拨加乘积 02、08 和 04，盘上算珠为 136 604，如图 2-106 所示。

④ 用被乘数的 5 乘以乘数 142，从第四档起依次拨加乘积 05、20 和 10，盘上算珠为 136 675，如图 2-107 所示。

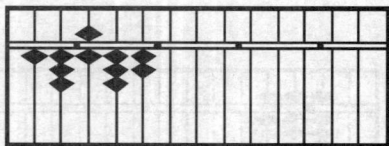
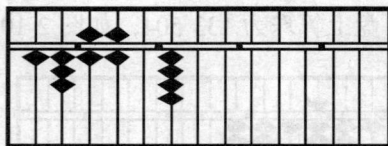

图 2-105　　　　　　　　　　　　　　　图 2-106

⑤ 积的定位：因积的首位数字 1 小于被乘数 9，故用公式（i）定位，即 $m + n = 2 + 0 = 2$ 位，故积数为 13.667 5。

例 4　$0.010\ 89 \times 0.347\ 6 = 0.003\ 785\ 364$

运算步骤：

① 用公式定位法定位。用被乘数 1 分别乘以乘数 3 476，从第一档起依次拨加乘积 03、04、07 和 06（也可说是乘 1 退档加 3 476），盘上算珠为 3 476，如图 2-108 所示。

（注：被乘数中间的 0 跳过不乘）

② 用被乘数的 8 分别乘以乘数 3 476，从第三档起依次拨加乘积 24、32、56

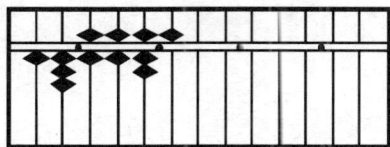

图 2-107

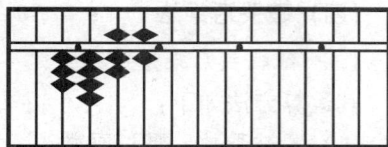

图 2-108

和 48，盘上算珠为 375 403，如图 2-109 所示。

③ 用被乘数的 9 分别乘以乘数 3 476，从第四档起依次拨加乘积 27、36、63 和 54，盘上算珠为 3 785 364，如图 2-110 所示。

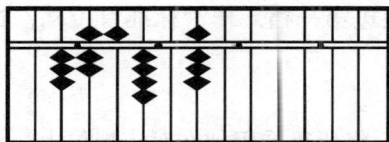

图 2-109

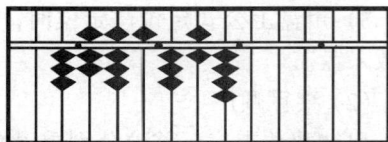

图 2-110

④ 因积的首位数字 3 等于乘数的首位数字 3，但大于被乘数的首位数字 1，故用公式（ii）定位，即 $M + N - 1 = -1 + 0 - 1 = -2$ 位，积数为 0.003 785 364。

例 5　$3\ 006 \times 6.478 = 19\ 472.868$

运算步骤：

① 用公式定位法定位。用被乘数的 3 分别乘以乘数 6 478，从第一档起依次拨加乘积 18、12、21 和 24，盘上算珠为 19 434，如图 2-111 所示。

② 用被乘数的 6 分别乘以乘数 6 478，从第四档起依次拨加乘积 36、24、42 和 48（应注意档次，以免拨错），盘上算珠为 19 472 868，如图 2-112 所示。

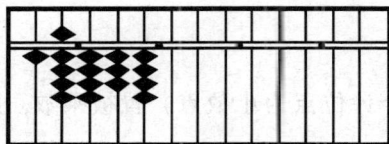

图 2-111

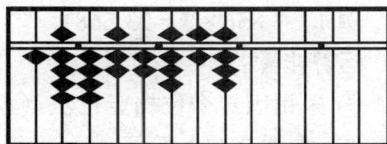

图 2-112

③ 积的定位：因积的首位数字 1 小于被乘数的首位数字 3，故用公式（i）定位，即 $m + n = 4 + 1 = 45$ 位，积数为 19 472.868。

空盘前乘法由于拨珠次数较少，所以运算速度较快，是一种较好的方法。

(四) 破头后乘法

1. 一位破头后乘法

其运算方法如下：

(1) 置被乘数，默记乘数

1) 用公式定位法定位时，可任选一档置上被乘数，但被乘数右边留出的档位应满足运算。

2) 用固定个位档定位法定位时，应先选定个位档（一般以算盘左边第二个计位点），然后，用两因数的位数之和（$m+n$），来确定新的"被乘数"的位数，然后将新的"被乘数"按对应个位档拨入盘中。

3) 用盘上公式定位法定位时，以算盘左边第一档，作为标准首位档，拨被乘数入盘。

(2) 乘算顺序

用被乘数末位至首位分别乘以乘数，然后将所得乘积加在对应档位上。

(3) 加积方法

被乘数本位同乘数相乘时，其本位改为乘积的十位数，个位数在右一档，依此类推。若乘积不满十，应先拨去被乘数后，在右一位拨上个位积。

(4) 积的定位

1) 用公式定位法定位时，比较积与乘数（或被乘数）的最高位数字。若积的最高位数字大于或等于乘数（或被乘数）的最高位数字，用公式（ii）定位，即 $m+n-1$；反之，则用公式（i）定位，即 $m+n$。

2) 固定个位档定位法定位时，可以直接抄写答案。

3) 用盘上公式定位法定位时，积的位数等于两因数的位数相加，若首档无积数应再减 1。

例 1　$7\,856 \times 3 = 23\,568$

运算步骤：

① 采用固定个位档定位法（盘上第二个计位点为小数点）置被乘数，默记乘数 3，如图 2-113 所示。

② 用乘数 3 先乘被乘数的末位数 6，"三六 18"，把 6 改成 1，在下一档加上 8，如图 2-114 所示。

③ 用乘数 3 乘被乘数的 1，"三五 15"，把被乘数 5 改成 1，在下一档加上 5，如图 2-115 所示。

④ 用乘数 3 乘被乘数的 8，"三八 24"，把 8 改成 2，在下一档加上 4，如图 2-116 所示。

⑤ 用乘数 3 乘被乘数的 7，"三七 21"，把 7 改成 2，在下一档加上 1，如

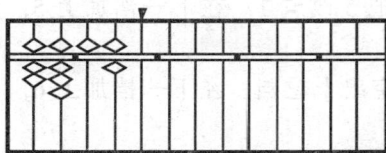

图 2-113

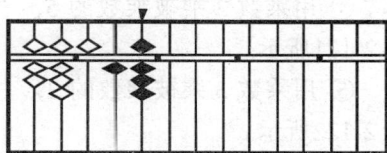

图 2-114

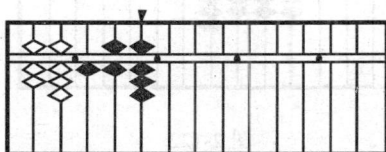

图 2-115

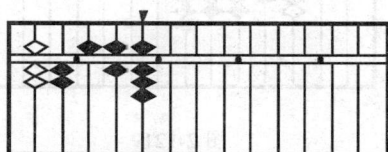

图 2-116

图 2-117所示。

⑥ 直接盯盘写积数 23 568。

若用公式法定位，因积的最高位数字 2 小于被乘数的最高位数字 7，用公式
(i) 定位，其积的位数为 $4+1=+5$ 位，故其积为 23 568。

例 2　25 910×3＝77 730

运算步骤：

① 采用固定个位档定位法，置被乘数，默记乘数 3，如图 2-118 所示。

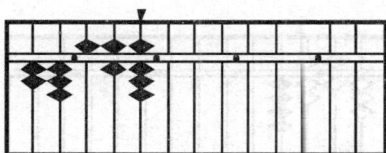

图 2-117

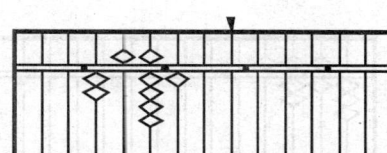

图 2-118

② 用乘数 3 乘被乘数的末位数字 1，"三一 03"，拨去被乘数 1，在下一档
加 3，如图 2-119 所示。

③ 用乘数 3 乘被乘数的 9，"三九 27"，把 9 改成 2，在下一档加上 7，如
图 2-120所示。

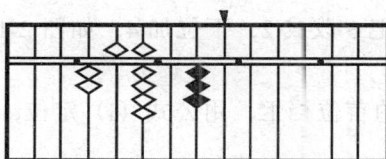

图 2-119

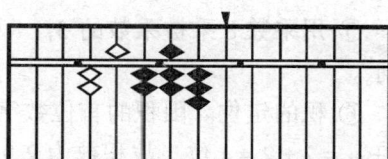

图 2-120

④ 用乘数 3 乘被乘数的 5，"三五 15"，把 5 改成 1，在下一档加上 5，如图 2-121 所示。

⑤ 用乘数 3 乘被乘数的 2，"三二 06"，空出十位档，在下一档加上 6，如图 2-122 所示。

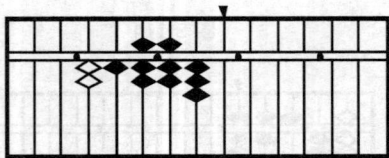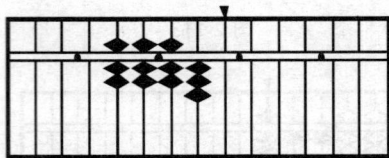

图 2-121   图 2-122

⑥ 得积数为 77 730。

若用公式定位法定位，因积的最高位数字 7 大于被乘数最高位数字 2，用公式（ii）定位，$m + n - 1 = 5 + 1 - 1 = 5$ 位，故积数为 77 730。

例 3 $36.75 \times 80 = 2\ 940$

运算步骤：

① 用盘上公式定位法定位，从算盘左边第一档起，依次拨入被乘数，默记乘数 8，如图 2-123 所示。

② 用乘数 8 乘被乘数的末位数字 5，"八五 40"，把 5 改成 4，如图 2-124 所示。

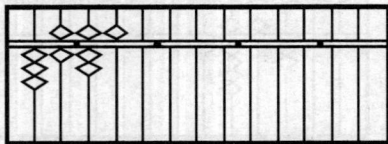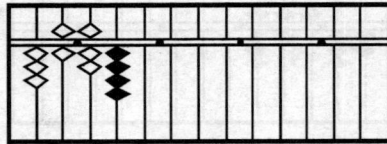

图 2-123   图 2-124

③ 用乘数 8 乘被乘数的 7，"八七 56"，把 7 改成 5，下位加 6，如图 2-125 所示。

④ 用乘数 8 乘被乘数的 6，"八六 48"，把 6 改成 4，下位加 8，如图 2-126 所示。

⑤ 用乘数 8 乘被乘数的 3，"八三 24"，把 3 改成 2，下位加 4，如图 2-127 所示。

⑥ 积的定位。因积的首位数字落在算盘的首位档上，用公式（i）定位，即 $m + n = 2 + 2 = 4$ 位，故积数为 2 940。

例 4 $19.73 \times 0.02 = 0.394\ 6$

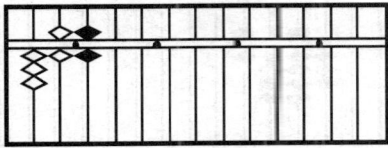

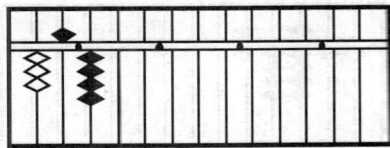

图 2-125　　　　　　　　　　　　图 2-126

运算步骤：

① 用盘上公式定立法定位，从算盘左边第一档起，顺序拨入被乘数，默记乘数 2，如图 2-128 所示。

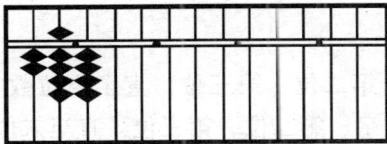

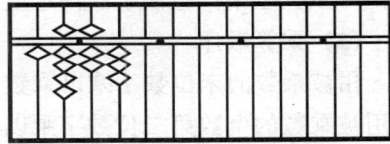

图 2-127　　　　　　　　　　　　图 2-128

② 用乘数 2 乘被乘数的末位数字 3，"二三 06"，空出十位档，在下档加 6，如图 2-129 所示。

③ 用乘数 2 乘被乘数的 7，"二七 14"，把 7 改成 1，在下档加 4，如图 2-130 所示。

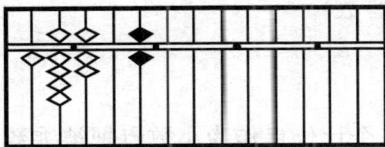

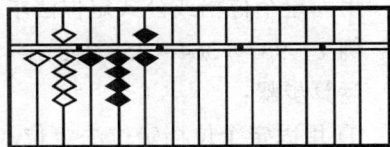

图 2-129　　　　　　　　　　　　图 2-130

④ 用乘数 2 乘被乘数的 9，"二九 18"，把 9 改成 1，在下档加 8，如图 2-131 所示。

⑤ 用乘数 2 乘被乘数的 1，"二一 02"，空出十位档，在下档加 2，如图 2-132 所示。

⑥ 积的定位。因积的首位数字落在算盘次位档上，所以用公式（ii）定位，即 $m + n - 1 = 2 + (-1) - 1 = 0$ 位，故积数为 0.3946。

2．多位破头后乘法

破头后乘法的运算步骤如下：

（1）置数

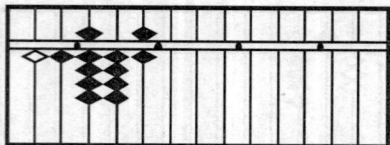 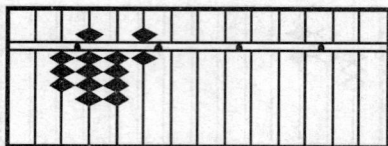

图 2-131　　　　　　　　　　　　　　　　图 2-132

可以根据固定个位档定位法置被乘数，也可以用盘上公式定位法置被乘数。

（2）默记乘数

按原乘数的顺序默记乘数。读口诀时，用"大九九"先读被乘数，再读乘数，可减少差错，也便于提高速度。

（3）乘算顺序

用被乘数的末位数字乘以乘数首位数字、第二位、第三位，直至末位数字；再用被乘数的倒数第二位数字乘以乘数首位数字、第二位、第三位，直至末位数字；依此类推，乘完被乘数为止。

（4）加积的方法

被乘数本位与乘数首位数字相乘，本位改为乘积的十位数，个位数加在右一档，下次乘积的十位数即在此档，个位数又在右一档，依此类推。也就是说乘数是第几位的，其乘积的个位数就加在被乘数本位的右几档上，十位数在左一档。

（5）积的定位

用固定个位档或公式定位法求出积数（答数）。

例 1　987×364 = 359 268

运算步骤：

① 用固定个位档定位法定位。选定第二个计位点作为小数点把被乘数当作积的位数对应拨入，并默记乘数 364，如图 2-133 所示。

② 用默记的乘数 364 同被乘数末位数 7 相乘，"七三 21"，将被乘数 7 改为乘积的十位数 2，在下一档加乘积的个位数 1，再逐次向右移档（上次加积的个位档是本次加积的十位档），拨加乘积 42、28，盘上算珠为 982 548，如图 2-134 所示。

③ 用默记的乘数 364 同被乘数的 8 相乘，"八三 24"，将被乘数 8 改为乘积的十位数 2，在下一档加乘积的个位数 4，再逐次向右移档（上次加积的个位档是本次加积的十位档），拨加乘积 48 和 32，盘上算珠为 931 668，如图 2-135 所示。

④ 用默记的乘数 364 同被乘数的 9 相乘，"九三 27"，将被乘数 9 改为乘积的十位数 2，在下一档加乘积的个位数 7，再逐次向右移档（上次加积的个位档

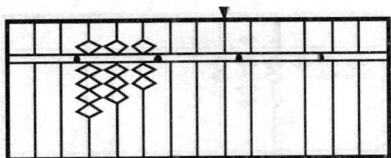

图 2-133

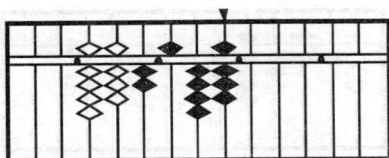

图 2-134

是本次加积的十位档），拨加乘积 54 和 36，盘上算珠为 359 268，如图 2-136 所示。

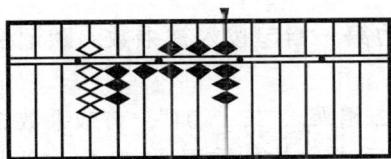

图 2-135

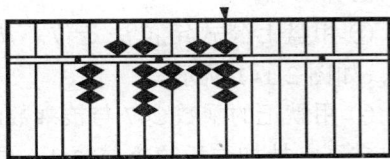

图 2-136

例 2 $32.4 \times 68.3 = 2\,212.921$

运算步骤：

① 用盘上公式定位法定位。从算盘左边第一档起拨入被乘数，默记乘数 683，如图 2-137 所示。

② 用默记的乘数 683 同被乘数末位数 4 相乘，"四六 24"，将被乘数 4 改为乘积的十位数 2，在下一档加乘积的个位数 4，再逐次向右移档（加积的档次同前例），拨加乘积 32 和 12，盘上算珠为 322 732，如图 2-138 所示。

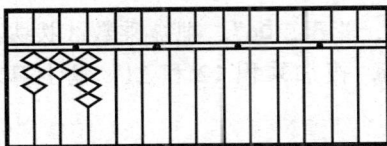

图 2-137

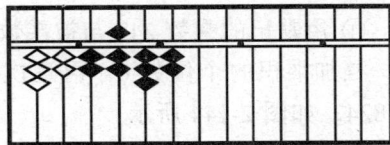

图 2-138

③ 用默记的乘数 683 同被乘数的 2 相乘，"二六 12"，将被乘数 2 改为乘积的十位数 1，在下一档加乘积的个位数 2，再逐次向右移档，拨加乘积 16 和 06，盘上算珠为 316 392，如图 2-139 所示。

④ 用默记的乘数 683 同被乘数的 3 相乘，"三六 18"，将被乘数 3 改为 1，在下一档加乘积 8，再逐次向右移档，拨加乘积 24 和 09，盘上算珠为 221 292，如图 2-140 所示。

⑤ 积的定位：因首档有积数，故积的位数为 $m + n = 2 + 2 = 4$ 位，故积数为

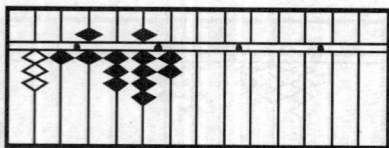

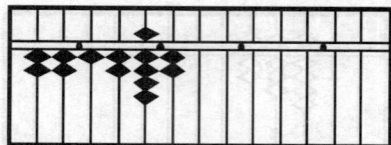

图 2-139   图 2-140

2 212.92。

例3 $0.392 \times 0.247 = 0.096\ 824$

运算步骤：

① 用盘上公式定位法定位。从算盘左边第一档起拨入被乘数，默记乘数247，如图2-141所示。

② 用默记的乘数247与被乘数的末位数2相乘，"二二04"，将被乘数2拨去，在下一档加乘积的个位数4，再逐次向右移档，拨加乘积08和14，盘上算珠为390 494，如图2-142所示。

③ 用默记的乘数247与被乘数9相乘，"九二18"，将被乘数9改为乘积的十位数1，下一档加乘积的个位数8，再逐次向右移档，拨加乘积36和63，盘上算珠为322 724，如图2-143所示。

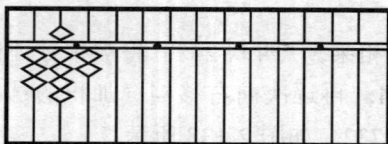

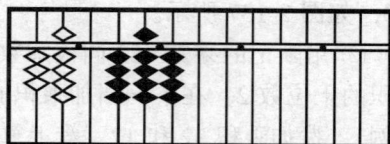

图 2-141   图 2-142

④ 用默记的乘数247与被乘数的3相乘，"三二06"，把被乘数3拨去，在下一档加乘积的个位数6，再逐次向右移档，拨加乘积12和21，盘上算珠为96 824，如图2-144所示。

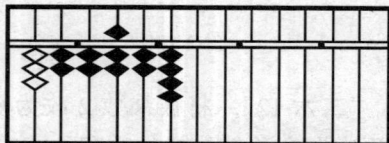

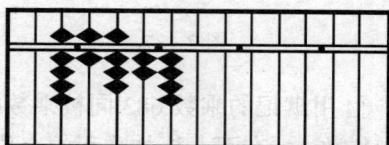

图 2-143   图 2-144

⑤ 积的定位：因首档无积数，其积的位数为 $m + n - 1 = 0 + 0 - 1 = -1$ 位，故积数为0.096 824。

破头乘法运算时，被乘数从末位至首位，分别与乘数自左向右顺序乘算，运算顺序较顺手，若能在运算时，熟练运用"大九九"口诀，并牢记被破掉的被乘数，顺次叠加积数，一气呵成，速度是很快的。

（五）其他乘法

1．省乘法

省乘法，也叫省略乘法。在日常工作中，遇到多位小数乘法时，有时只要求精确到小数点后两位，以下便可四舍五入。这种求近似值的方法，省去不必要的步骤去计算，从而提高运算效率，叫省乘法。

其运算的步骤和方法如下：

1）先用截取公式对被乘数、乘数进行位码截取，以确定运算的数位。

截取公式为："$m + n +$ 精确度 + 保险系数 1 位"作为运算位码，下位的有效数字按四舍五入处理，但运用截取公式必须结合固定个位档定位方法。

2）在算盘上先确定个位档。

3）用"$m + n$"求出新的"被乘数"的位数（用空盘乘法时运用此公式找出标准首位档），在个位档后面留出精确度，再加 1 位保险系数作为截止档，截止档的右一档为压尾档。用公式表示为：个位 + 精确度 – 1 作为截止档。

4）用基本乘法运算，运算时一律算到截止档为止，落到压尾档上的数字，凡满五即在截止档再加 1，四及以下数字舍去不计。压尾档以后的积数一律不再运算。

5）最后得出积数，再安精确度要求求答数。

例 1 $2.148\ 73 \times 7.346\ 57 = 15.79$（精确到 0.01）用破头后乘法计算。

运算步骤：

① 先用截取公式求出运算位码$(m)1 + (n)1 +$（精确度)2 +（保险系数)1 = 5。故被乘数取 5 位为 2.148 7(四舍)，如图 2-145 所示，乘数取 5 位为7.346 6(五入)。按固定个位档拨置"被乘数"$m + n = 2$ 位，个位右边留出精确度，再加 1 位保险系数，即个位档后的右三档为截止档。运算时默记乘数。

② 用破头后乘法，拿7×乘数首位 7 等于 49，本档为 4，截止档后一档为9，满 5 即在截止档再加 1 为 5；7 再乘以 3 466 得 24 262，2 不足 5 即舍去不计，如图 2-146 所示。

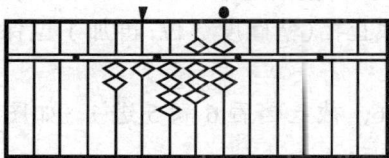

图 2-145

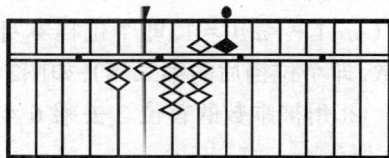

图 2-146

③ 用被乘数倒数第二位 8×乘数首位 7 等于 56，8 再乘以 3 等于 24，本档为 2，截止档后一档为 4，不满 5 舍去。8×466＝3 728，3 不足 5 又舍去不计，如图 2-147 所示。

④ 用被乘数倒数第三位 4 乘以乘数首位 7 等于 28；4 再乘以 3 等于 12；4 再乘以 4 等于 16，本档为 1，截止档后一档为 6，满 5 在截止档再加 1；4×66＝264，2 不满 5 舍去，如图 2-148 所示。

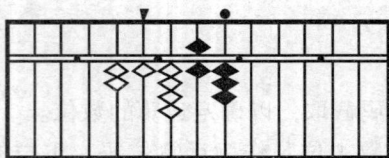

图 2-147

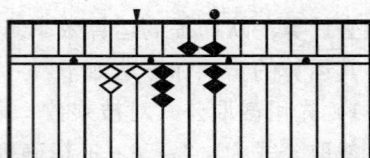

图 2-148

⑤ 用被乘数倒数第四位 1 乘以乘数 73 466，截止档后一档 6，满 5 在截止档加 1，最末位 6 就不用乘，舍去不计，如图 2-149 所示。

⑥ 用被乘数首位 2 去乘 73 466 得 146 932，截止档右一档 2，不满 5 舍去，如图 2-150 所示。

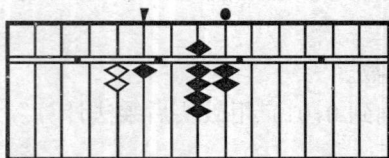

图 2-149

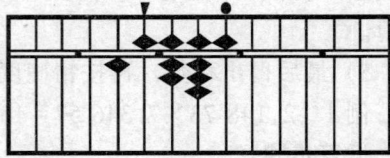

图 2-150

⑦ 根据精确度要求得积 15.79。

用空盘乘法须记住标准首位档，然后进行运算就可以了。

例 2　2.837 4×0.647 26＝1.84（精确到 0.01）用空盘前乘法计算。

运算步骤：

① 先用截取公式求出运算的位码。（m）1＋（n）0＋（精确度）2＋（保险系数）1＝4，被乘数为 2.837(四舍)，乘数为 0.647 3(五入)，按固定个位档找出"标准首位档"（m）1＋（n）0＝1，即个位档本身。再确定截止档(精确度 2 位，再加 1 位保险系数，即个位档后的第三档)，如图2-151 所示。

② 用被乘数的首位 2 去乘 6 473 得 12 946，截止档后 6 满 5 进 1，如图 2-152 所示。

③ 用被乘数的第二位 8 去乘 6 473，8×7＝56，截止档后 6 满 5 进 1，8×3

图 2-151

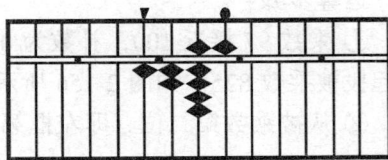

图 2-152

=24，截止档后 2 不满 5 舍去，如图 2-153 所示。

④ 用被乘数的第三位 3 去乘 647.3×12，截止档后 2 不满 5 舍去，3×7 =21，截止档后 2 不满也 5 舍去，如图 2-154 所示。

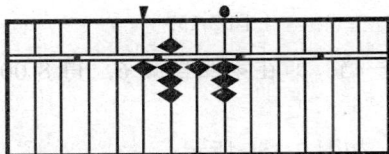

图 2-153

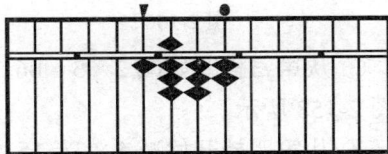

图 2-154

⑤ 用被乘数的第四位 7 去乘 64，7×6＝42，截止档后 2 不满 5 舍去，7×4 ＝28，截止档后 2 不满 5 也要舍去，如图 2-155 所示。

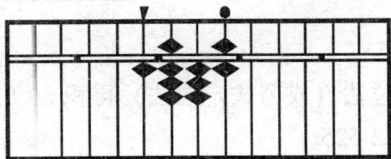

图 2-155

⑥ 根据精确度要求得积 1.84。

2．补数乘法

补数运算，已成为一种计算体系。当乘数接近且小于 10^n 时，可运用补数原理进行乘法运算。现介绍其中的一种方法——凑齐法。

所谓凑齐法，是指两因数相乘，有一个数接近于 10^n 时，可以利用补数关系，以减代乘，简化运算过程。具体的"减积"方法是：本位是第几位上的补数，它与被乘数首位数字相乘积的十位数就从被乘数的第几位数（第几个十位档）开始减积，个位数在右一档，下次减积的十位数即在此档，个位又在右一档，依此类推。这里我们在计算时作一个约定，即 98 的补数为 02，998 的补数为 002，0.997 的补数为 003，这样是第几位上的补数就一目了然。

例 1　825×97＝80 025

运算步骤：

① 乘数 97 接近 100，补数为 03，3 是第二位上的补数。先在算盘左框第一档起拨被乘数 825，如图 2-156 所示。

② 从被乘数第二位（即左框第二档）开始减 8×3＝24。得 801，如图 2-157 所示。

图 2-156   图 2-157

③ 从第三档开始减 2×3＝06，个位在右一档，即在第四档减 6，得 8 004，如图 2-158 所示。

④ 从第四档开始减 5×3＝15，得 80 025，如图 2-159 所示。

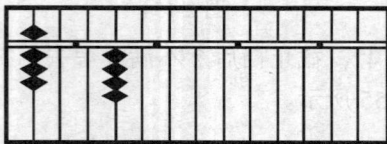
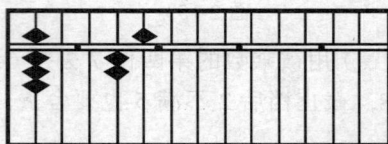

图 2-158   图 2-159

⑤ 根据盘上公式定位法（或公式定位法）得积 80 025。

例 2   825×997＝822 525

运算步骤：

① 乘数 997 接近 1 000，补数为 003，是第三位上的补数。先从左框第一档起拨被乘数 825，如图 2-160 所示。

② 从第三档开始减 8×3＝24，得 8 226，如图 2-161 所示。

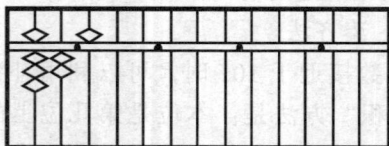
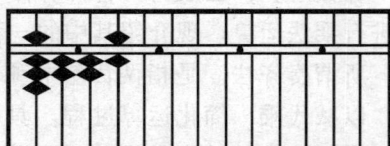

图 2-160   图 2-161

③ 从第四档开始减 2×3＝06，个位在右一档，即在第五档减 6，得 82 254，如图 2-162 所示。

④ 从第五档开始减 5×3＝15，得 822 525，如图 2-163 所示。

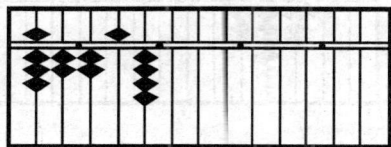

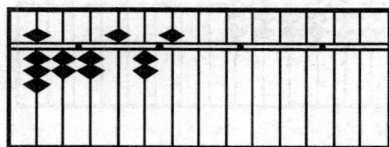

图 2-162   图 2-163

⑤ 根据公式定位法得积 822 525。

例 3　394×987＝388 878

运算步骤：

① 乘数 987 接近 1 000，补数为 013，1 是第二位上的补数，3 是第三位上的补数。先从左框第一档起拨被乘数 394，如图 2-164 所示。

② 从第二档开始减 394×1＝394，个位在右一档，即从第三档开始减 394，得 39 006，如图 2-165 所示。

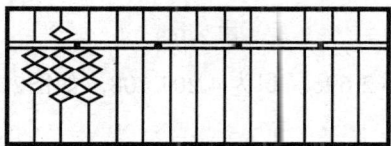

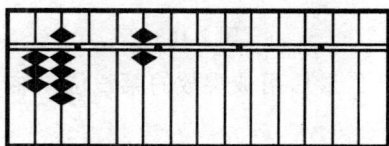

图 2-164   图 2-165

③ 再从第三档开始减 3×3＝09，个位在右一档，即第四档减 9，得 38 916；再依次递位减 9×3＝27，得 38 889，4×3＝12，得 388 878，如图 2-166 所示。

④ 根据盘上公式定位法（或公式定位法）得积 388 878。

3．随乘法

随乘法又叫跟踪乘法或移积乘法，它是指在运算时不按空盘前乘法中规定的运算次序和步骤来进行计算，而是依据题目的特点灵活掌握，常见的有下列两种情形：

1）在两因数（被乘数、乘数）内部，遇有相同的数字，可先乘之积，然后依据对应档位加相同之积。

2）在两因数内部，若相邻两数之和为"9"，可先乘之积，然后右移一档减相同之积（如：36＝40－4，72＝80－8）。

例 1　6 242×674＝4 207 108

运算步骤：

① 本例被乘数中出现相同数"2"，这样可先用第二位上的"2"乘以 674。积为 1 348，如图 2-167 所示。

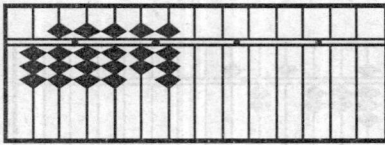

图 2-166

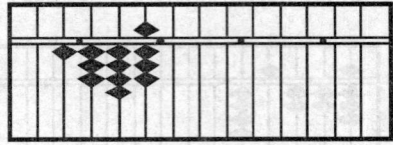

图 2-167

② 再直接用被乘数第四位上的"2"乘以 674，得 1 348，移积相加，只是注意应将积从对应第四档叠加，积为 136 148，如图 2-168 所示。

③ 再拿被乘数的首位数 6 乘以 674，得 4 044。积为 4 180 148，如图 2-169 所示。

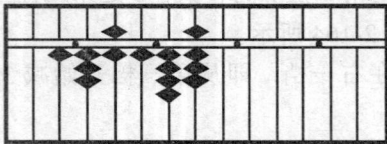

图 2-168

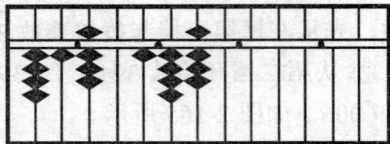

图 2-169

④ 最后用被乘数的第三位 4 乘以 674，得 2 696。积为 4 207 108，如图 2-170 所示。

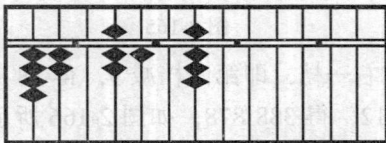

图 2-170

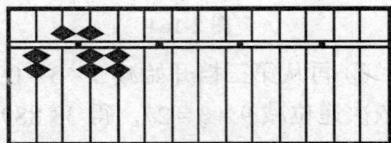

图 2-171

⑤ 根据公式定位法得积为 4 207 108。

例 2　72×3 215 = 231 480

运算步骤：

① 本例被乘数"72"，它的相邻两数（即个位数字和十位数字）之和为"9"（7 + 2 = 9），又"72 = 80 − 8"。先拿 80×3 215 = 257 200，如图 2-171 所示。

② 再右移一档减去 8×3 215 = 25 720，得 231 480，如图 2-172 所示。

③ 根据公式定位法"$M + N$"= 6，得积为 231 480。

例 3　4 036×268 = 1 081 648

运算步骤：

① 本例被乘数中的"36"的相邻两数之和为"9"（3 + 6 = 9），又"36 =

40－4"。先拿被乘数第三位（十位数）4×268＝1 072，如图 2-173 所示。

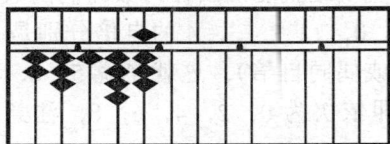

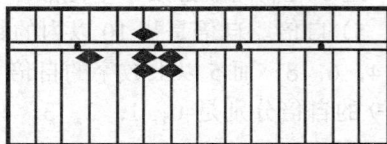

图 2-172　　　　　　　　　　　　　　　图 2-173

② 再右移一档，用被乘数第四位上的 4×268＝1 072，实际上右移一档减去 1 072 即可。得 9 648，如图 2-174 所示。

③ 再用被乘数首位数 4×268，实际上在左框第一档起（本位档）加 1 072 即完成运算。得 1 081 648，如图 2-175 所示。

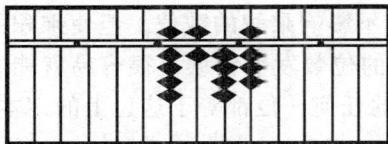

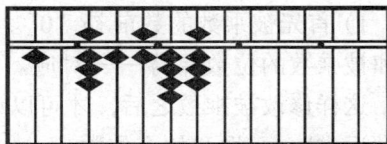

图 2-174　　　　　　　　　　　　　　　图 2-175

④ 根据盘上公式定位法得积为 1 081 648。

4．一口清乘法

要掌握"一口清"速算方法，首先要掌握速算中的几个概念，以及有关运算程序和法则。

（1）速算中的几个概念

1）本位及假小数。快速计算法和传统乘法一样，都是一位一位地处理被乘数的每位数字，传统乘法在用九九口诀时是把这位数当作个位来看待，速算中也是如此。我们把乘数中正在运算的那个数位叫做"本位"。从本位右一位开始直至末尾一位所表示的那串数，叫做"假小数"。例如，在计算 42 317×6 的过程中，当 6×4 时，4 是"本位"，它后面的 2 317 就是"假小数"。

2）本个、后进和本位积。本位被乘以后，我们只取积的个位数，对于本位乘积的个位数叫做"本个"。假小数被乘积以后要进位的数叫做"后进"。由于"本个"和"后进"是同位数，我们把"本个＋后进"只取和的个位的那位数称做"本位积"。例如，42 317×6，以 4 为本位时，乘积在这位的"本个"是 4，"后进"是 1，"本位积"是 5。

3）补数。这里所说的补数是指 10 以内的 5 对数，即 1 和 9，2 和 8，3 和 7，4 和 6，5 和 5。

4）偶同数。小于 10 的两个数同乘以一个偶数时，如果所得乘积的个位数字相同，就说这两个数是偶同数，或者说它们互为偶同。偶同数共有 5 对，即 0 和

5, 1和6, 2和7, 3和8, 4和9, 构成偶同数的基本条件是两数相差为5。

这5对偶同数必须牢牢记熟, 要不假思索直观地就能说出任何数的偶同数。

5) 自倍。自倍是指10以内的数自身加倍。0, 1, 2, 3, 4的自倍分别是0, 2, 4, 6, 8; 而5以上数字的自倍只取个位 (或偶同自倍), 这就是说5, 6, 7, 8, 9的自倍分别是0, 1, 2, 3, 4的自倍, 即依次为0, 2, 4, 6, 8, 注意熟记, 见表2-4。

表2-4　自倍表

偶同数	0, 5	1, 6	2, 7	3, 8	4, 9
自倍数	0	2	4	6	8

(2) 一位数乘法运算程序和法则

一位数乘多位数的乘法运算分三个层次:

1) 首先被乘数的数前补 "0"。这项措施不影响乘积的数值, 但使乘积的位数和被乘数的位数保持一一对应。如果乘积的位数发生错误, 很容易就能看出来。这样修改被乘数之后, 才可以说: 乘积的任何一位都等于这位上的 "本个" 加 "后进", 只取和的个位数。

2) 从高位算起, 即是从最左补的那个 "0" 开始按 "本位积 = 本个 + 后进, 只取和的个位" 的公式逐位求出本位积。

"本个 + 后进" 可能出现满10的数, 这时只取和的个位数, 弃掉10, 即 "超10不进法则"。

3) "本个 + 后进" 实际是两个一位数的和, 肯定小于20。"本个 + 后进" 就是20以内的加法运算, 越熟练, 运算速度就越快。

(3) 个位律和进位律表

1) 个位律表。表2-5列出了个位律表。

表2-5　个位律表

乘数 ＼ 被乘数个位数	1	2	3	4	5	6	7	8	9
2	2	4	6	8	0	2	4	6	8
3	3	6	9	2	5	8	1	4	7
4	4	8	2	6	0	4	8	2	6
5	5	0	5	0	5	0	5	0	5
6	6	2	8	4	0	6	2	8	4
7	7	4	1	8	5	2	9	6	3
8	8	6	4	2	0	8	6	4	2
9	9	8	7	6	5	4	3	2	1

从表中可以归纳出个位规律：

① 乘数是 2，将被乘数加倍求个位。归纳口诀即 "2 乘加自身"。

② 乘数是 3，当被乘数是偶数时，将被乘数求补数后再加倍，如 4×3，即 4 的补数是 6 加倍后为 2；当被乘数是奇数时，其个位积由乘法口诀求得，熟练后最好不要用口诀。

③ 乘数是 4，当被乘数是偶数时，则求被乘数补数，如 8×4，即 8 的补数是 2；当被乘数是奇数时，求被乘数的凑数，如 7×4，即 7 的凑数是 8。因此乘数是 4 时，即为 "偶补数，奇凑数"。

④ 乘数是 5，当被乘数是偶数时，得 0；当被乘数是奇数时，得 5。例如 6×5 个位是 0；3×5 个位是 5。

⑤ 乘数是 6，当被乘数是偶数时，为其自身数，例如 4×6 个位是 4；当被乘数是奇数时，则为自身数再加 5，例如 3×6 个位是 8。即 "偶自身，奇加 5"。

⑥ 乘数是 7，当被乘数是偶数时，即自身再加倍，例如 8×7 个位是 6；当被乘数是奇数时，即自身加倍后再加 5，例如 3×7 个位是 1。归纳为 "偶加自身，奇加自身再加 5"。

⑦ 乘数是 8，被乘数不分偶数、奇数，个位一律为被乘数的补数再加倍。例如 6×8 个位是 8，3×8 个位是 4。

⑧ 乘数是 9，个位即被乘数的补数。例如 4×9 个位是 6，3×9 个位是 7。

2）进位律表。表 2-6 列出了进位律表。

表 2-6　进位律表

2	5						
3	3	6					
4	25	5	75				
5	2	4	6	8			
6	16	3	5	6	83		
7	142857	285714	428571	571428	714285	857142	
8	125	25	375	5	625	75	875
9	1	2	3	4	5	6	7	8
乘数 界位 进位值	1	2	3	4	5	6	7	8

说明：a）如果只在一个数字的二端有圆点 "·"，则是指超过循环几的意思。例如 3 是指超过 3 的循环数。

b）如果在两个数字的上端有圆点 "·"，则是指超过这个循环数。例如 142857 是指超过 142857 循环数的意思（例如 142858，14286，1429，143，15 等）。

从表中可以归纳出进位规律：

① 乘数是 2，"满 5 进 1"。

② 乘数是 3 时，"超 3 进 1，超 6 进 2"。

③ 乘数是 4 时，"满 25 进 1，满 5 进 2，满 75 进 3"。

④ 乘数是 5 时，"满 2 进 1，满 4 进 2，满 6 进 3，满 8 进 4"。

⑤ 乘数是 6 时，"超 16 进 1，超 3 进 2，满 5 进 3，超 6 进 4，超 83 进 5"。

⑥ 乘数是 7 时，"超 142857 进 1，超 285714 进 2，超 428571 进 3，超 571428 进 4，超 714285 进 5，超 857142 进 6"。

⑦ 乘数是 8 时，"满 125 进 1，满 25 进 2，满 75 进 3，满 5 进 4，满 625 进 5，满 75 进 6，满 875 进 7"。

⑧ 乘数是 9 时，超几的循环数进几，即"超几进几"。

熟悉了乘数的"本个规律"和"进位规律"后，应逐个乘数进行大量的练习，并逐步做到以下几点：

① 求"本个"既不能使用"九九口诀表计算"，也不能使用所讲述的个位律一步步地来计算。这里的规律只是帮助初学者记忆。熟练后达到眼睛一看数字，头脑中不用任何运算过程就能立即闪现出它的"本个"数字。这里对于初学者首先要树立信心，其次要经过反复练习方能达到。

② 求"后进"也不要用进位律的口诀来确定。进位律的口诀也只是帮助我们解决速算方法。我们也必须通过反复练习，达到眼睛一看到假小数，脑中就立即反映出"后进"数字来，不要有任何的计算过程。

③ "本个＋后进"是一位数加法，要提高脑算能力，只有这样才能加快运算速度。

④ 学习时，对于每一个乘数的运算规律，要学一个，练一个，掌握一个。切不可等学完了"个位律"和"进位律"再一起练习。

3）运算方法。

第一、乘数是 2。例如：5 678×2 = 11 356，在计算过程中，将被乘数看作 05 678。

① 本个 0，假小数为 5 678，后进 1，本位积为 1。

② 本个 0，假小数为 678，后进 1，本位积为 1。

③ 本个 2，假小数为 78，后进 1，本位积为 3。

④ 本个 4，假小数为 8，后进 1，本位积为 5。

⑤ 本个 6，无后进即末位，本位积为 6。

列式如图 2-176 所示，根据公式定位法得积 11 356。

第二、乘数是 3。例如：$75\,346 \times 3 = 226\,038$，列式如图 2-177 所示。"本位积 = 本个 + 后进"，只取个位，满 10 弃 10，"超 10 不进"。此例 "3" 为本位时，本个为 9，后进 1，本位积为 0，而不是 10。

第三、乘数是 4。例如：$8\,325 \times 4 = 33\,300$，列式如图 2-178 所示。

第四、乘数是 5。例如：$3\,257 \times 5 = 16\,285$，列式如图 2-179 所示。

第五、乘数是 6。例如：$8\,356 \times 6 = 50\,136$，列式如图 2-180 所示。

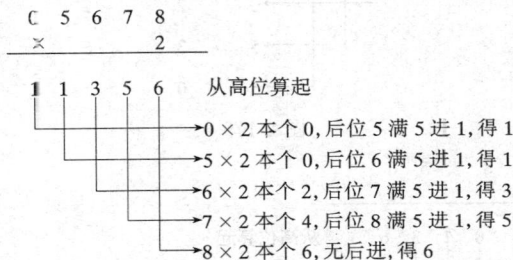

图 2-176

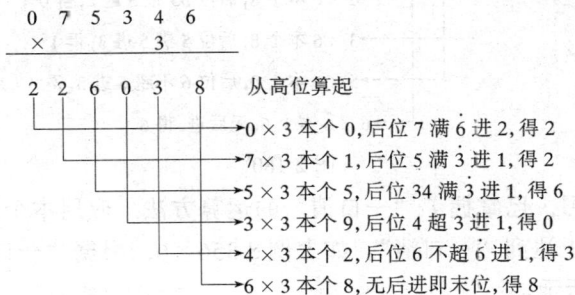

图 2-177

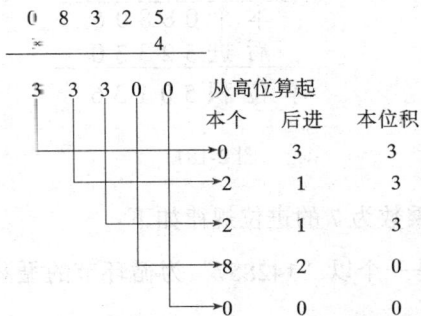

图 2-178

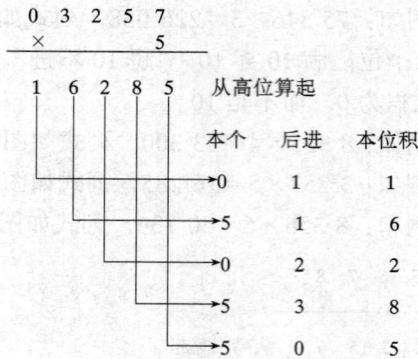

图 2-179

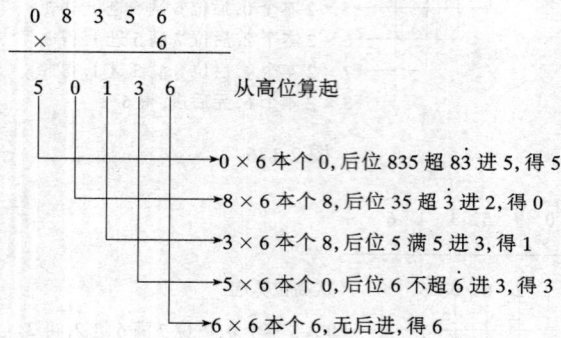

图 2-180

经过反复练习，已掌握了"一口清"的运算方法，应用本个、后进同步算出本位积，进而真正达到"一口清"。如上例 8 356×6，根据"一口清"运算法则，列式如图 2-181 所示。

$$
\begin{array}{r}
0\ 8\ 3\ 5\ 6 \\
\times\qquad 6 \\
\hline
\text{本 个}\ 0\ 8\ 8\ 0\ 6 \\
\text{后 进}\ 5\ 2\ 3\ 3\ 0 \\
\hline
\text{本 位 积}\ 5\ 0\ 1\ 3\ 6
\end{array}
$$

图 2-181

第六、乘数是 7。乘数为 7 的进位规律如下：

$1/7 = 0.\dot{1}4285\dot{7}$ 这是一个以"142857"为循环节的循环数。同样的道理，我们有：

$2/7 = 0.\dot{2}8571\dot{4}$ 这是一个以"285714"为循环节的循环数。

$3/7 = 0.\dot{4}2857\dot{1}$ 这是一个以"428571"为循环节的循环数。

$4/7=0.\dot{5}7142\dot{8}$ 这是一个以 "571428" 为循环节的循环数。

$5/7=0.\dot{7}1428\dot{5}$ 这是一个以 "714285" 为循环节的循环数。

$6/7=0.\dot{8}5714\dot{2}$ 这是一个以 "857142" 为循环节的循环数。

乘数为 7 时，它的最大进位是 6，依次各进位分界点如下：

$$1/7=0.\dot{1}4285\dot{7}$$

$$2/7=0.\dot{2}8571\dot{4}$$

$$3/7=0.\dot{4}2857\dot{1}$$

$$4/7=0.\dot{5}7142\dot{8}$$

$$5/7=0.\dot{7}1428\dot{5}$$

$$6/7=0.\dot{8}5714\dot{2}$$

由此得出进位规律（见进位律表）。以上进位规律从表面上看，确实非常难记，但是分析一下就不难看出其中的规律。

我们把 142857 这六个各不相同的数字排列开，其实其中只缺 3，6，9 三个数字，当假小数首位是 3，6，9 时，必进 2，4，6。这样我们再看循环节的首位数字就比较容易判断了。

以 1 为循环节首位的数是

$$0.\dot{1}4285\dot{7}=1/7$$

以 2 为循环节首位的数是

$$0.\dot{2}8571\dot{4}=2/7$$

以 4 为循环节首位的数是

$$0.\dot{4}2857\dot{1}=3/7$$

以 5 为循环节首位的数是

$$0.\dot{5}7142\dot{8}=4/7$$

以 7 为循环节首位的数是

$$0.\dot{7}1428\dot{5}=5/7$$

以 8 为循环节首位的数是

$$0.\dot{8}5714\dot{2}=6/7$$

经过上述分析，我们就可以牢牢熟记了。

例如：$4\,286\times7=30\,002$，列式如图 2-182 所示。

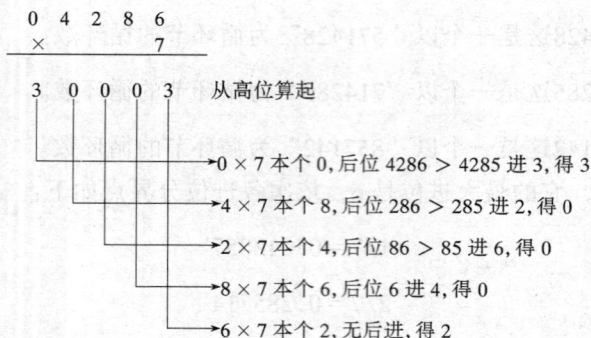

$$
\begin{array}{r}
0\ 4\ 2\ 8\ 6 \\
\times\qquad\qquad 7 \\
\hline
3\ 0\ 0\ 0\ 3 \qquad 从高位算起
\end{array}
$$

→ 0×7 本个 0,后位 4286 > 4285 进 3,得 3

→ 4×7 本个 8,后位 286 > 285 进 2,得 0

→ 2×7 本个 4,后位 86 > 85 进 6,得 0

→ 8×7 本个 6,后位 6 进 4,得 0

→ 6×7 本个 2,无后进,得 2

图 2-182

第七、乘数为 8。例如：$102\ 584 \times 8 = 820\ 672$，计算过程如图 2-183 所示。

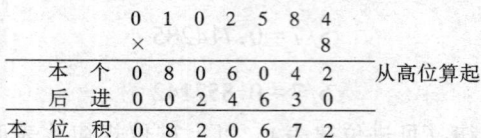

		0	1	0	2	5	8	4	
	×							8	
本	个	0	8	0	6	0	4	2	从高位算起
后	进	0	0	2	4	6	3	0	
本 位	积	0	8	2	0	6	7	2	

图 2-183

注意：在求本位积时，满 10 弃 10，超 10 不进，只取个位。

第八、乘数为 9 时。例如：$973\ 845 \times 9 = 8\ 764\ 605$，计算过程如图 2-184 所示。

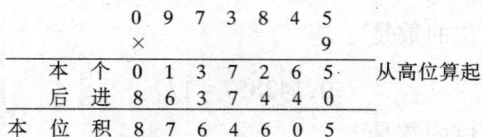

		0	9	7	3	8	4	5	
	×							9	
本	个	0	1	3	7	2	6	5	从高位算起
后	进	8	6	3	7	4	4	0	
本 位	积	8	7	6	4	6	0	5	

图 2-184

4）多位数一口清乘法。多位数一口清乘法，实际上是一位数一口清乘法的具体运用。只要我们掌握了一位数一口清，然后将多位转变成若干个一位数的乘法，根据空盘乘法加积档次的规律，递位迭加之积就可以得到全积。

定位时按盘上公式定位法（或公式定位法）和固定个位档定位法皆可。

例　$3\ 474 \times 6\ 283 = 21\ 817\ 142$

运算步骤：

① 采用盘上公式定位法。从算盘左框第一档开始运算。本例被乘数中有两个"4"，可运用随乘法，先用第二位上 4 去乘 06 283 得 25 132，如图 2-185 所示。

② 再用第四位上的 4 去乘 06 283，递位叠加在第四档为十位档（本档），得积为 2 538 332，如图 2-186 所示。

③ 用被乘数首位 3 去乘 06 283 得 18 849，从左框第一档（本位档）始加

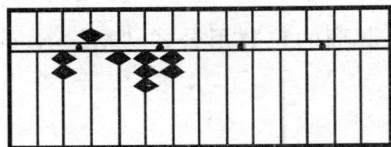

图 2-185

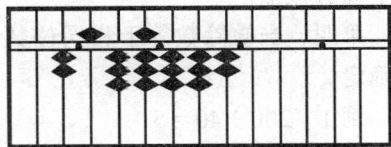

图 2-186

18 849，得积为 21 387 332，如图 2-187 所示。

④ 用被乘数第三位 $7 \times 06\ 283 = 42\ 981$，从左框第三档始加 42 981，得积 21 817 142，如图 2-188 所示。

⑤ 根据盘上公式定位法 "$m + n$"，得全积为 21 817 142。

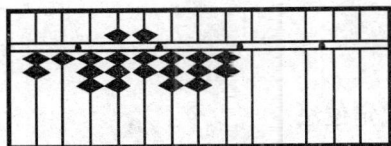

图 2-187

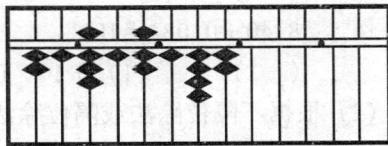

图 2-188

三、珠算除法

(一) 商的定位方法

珠算除法定位是以被除数与除数大小比较以及它们的位数为依据来确定的。现介绍三种常用的定位方法。

1. 公式定位法

(1) 什么是公式定位法

公式定位法就是利用被除数与除数的大小比较以及被除数与除数的位数来确定商的位数的一种定位方法。一般设被除数的位数为 M，除数的位数为 N，其商的位数在运算中主要有下列四种情形：

第一、当被除数的首位数字小于除数的首位数字时，其商的位数等于被除数的位数减去除数的位数。用公式 (i) 表示如下：

$$M - N \tag{iii}$$

第二、当被除数的首位数字大于除数的首位数字时，其商的位数等于被除数的位数减去除数的位数再加 1 位。用公式 (ii) 表示如下：

$$M - N + 1 \tag{iv}$$

第三、当被除数的首位数字与除数的首位数字相同时，则依次比较它们的第二位，如第二位仍然相同，则比较它们的第三位，直至末位，然后按照上述方法确定商的位数。

第四、当被除数等于相同位数的除数时，其商的位数用公式"$M - N + 1$"来确定。

例1 $200 \div 40 = 5$

　　　　$(+3) - (+2) = (+1)$ 位

例2 $4\,000 \div 20 = 200$

　　　　$(+4) - (+2) + 1 = (+3)$ 位

例3 $1.32 \div 0.12 = 11$

　　　　$(+1) - (0) + 1 = (+2)$ 位

例4 $98.01 \div 0.99 = 99$

　　　　$(+2) - (0) = (+2)$ 位

例5 $8.40 \div 0.084 = 100$

　　　　$(+1) - (-1) + 1 = (+3)$ 位

（2）根据不隔位除法或隔位除法选用公式定位法

1）用不隔位除法运算。若商的首位数字与被除数首位数字在同一档上，则用公式（ⅲ）定位，即商的位数等于被除数位数减去除数位数（$M - N$）；若商的首位数字在被除数首位数字的左一档上，则用公式（ⅳ）定位，商的位数等于被除数位数减去除数位数再加1位（$M - N + 1$）。

2）隔位除法运算。若商的首位数字在被除数首位数字的左一档上，则用公式（ⅲ）定位，即商的位数等于被除数位数减去除数位数（$M - N$）；若商的首位数字在被除数首位数字的左二档上，则用公式（ⅳ）定位，商的位数等于被除数位数减去除数位数再加1位（$M - N + 1$）。

例1 $1\,512 \div 3 = 504$（用隔位除法运算）

运算步骤：

① 从算盘左框第三档起将被除数 1 512 拨在算盘上，默记除数3，如图2-189所示。

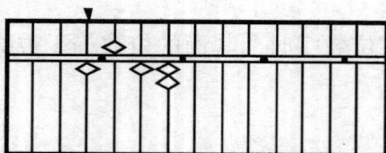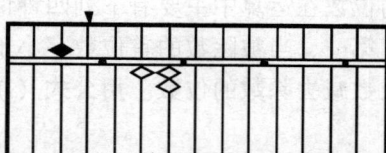

　　　　图 2-189　　　　　　　　　　　　　　　　　　图 2-190

② 用隔位商除法运算，被除数首位数字1小于除数3，即"不够除挨位上商数"，试商5，并将商数5与除数3的积数15从商后的右一档依次减去，余数为12。其盘面结果为图2-190所示。

③ 对余数续除。被除数余数的首位数字 1 小于除数首位数字 3，挨位试商 4，即在左框第四档上商数 4，再将商数 4 与除数 3 的乘积 12 在商后依次减去。余数为 0 即为除尽。根据公式定位法（iii）商的位数 $= M - N = 4 - 1 = +3$（位），求出商数为 504。如图 2-191 所示。

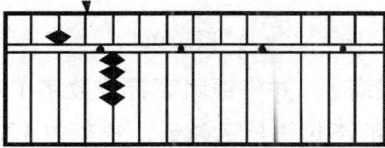

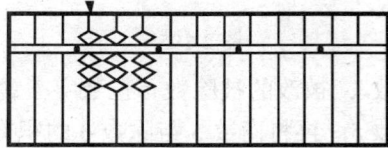

图 2-191   图 2-192

例 2 $888 \div 0.6 = 1\,480$（用隔位除法运算）

运算步骤：

① 从算盘左框第三档起将被除数 888 拨在算盘上，默记除数 6，如图 2-192 所示。

② 对余数读除，被除数余数首位数字 8 大于除数 6，即"够除隔位上商数"，试商 1，并将商数 1 与除数 6 的积数 06 从商后的右一档依次减去，余数为 288。其盘面结果如图 2-193 所示。

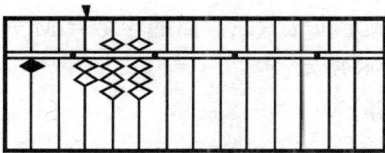

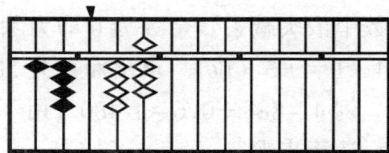

图 2-193   图 2-194

③ 用隔位商除法运算，被除数首位数字 2 小于除数 6，即"不够除挨位上商数"，在左框第二档试商 4，并将商数 4 与除数 6 的积数 24 从商后的右一档依次减去，余数为 48。其盘面结果如图 2-194 所示。

④ 对余数读除，被除数余数首位数字 4 小于除数 6，即"不够除挨位上商数"，在左框第三档试商 8，并将商数 8 与除数 6 的积数 48 从商后的右一档依次减去，余数为 0 即为除尽。根据公式定位法（iv）商的位数 $= M - N + 1 = 3 - 0 + 1 = +4$（位），求出商数为 1 480，如图 2-195 所示。

例 3 $1\,512 \div 3 = 504$（用不隔位除法运算）

运算步骤：

① 从算盘左框第二档起将被除数 1 512 拨在算盘上，默记除数 3，如图 2-196 所示。

② 用不隔位商除法运算，被除数首位数字 1 小于除数 3，即"不够除本位改

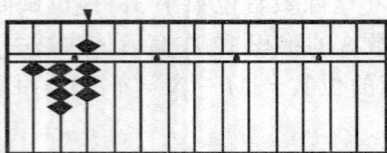
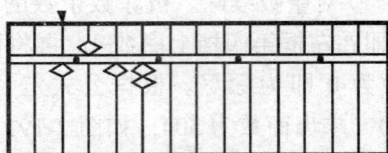

图 2-195   图 2-196

商数"，被改的被除数首位数字 1 需脑记。试商 5，并将被除数首位数字 1 改为商数 5，再将商数 5 与除数 3 的积数 15 从商的本位档依次减去，余数为 12。其盘面结果如图 2-197 所示。

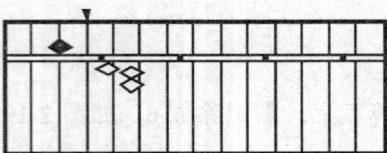
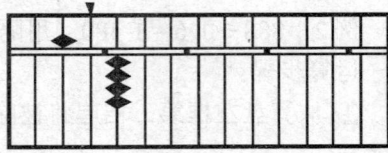

图 2-197   图 2-198

③ 同理，对余数续除。被除数余数的首位数字 1 小于除数首位数字 3，本位改商数 4，即在左框第四档上改商数 4，再将商数 4 与除数 3 的乘积 12 在被除数余数中依次减去。余数为 0 即为除尽。根据公式定位法（iii）商的位数 = $M - N$ = $4 - 1$ = $+3$（位），求出商数为 504，如图 2-198 所示。

例 4 $888 \div 0.6 = 1\,480$（用不隔位除法运算）

运算步骤：

① 从算盘左框第二档起将被除数 888 拨在算盘上，默记除数 6，如图 2-199 所示。

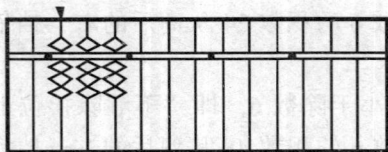
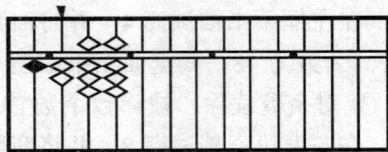

图 2-199   图 2-200

② 用不隔位商除法运算，被除数首位数字 8 大于除数 6，即"够除挨位上商数"，在左框第一档试商 1，并将商数 1 与除数 6 的积数 06 从商后的右一档减去，即个位在右一档减积。余数为 288。其盘面结果如图 2-200 所示。

③ 对余数续除，被除数余数首位数字 2 小于除数 6，即"不够除本位改商数"，被除数首位数字 2 改商数 4，被改的余数首位数字 2 需脑记。并将商数 4

与除数 6 的积数 24 从被除数余数中减去，余数为 48。其盘面结果如图 2-201 所示。

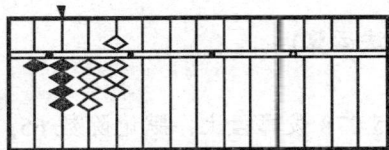

图 2-201

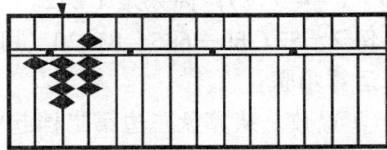

图 2-202

④ 对余数续除，被除数余数首位数字 4 小于除数 6，即 "不够除本位改商数"，余数首位数字 4 改商数 8，被改的余数首位数字 4 需脑记。并将商数 8 与除数 6 的积数 48 从被除数的余数中减去，余数为 0 即为除尽。根据公式定位法（ iv）商的位数 $= M - N + 1 = 3 - 0 + 1 = + 4$ 位，求出商数为 1 480，如图 2-202 所示。

综上所述可以概括为："位数相减，够除加 1"。

2. 盘上公式定位法

所谓盘上公式定位法就是利用商的首位数字落到算盘上的哪一档来确定商的位数的一种定位方法。

1）用不隔位除法运算时，可在算盘左边空一档，即从左边第二档起拨置被除数。通过运算后，如果首档有商数，就用公式 $M - N + 1$ 定位；如果首档是空档，则用公式 $M - N$ 定位。

2）用隔位除法运算时，可在算盘左边空二档，即从左边第三档起拨置被除数。通过运算后，如果首档有商数，就用公式 $M - N + 1$ 定位；如果首档是空档，则用公式 $M - N$ 定位。

这种方法的定位可概括为："位数相减，满档加 1"。

例 1　884 304÷712 = 1 242（用不隔位除法运算）

运算步骤：

① 置数。从算盘左边第二档起将被除数 884 304 拨在算盘上，默记除数 712，如图 2-203 所示。

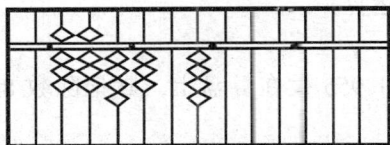

图 2-203

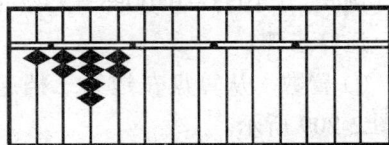

图 2-204

② 用不隔位除法运算之后，盘上算珠为 1 242，如图 2-204 所示。

因运算结果盘面显示首档上有数字，故用公式 $M - N + 1$ 定位，商的位数 = $6 - 3 + 1 = 4$（位），商数是 1 242。

例 2　527.80 ÷ 6.5 = 81.20（用不隔位除法运算）

运算步骤：

① 置数。从算盘左边第二档起将被除数 5 278 拨算盘上，默记除数 65，如图 2-205 所示。

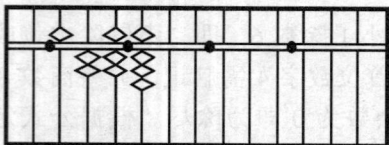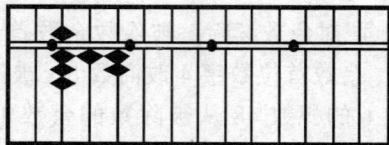

图 2-205   图 2-206

② 用不隔位除法运算之后，盘上算珠为 812，如图 2-206 所示。

因运算结果盘面显示首位档是空档，故用公式 $M - N$ 定位，商数的位数 = $3 - 1 = 2$（位），商数是 81.20。

例 3　648 000 ÷ 2 700 = 240（用隔位除法运算）

运算与步骤：

① 置数。从算盘左边第三档起将被除数 648 拨在算盘上，默记除数 27，如图 2-207 所示。② 用隔位除法运算之后，盘上算珠为 24，如图 2-208 所示。

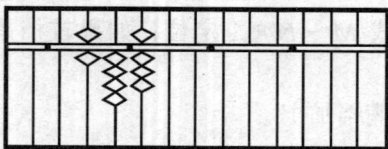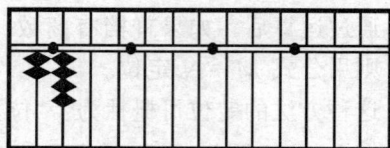

图 2-207   图 2-208

因运算结果盘面显示首位档上有数字，故用公式 $M - N + 1$ 定位，商的位数为 $6 - 4 + 1 = 3$（位），商数是 240。

例 4　0.1955 ÷ 0.0085 = 23（用隔位除法运算）

运算步骤：

① 置数。从算盘左边第三档起将被除数 1 955 拨在算盘上，默记除数 85，如图 2-209 所示。

② 用隔位除法运算之后，盘上算珠为 23，如图 2-210 所示。

因运算结果盘面显示首位档是空档，故用公式 $M - N$ 定位，商的位数为 $0 - (-2) = 2$（位），商数是 23。

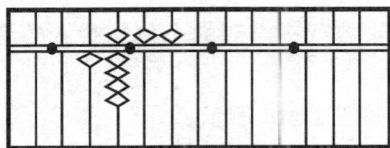

图 2-209

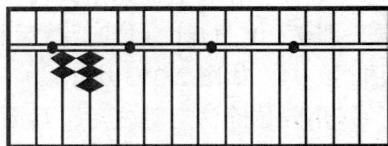

图 2-210

3．固定个位档定位法

固定个位档定位法属于算前定位方法，即在计算前首先在算盘盘面上选定一档作为商的个位档，然后根据选用的除法来确定拨入新的"被除数"的位数。其具体做法为：

1）如采用不隔位除法运算，即用被除数位数减去除数的位数（$M-N$）确定新的"被除数"的位数，然后把新的"被除数"按对应个位档拨入算盘。计算完毕，即可按预先确定的个位档书写商数。

2）如采用隔位除法运算，需用被除数的位数减去除数的位数再减 1 位（$M-N-1$）来确定新的"被除数"的位数，然后将新的"被除数"按对应个位档拨入算盘。计算完毕，即可按预先确定的个位档书写商数。

3）采用固定个位档定位法应注意以下事项：个位本身是 + 1 位；个位档的右一档是零位档；零位档的右一档是 − 1 位，依次下一档为 − 2 位、 − 3 位；高位在左，低位在右。

例 1　8 304÷34.6 = 240（用不隔位除法运算）

运算步骤：

① 置数。事先在算盘上选定某档作为个位档，用 $M-N$ 求出新的"被除数"位数，即 4 − 2 = 2（位）。然后将新的"被除数"按对应的个位档拨入算盘，默记除数 346，如图 2-211 所示。

② 用不隔位除法运算之后，盘面数为 24，如图 2-212 所示。

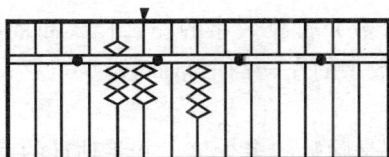

图 2-211

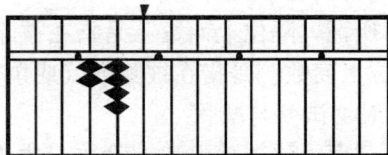

图 2-212

根据事先确定的个位档书写答案，商数为 240。

例 2　8.5164÷0.94 = 9.06（用隔位除法运算）

运算步骤：

① 置数。在算盘上选定某档作为个位档，用 $M-N-1$ 求出新的"被除数"位数，即 $1-0-1=0$（位）。然后将新的"被除数"按对应的个位档拨入算盘，默记除数 94，如图 2-213 所示。

② 用隔位除法运算之后，盘面数为 906，如图 2-214 所示。

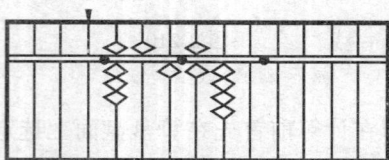
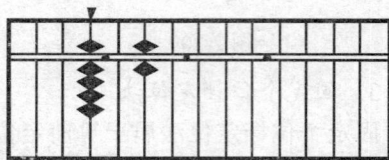

图 2-213   图 2-214

根据事先确定的个位档书写答案，商数为 9.06。

（二）隔位商除法

1. 运算步骤

（1）置数

从算盘左边第三档起拨上被除数，默记除数（或按固定个位档定位法，将被除数对应拨入算盘）。

（2）运算

置商：按"够除隔位上商数，不够除挨位上商数"的原则将商数拨在算盘上。

所谓"够除"、"不够除"，是指被除数（或余数）与除数的相同位数相比较而言的。

如果被除数大于或等于相同位数的除数则称为"够除"，如 $895 \div 4\ 536$；反之，如果被除数小于相同位数的除数则称为"不够除"，如 $4\ 536 \div 895$。

当被除数与除数首位数字相同时，则依次比较它们的第二位；第二位也相同时，则比较第三位，直至末位。

所谓"隔位上商数"是指在被除数（或余数）首位数字的左二档上布商数；"挨位上商数"是指在被除数（或余数）首位数字的左一档上布商数。

（3）试商与减积

试商：比较除数和被除数，估计出被除数是除数的多少倍，并将估计的商数拨在应置的档位上。

减积方法：从被除数（或余数）中，减去商数与除数的乘积。其减积的方法为：乘积的十位数在商的右一档上减，乘积的个位数在十位数的下一档上减。

（4）对余数续除

重复上述第二步、第三步，直至除尽或要求的精确度为止。

（5）商的定位

用公式定位法或盘上公式定位法求出商数。如采用盘上公式定位法，看算盘首档有数，则用公式 $M - N + 1$ 定位；如算盘首档为空档，则用公式 $M - N$ 定位。也可采用固定个位档定位法求出商数。

2．一位除法

除数是一位数的，叫一位除法。

例1　$780 \div 3 = 260$

运算步骤：

① 从算盘左边第三档起，拨上被除数780，默记除数3，如图2-215所示。

② 被除数首位数7大于除数3，"够除隔位商"。试商为2，在算盘左边第一档置商数2，并用商数2乘以除数3，将乘积06从商数2的右一档起逐位减去（乘积的十位数为0，不用减，退一档减个位乘积6），余数为18，如图2-216所示。

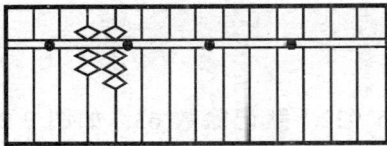 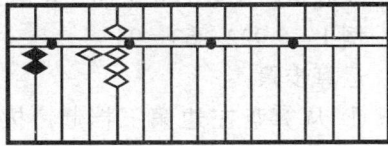

图2-215　　　　　　　　　　　　　　　　图2-216

③ 因余数首位数1小于除数3，"不够除挨位商"。再用余数18与除数3比较，试商为6，在余数前一档置商数6，并用商数6乘以除数3，将乘积18从商数6的右一档逐位减去，余数为0，如图2-217所示。

④ 因算盘首档有商数，则商的位数为 $M - N + 1 = 3 - 1 + 1 = 3$ （位），商数为260。

例2　$10.8 \div 0.004 = 2\,700$

运算步骤：

① 从算盘左边第三档起，拨上被除数108，默记除数4，如图2-218所示。

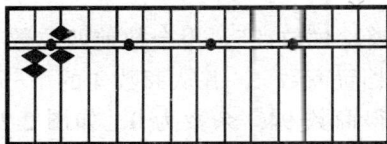 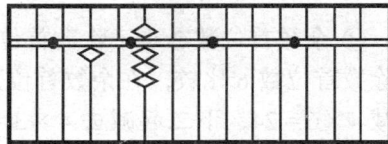

图2-217　　　　　　　　　　　　　　　　图2-218

② 被除数首位数1大于除数4，"不够除挨位商"。试商为2，并用商数2乘

以除数 4，将乘积 08 从商数的右一档起逐位减去，余数为 28，如图 2-219 所示。

③ 余数首位数 2 小于除数 4，"不够除挨位商"。再用余数 28 与除数 4 比较，试商为 7，在余数前一档置商数 7，并用商数 7 乘以除数 4，将乘积 28 从商数 7 的右一档逐位减去，余数为 0。

④ 因算盘首档无商数，则商的位数为 $M - N = 2 - (-2) = 4$（位），商数为 2 700，如图 2-220 所示。

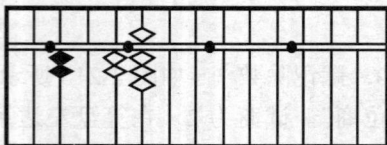 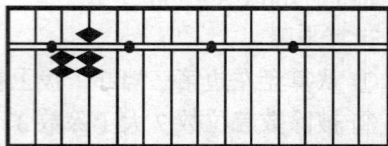

图 2-219   图 2-220

3．两位除法

除数是两位数的除法叫二位除法。

例 1   5 922÷63＝94

运算步骤：

① 从算盘左边第三档起，拨上被除数 5 922，默记除数 63，如图 2-221 所示。

② 被除数首位数 5 小于除数首位数 6，"不够除挨位商"。用被除数前两位数 59 与除数首位数 6 比较，在被除数首位数 5 的前一档置商数 9，并从商数 9 的下一档起减 9×6＝54，下二档起减 9×3＝27（即上次减积的个位档是下一次减积的图 2-209 十位档），盘面得商数 9，余数为 252，如图 2-222 所示。

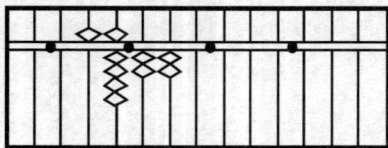 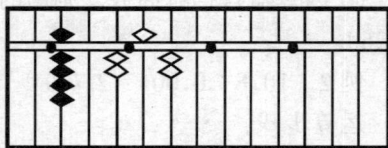

图 2-221   图 2-222

③ 余数首位数 2 小于除数首位数 6，"不够除挨位商"。用余数前两位数 25 与除数首位数 6 比较，在余数首位数 2 的前一档置商数 4，并从商数 4 的下一档起减 4×6＝24，下二起减去 4×3＝12，盘面得商数 94，余数为 0，如图 2-223 所示。

④ 因算盘首位档无商数，则商的位数为 $M - N = 4 - 2 = 2$（位），商数为 94。

例 2   30.16÷0.29＝104

运算步骤：

① 从算盘左边第三档起，拨上被除数 3 016，默记除数 29，如图 2-224 所示。

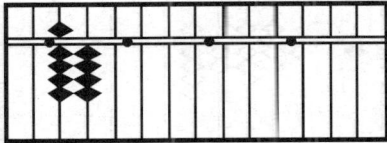 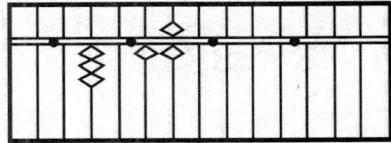

图 2-223　　　　　　　　　　　　　图 2-224

② 因被除数首位数 3 大于除数首位数 2，"够除隔位商"。在被除数首位数 3 的前二档上置商数 1，并从商数 1 的下一档起减 $1\times2=02$，下二档起减 $1\times9=09$，盘面得商数 1，余数为 0 116，如图 2-225 所示。

③ 因余数的首位数 1 小于除数首位数 2，"不够除挨位商"。用余数前两位 11 与除数首位数 2 比较，因第二位除数是 9，只能在余数前一档置商数 4，并从商数 4 的下一档起减 $4\times2=08$，下二档起减 $4\times9=36$，盘面得商数为 104，余数为 0，如图 2-226 所示。

④ 因算盘首位档二有商数，则商的位数为 $M-N+1=2-0+1=3$（位），商数为 104。

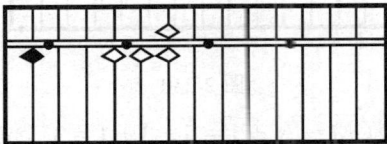 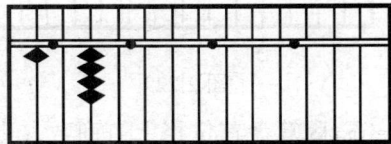

图 2-225　　　　　　　　　　　　　图 2-226

4. 多位数除法

除数是三位或三位以上的除法叫多位数除法。多位商除法的计算步骤与一位、二位除法相同，但由于除数的位数较多，在估商时难度也随之增大，往往会出现估商不准的现象。估商偏小要进行补商，估商偏大又要退商，这必然增加计算量。若估商准确就不必进行补商或退商，可以提高计算速度。所以估商时应"宁小勿大"。

例 1　$46\ 129\div283=163$

运算步骤：

① 从算盘左边第三档起，拨上被除数 46 129，默记除数 283，如图 2-227 所示。

② 因被除数首位数 4 大于除数首位数 2，"够除隔位商"。要考虑到够乘减，

只能在算盘首位档置商数 1，用商数 1 乘以除数 283，并从商数 1 的下一档起逐位向右移档。减去乘积 02、08 和 06。盘面得商数 1，余数为 17 829，如图 2-228 所示。

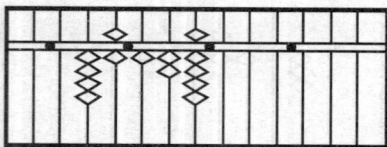
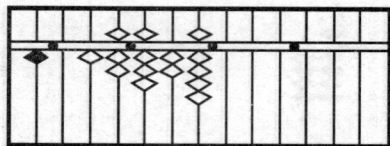

图 2-227   图 2-228

③ 因余数首位数 1 小于除数首位数 2，"不够除挨位商"。在余数首位数 1 前一档置商数 6，用商数 6 乘以除数 283，并从商数 6 的下一档起逐位向右移档，减去乘积 12、48 和 18。盘面得商数 16，余数为 849，如图 2-229 所示。

④ 因余数的首位数 8 大于除数首位数 2，"够除隔位商"。在余数首位数 8 前两档置商数 3，用商数 3 乘以除数 283，并从商数 3 的下一档起逐位向右移档，减去乘积 06、24 和 09。盘面得商数 163，余数为 0，如图 2-230 所示。

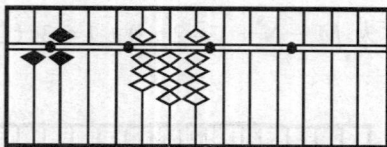
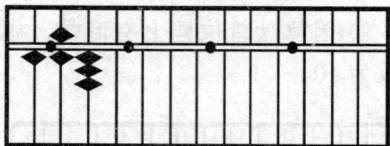

图 2-229   图 2-230

⑤ 因算盘首位档上有商数，则商的位数为 $M - N + 1 = 5 - 3 + 1 = 3$（位），商数为 163。

在除法运算过程中，有时会出现乘减过后余数仍然大于或者等于除数，说明商数偏小，有时会出现不够减，说明商数偏大。商数偏小或偏大，都要将所估的商数进行调整，即补商和退商。

补商的方法是：将商数加 1，并从其右二档（隔位除法）或下一档（不隔位除法）减去所有除数一遍。

退商的方法是：将商数减 1，并从其右二档（隔位除法）或下一档（不隔位除法）起加还已经乘减过的除数，然后再用减 1 后的商数（调整后的商）乘以尚未乘减过的除数，并将乘积从被除数中减去。

例 2   35 578.62 ÷ 95.13 = 374

运算步骤：

① 在算盘上确定个位档，用固定个位档定位法定位。用 $M - N - 1 = 5 - 2 - 1 = 2$（位）求出新的"被除数"位数，然后将被除数按对应个位档拨入算盘，默

记除数 9 513，如图 2-231 所示。

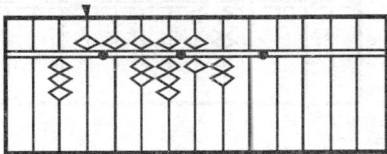 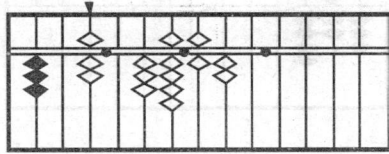

图 2-231　　　　　　　　　　　　　　　　图 2-232

②　因被除数首位数 3 小于除数首位数 9，"不够除挨位商"。在被除数首位数 3 的前一档置商数 3，用商数 3 乘以除数 9 513，并从商数的下一档起逐位向右移档，减去乘积 27、15、03 和 09，盘面得商数 3，余数 703 962，如图 2-232 所示。

③　因余数首位数 7 小于除数首位数 9，"不够除挨位商"。在余数首位数 7 的前一档置商数 7，用商数 7 乘以除数 9 513，并从商数 7 的下一档起逐位向右移档，减去乘积 63、35、07 和 21，盘面得商数 37，余数为 38 052，如图 2-233 所示。

④　因余数首位数 3 小于除数首位数 9，"不够除挨位商"。在余数首位数 3 的前一档置商数 3，用商数 3 乘以除数 9 513，并从商数 7 的下一档起逐位向右移档，减去乘积 27、15、03 和 09，盘面得商数 373，余数为 9 513，如图 2-234 所示。

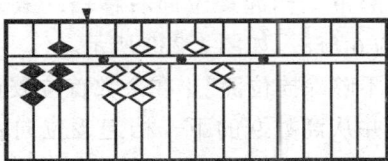 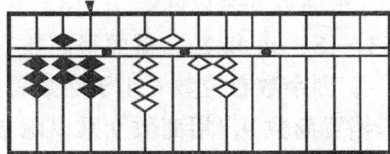

图 2-233　　　　　　　　　　　　　　　　图 2-234

⑤　余数等于除数，说明试商偏小，将商数 3 补加 1，调整为 4，并从其右二档起减去一次除数 9 513。盘面得商数 374，余数为 0，如图 2-235 所示。

⑥　根据已固定的个位档，得商数为 374。

例 3　$50.46 \div 7.218 = 6.99$

运算步骤：

①　用公式定位法定位，从算盘左边第三档起将被除数 5 046 拨在算盘上，默记除数 7 218，如图 2-236 所示。

②　因被除数首位数 5 小于除数首位数 7，"不够除挨位商"。在被除数首位数 5 的前一档置商数 7，用商数 7 乘以除数 7 218，并从商的右一档起逐位减去乘积 49 和 14，盘上余数为 006，如图 2-237 所示。

③　再继续减乘积 07 和 56 时，不够减，说明试商偏大，将商数 7 退 1 调整为 6，从其右二档起加还已乘减过的除数 7.2，然后，再用商数 6 乘以除数 1.8，

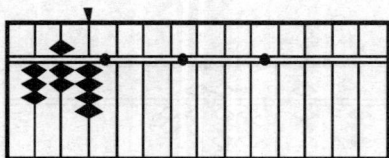

图 2-235

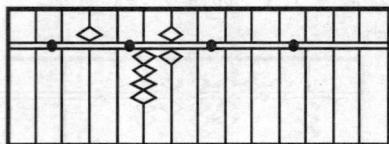

图 2-236

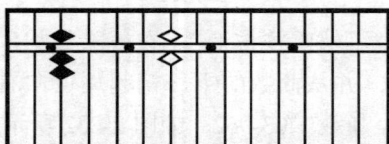

图 2-237

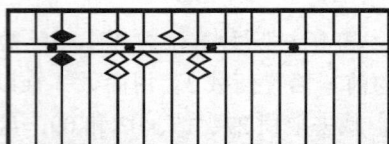

图 2-238

从商数 6 的右三档起依次向右移档减去 06 和 48，盘面得商数 6，余数为 7 152，如图 2-238 所示。

④ 因余数首位数 7 和除数首位数 7 相等，继续比较第二位数，余数前两位数为 71 小于除数前两位数 72，"不够除挨位商"。在余数首位数 7 的前一档置商数 9，用商数 9 乘以除数 7 218，并从商数 9 的下一档起逐位向右移档，减去乘积 63、18、09 和 72，盘面得商数 69，余数为 6 558，如图 2-239 所示。

⑤ 因余数首位数 6 小于除数首位数 7，"不够除挨位商"。在余数首位数 6 的前一档置商数 9，用商数 9 乘以除数 7 218，并从商数 9 的下一档起逐位向右移档，减去乘积 63、18、09 和 72，盘面得商数 699，余数 0 618，如图 2-240 所示。

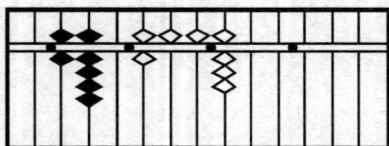

图 2-239

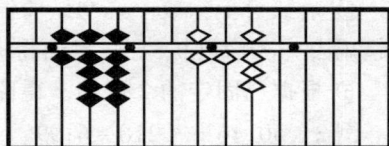

图 2-240

⑥ 用公式定位法定位，因被除数首位数 5 小于除数首位数 7，商的位数为 $M - N = 2 - 1 = 1$（位），商数为 6.99。

对除不尽且保留两位小数算题的尾数处理有以下三种方法：

1）估算出第三位小数，然后进行四舍五入。

2）目测加倍法。求出两位小数后，目测余数的前两位数，然后将其加倍，如果大于或等于除数的前两位数则进位；如小于则舍去。如上例余数为 0 618，余数前两位数为 06，加倍后为 12，小于除数前两位数 72，则舍去。如余数为 4 618…，余数前两位为 45，加倍后为 92，大于除数前两位数 72，则要进位。

3）目测减半法。求出两位小数后，目测余数的前两位数是否大于或等于除数的前两位数的一半，大于则进位，小于则舍去。

例 4　7 804.56÷263.4＝29.63

运算步骤

① 在算盘上确定个位档，用固定个位档定位法定位。用 $M－N－1＝4－3－1＝0$（位）求出新的"被除数"位数，然后将被除数按对应个位档拨入算盘，默记除数 2 634，如图 2-241 所示。

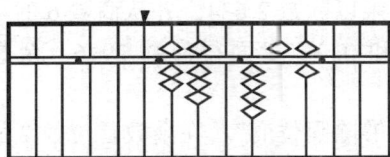 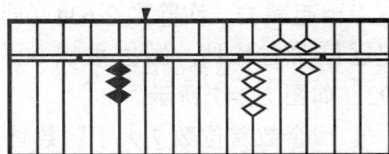

图 2-241　　　　　　　　　　　　　　　　　图 2-242

② 被除数首位数 7 大于除数首位数 2，"够除隔位商"。在被除数首位数 7 的前二档置商数 3，用商数 3 乘以除数 2 634，并从商数 3 的下一档起逐位向右移档，减去乘积 06、12，盘上余数为 000 456，如图 2-242 所示。

③ 再继续减乘积 09、12 时，不够减，说明试商偏大，需退商，将商数退 1 调整为 2，从其右二档起加还已乘减过的除数 26，如图 2-243 所示。

④ 再用商数 2 乘以除数 34，从商数 2 的右三档起依次向右移档减去 05、08，盘面得商数 2，余数 253 656，如图 2-244 所示。

⑤ 因余数首位数 2 等于除数首位数 2，继续比较第二位数。余数第二位数 5，小于除数第二位数 6，"不够除挨位商"。用 9 估商，在被除数首位数 2 的前一档置商数 9。用商数 9 乘以除数 2 634，并从商数 9 的下一档起逐位向右移档，减去乘积 18、54、27 和 36，盘面得商数 29，余数为 16 596，如图 2-245 所示。

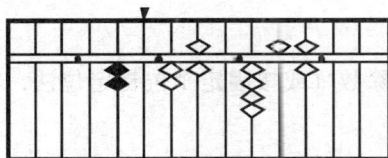 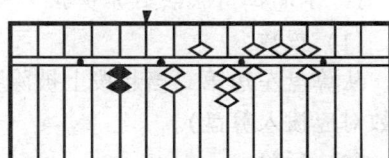

图 2-243　　　　　　　　　　　　　　　　　图 2-244

⑥ 因余数首位数 1 小于除数首位数 2，"不够除挨位商"。在余数首位数 1 的前一档置商数 5，用商数 5 乘以除数 2 634，并从商数 5 的下一档起逐位向右移

档，减去乘积 10、30、15 和 20，盘面得商数 295，余数为 3 426，如图 2-246 所示。

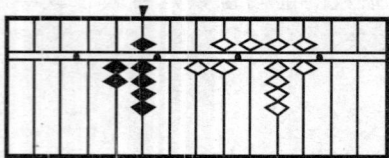 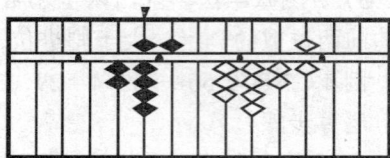

图 2-245　　　　　　　　　　　　　　图 2-246

⑦ 因余数 3 426 大于除数 2 634，需补商。将商数 5 补加 1，调整为 6，并从其右二档起减去一次除数 2 634（即用商数 1 乘以除数 2 634，并从商数 6 的下一档起逐位向右移档，减去乘积 02、06、03 和 04）。盘面得商数 29.6，余数为 0 792，如图 2-247 所示。

⑧ 因余数首位数 7 大于除数首位数 2，"够除隔位商"。在余数首位数 7 的前二档置商数 3，用商数 3 乘以除数 2 634，并从商数 3 的下一档起逐位向右移档，减去乘积 06、18、09 和 12，盘面得商数 29.63，余数为 0 018，如图 2-248 所示。

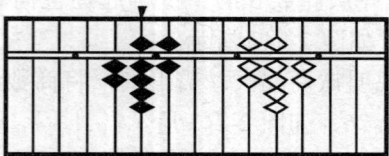 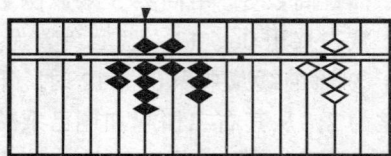

图 2-247　　　　　　　　　　　　　　图 2-248

⑨ 因余数的前两位为 00，不可能进位，即根据已固定的个位档，得商数为 29.63。

（三）不隔位商除法

1．不隔位商除法运算步骤

（1）置数

从算盘左边第二档起拨上被除数，默记除数（或按固定个位档定位法，将被除数对应拨入算盘）。

（2）运算

置商：按"够除挨位上商数，不够除本位改商数"的原则将商数拨在算盘上。

"够除"与"不够除"的含义与隔位商除法相同。"挨位上商数"是指在被除数（或余数）首位数字的左一档上布商数；"本位改商数"是指将被除数（或余数）的首位数字改成商数。而被改掉的被除数（或余数）首位数字要脑记，这也是学习不隔位除法的难点。

（3）试商与减积

试商：

同隔位除法。即比较除数和被除数，估计出被除数是除数的多少倍，并将估计的商数拨在应置的档位上。

减积方法：从被除数（或余数）中，减去商数与除数的乘积。其减积的方法为：乘积的十位数在商的本位档上减，乘积的个位数在商数的右一档上减。

（4）对余数续除

重复上述第二步、第三步，直至除尽或要求的精确度为止。

（5）商的定位

用公式定位法或盘上公式定位法求出商数。如采用盘上公式定位法，看算盘首档有数，则用公式 $M - N + 1$ 定位；如算盘首档为空档，则用公式 $M - N$ 定位。也可采用固定个位档定位法求出商数。

2．一位除法

例1　$780 \div 3 = 260$

运算步骤：

① 从算盘左边第二档起，拨上被除数780，默记除数3，如图2-249所示。

② 被除数首位数7大于除数3，"够除挨位商"。试商为2，在算盘第一档（即被除数首位数的前一档）置商数2，并用商数2乘以除数3，将乘积06按商本位减去十位乘积，下一档减个位乘积的规则逐位减去。因乘积的十位数为0，不用减，下一档减个位乘积6，余数为18，如图2-250所示。

③ 因余数首位数1小于除数3，"不够除本位商"。再用余数18与除数3比较，试商为6，将余数的首位数1改成商数6，并用商数6乘以除数3，将乘积18按商本位减十位乘积，下一档减个位乘积的规则，逐位减去。因余数的首位数1已经改成商数6，在改商的过程中，十位乘积1已同时减去，只需从商的下一档减去个位乘积8即可，余数为0。

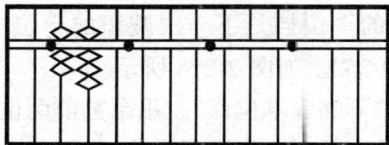

图 2-249

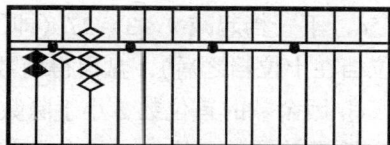

图 2-250

④ 因算盘首档有商数，则商的位数为 $M - N + 1 = 3 - 1 + 1 = 3$（位），商数

为 260，如图 2-251 所示。

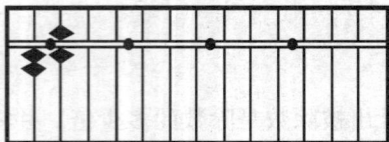
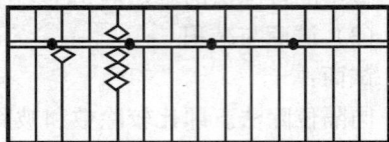

图 2-251　　　　　　　　　　　　　　　　图 2-252

例 2　$10.8 \div 0.004 = 2\ 700$

运算步骤：

① 从算盘左边第二档起，拨上被除数 108，默记除数 4，如图 2-252 所示。

② 被除数首位数 1 小于除数 4，"不够除本位商"。试商为 2，将被除数首位数 1 改成商数 2，并用商数 2 乘以除数 4，乘积 08 按商本位减十位乘积、下一档减个位乘积的规则，逐位减去。因商本位减去十位乘积 0，不需减，下一档减去个位乘积 8，需将被除数首位数 1 借入来减，余数为 28，如图 2-253 所示。

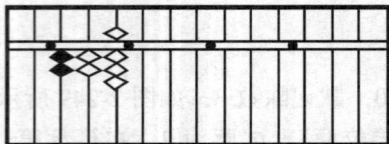
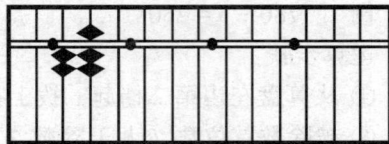

图 2-253　　　　　　　　　　　　　　　　图 2-254

3．两位除法

例 1　$5\ 922 \div 63 = 94$

运算步骤：

① 从算盘左边第二档起，拨上被除数 5 922，默记除数 63，如图 2-255 所示。

② 因被除数首位数 5 小于除数首位数 6，"不够除本位商"。用被除数前两位数 59 与除数首位数 6 比较，将被除数首位数 5 改成商数 9，并从商本位起减 $9 \times 6 = 54$，下一档起减 $9 \times 3 = 27$（即上一次减积的个位档是下一次减积的十位档，个位档在十位档之后），盘面得商数 9，余数为 252，如图 2-256 所示。

③ 因余数的首位数 2 小于除数首位数 6，"不够除本位商"。用余数前两位数 25 与除数首位数 6 比较，将余数首位数 2 改成商数 4，并从商本位起减 $4 \times 6 = 24$，下一档起减 $3 \times 4 = 12$，盘面得商数 94，余数为 0。

④ 因算盘首位档无商数，则商数的位数为 $M - N = 4 - 2 = 2$（位），商数为 94，如图 2-257 所示。

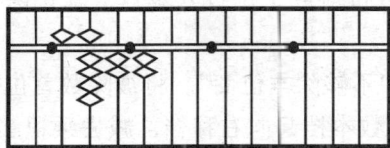

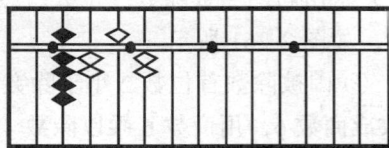

图 2-255 图 2-256

例 2 $30.16 \div 0.29 = 104$

运算步骤：

① 从算盘左边第二档起，拨上被除数 3 016，默记除数 29，如图 2-258 所示。

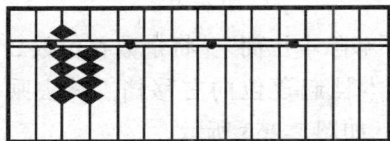

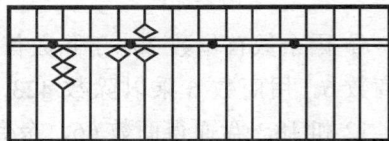

图 2-257 图 2-258

② 被除数首位数 3 大于除数首位数 2，"不够除本位商"。在被除数首位数 3 前一档上置商数 1，并从商本位起减 $1 \times 2 = 02$，下一档起减 $1 \times 9 = 09$，盘面得商数 1，余数为 116，如图 2-259 所示。

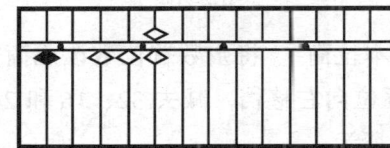

图 2-259 图 2-260

③ 余数的首位数 1 小于除数首位数 2，"不够除本位商"。用余数前两位 11 与除数首位数 2 比较，将余数首位数 1 改成商数 4，并从商本位起减 $4 \times 2 = 08$，下一档起减 $4 \times 9 = 36$，盘面得商数 104，余数为 0。

④ 因算盘首位档有商数，则商的位数为 $M - N + 1 = 2 - 0 + 1 = 3$（位），商数为 104，如图 2-260 所示。

4．多位数除法

例 1 $2.829043 \div 4.23 = 0.67$（保留两位小数，以下四舍五入）

运算步骤：

① 用固定个位档定位法定位，在算盘上确定个位档。用 $M - N = 1 - 1 = 0$

（位）求出新的"被除数"位数，然后将被除数按对应个位拨入算盘，默记除数
423，如图 2-261 所示。

② 因被除数首位数 2 小于除数首位数 4，"不够除本位商"。将被除数首位数
2 改成商数 6，用商数 6 乘以除数 423，并从商数本档起向右移档，减去乘积 24、
12 和 18。盘面得商数 6，余数为 291 043，如图 2-262 所示。

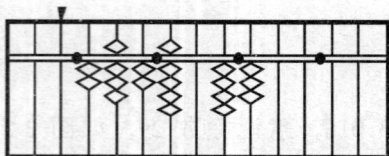

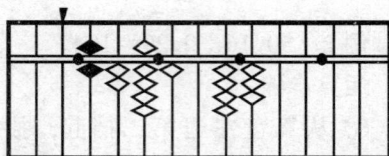

图 2-261   图 2-262

③ 因余数首位数 2 小于除数首位数 4，"不够除本位商"。将余数首位数 2 改
成商数 6，用商数 6 乘以除数 423，并从商数本档起逐位向右移档，减去乘积
24、12 和 18。盘面得商数 66，余数为 37 243，如图 2-263 所示。

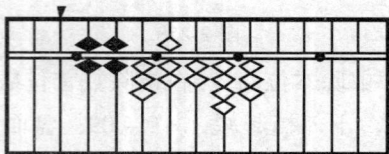

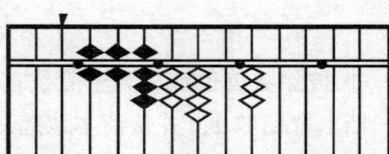

图 2-263   图 2-264

④ 因余数首位数 3 小于除数 4，"不够除本位商"。将余数首位数改成商数
8，用商数 8 乘以除数 423，并从商数本档起逐位向右移档，减去 32、16 和 24。
盘面得商数 0.668，余数为 3 403，如图 2-264 所示。

⑤ 根据已固定的个位档和四舍五入原则，得商数 0.67。

在除法运算过程中，有时会出现乘减过后余数仍然大于或者等于除数，说明
商数偏小，有时会出现不够减，说明商数偏大。商数偏小或偏大，都要将所估的
商数进行调整，即补商和退商。

补商的方法是：将商数加 1，并从其右二档（隔位除法）或下一档（不隔位
除法）减去所有除数一遍。

退商的方法是：将商数减 1，并从其右二档（隔位除法）或下一档（不隔位
除法）起加还已经乘减过的除数，然后再用减 1 后的商数（调整后的商）乘以尚
未乘减过的除数，并将乘积从被除数中减去。

具体的补商和退商的运算方法参见隔位商除法。

(四) 其他除法

1．省除法

在多位数除法运算中，被除数和除数的位数往往很多，而商数只要求保留近似值，最多四位有效数字参加运算就足够了，特别是一些计算利润率、费用率、商品流转计划完成的情况等等，因此，可以在计算前，截去除数和被除数的部分尾数，使位数减少，以达到简化运算的目的；并且在计算过程中，除数还要逐次截位，使运算更加简捷，这种除法叫省除法。

其具体的运算步骤和方法为：

(1) 截取运算位码

用截取公式对被除数和除数进行位码截取，以确定运算的数位。

截取公式是：

被除数的位数（M）－除数的位数（N）＋要求保留的小数位数＋1（保险系数）＋1（够除时）。

注意：被除数和除数截取的有效数字相同，截取尾数可以按四舍五入方法取舍；保险系数 1 是为了保证计算结果更精确而多取的位数。但运用截取公式必须结合固定个位档定位法。

(2) 定位

在算盘上确定个位档。

(3) 置数

用"$M-N$"求出新的"被除数"位数，然后将新的"被除数"按对应个位拨入盘中，在个位档的后面留出精确度和 1 位保险系数，若够除再加 1 位作为截止档，截止档的右一档为压尾档。用公式表示为：个位＋精确度＋1＋1（够除时）作为截止档。

(4) 运算

用基本除法计算。计算时减积一律减到截止档为止，落到压尾档上的数字，凡满 5 就在截止档再减去 1，4 及以下数字舍去不计。压尾档以后的减积一律不再运算。

(5) 求商

最后剩下的余数若大于或等于除数首两位一半时，则在末尾商数再加 1（五入），否则舍去不计。

注意：基本除法若采用隔位除法计算时，上述第三步用"$M-N-1$"求出新的"被除数"位数，然后在个位档的后面留出精确度和 1 位保险系数，因采用隔位除法需再加 1 位作为截上档，若够除还要再加 1 位作为截止档。用公式表示为：个位＋精确度＋1＋1（隔位除法）＋1（够除时）。其他与上述不隔位除法相同。

例 1   438 275.69÷7 385 924.01＝5.93％（精确到 0.01％）

用固定个位档定位法定位，不隔位商除法运算。

① 用截位公式求出参加运算的位数 6－7＋4＋1＝4（位）。按固定个位档 $M－N＝－1$ 位上拨被除数 4 383 入盘，默记除数 7 386。并对压尾档作一标记，如图 2-265 所示。

② 用被除数和除数相同位数相比，不够除本位改商数 5，即将被除数首位数字 4 改成商数 5，从商本位起减 5×4 383 的积，余数为 690，如图 2-266 所示。

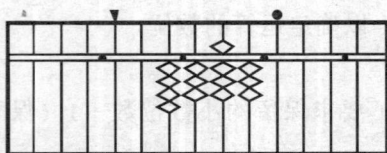
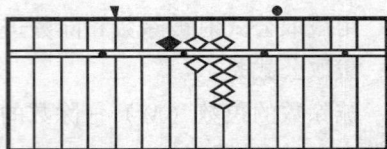

图 2-265   图 2-266

③ 用被除数的余数和除数相同位数相比，不够除本位商，将余数首位 6 改成商数 9，从商本位起减 9×4 383 的积，余数为 25，如图 2-267 所示。

④ 用被除数的余数和除数相同位数相比，不够除本位商，将余数首位 2 改成商数 3，从商本位起减 3×4 383 的积，余数为 3，如图 2-268 所示。

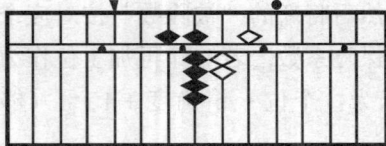
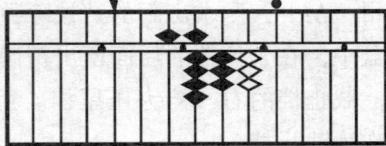

图 2-267   图 2-268

⑤ 截止档的数字 3（本位为十位，即余数为 30）加倍后小于除数的首两位数字 73，不足五入舍去不计。按精确度要求 0.01％ 书写答案，即为 5.93％，如图 2-269 所示。

例 2   567 289.13÷305 187.64＝1.86（保留两位小数）

运算步骤：

用固定个位档定位法定位，隔位商除法运算。

① 用截取公式求出参加运算的位数 6－6＋2＋1＋1（够除）＝4（位）。按固定的个位档 $M－N－1＝－1$ 位上拨被除数 5 673 入盘，默记除数 3 052。并对压

尾档作一标记，如图 2-270 所示。

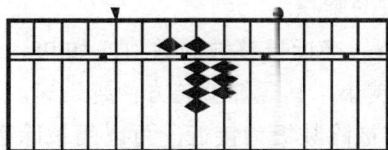 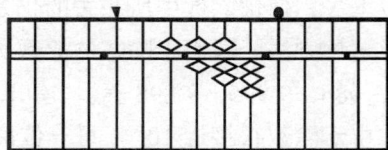

图 2-269   图 2-270

② 用被除数和除数相同位数相比够除，即"够除隔位上商数"，在被除数首位数字左二档试商 1，从商的下一档起减 1×3 052＝03 052 的积，余数为 2 621，如图 2-271 所示。

③ 用被除数的余数和除数相同位数相比，不够除挨位商，即挨位置商数 8，从商的下一档起减 8×3 052 的积，余数为 179，如图 2-272 所示。

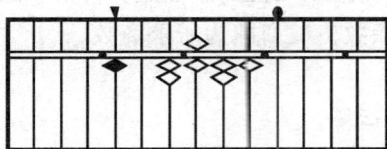 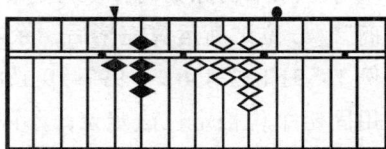

图 2-271   图 2-272

④ 用被除数的余数和除数相同位数相比，不够除挨位商，即挨位置商数 5，从商的下一档起减 5×3 052 的积，余数为 26，如图 2-273 所示。

⑤ 压尾档前两位数为 26 加倍后大于除数的首二位数 48，即为五入。根据精确度要求求得商数为 1.86，如图 2-274 所示。

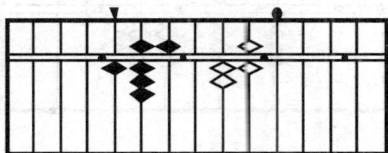 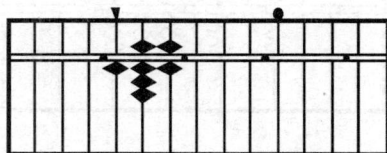

图 2-273   图 2-274

2．补数除法

补数除法是除法的一个体系。当除数接近于 10 的 N 次方时，可以选用补数除法。其具体计算方法很多，这里只介绍"凑齐"补数简算法。

这种方法的计算特点是：把除数凑成一个齐数（10 的 N 次方）去除被除数，自左向右一档一档地除下去，每得一位商数，就在被除数中减去商与"凑齐"的除数的乘积，同时将除数中因"凑齐"而多减的补数加还到被除数的相应档位上去，使被除数中所减去的仍是商与除数的乘积。

这种方法一般用于除数的原数大，补数小，接近于整数的数值，如98，94，997，986，9 995，9 898 等。"凑齐"的补数越小，其运算就越方便越迅速。

由于除数很接近 10^N，每一位商数显然与被除数极为接近，可以用被除数最高位作为试商，从被除数中减去试商与除数相乘的积，如 673 284÷997，用 6 作为试商，从被除数中减去 997×6 的积，而 997×6 也可以写成（1 000−3）×6，所以减去 997×6 的积，就等于减去 6 000，再加上 3×6 的积，即在运算上把被除数最高位 6 留在原档当作试商，它意味着已从被除数中减去了 6 000，所以，只要在相应档次上加上除数补数的 6 倍就可以了。

加积时，加"积"档次是：试商与除数的第几位上的补数相乘，其乘积的个位数就加在试商的右几档上，十位在其左一档。加"积"后若出现被除数的余数大于或等于原来的除数时，就应补商，补商时仍按不隔位商除法运算，即"够除挨位商"，一位试商运算完毕后，余数小于原除数，试商即为所求商数。

例 1　91 852 436÷9 997＝9 188

用固定个位档定位法定位，不隔位商除法运算。

①除数 9 997 凑齐后为 10 000，补数为 0 003 按"$M－N$"拨被除数 91 852 436 入盘，默记除数 9 997 的补数 0 003，如图 2-275 所示。

②用被除数首位数"9"作为第一位试商即从商右档起加 9×0 003 的积 0 027，余数为 1 879 436 余数前四位 1 879 小于除数 9 997，试商成功，如图 2-276 所示。

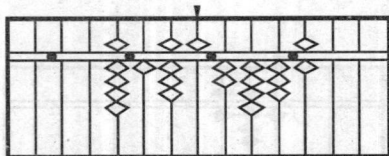
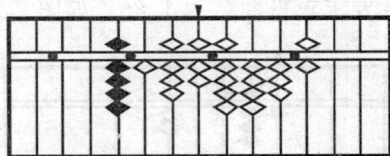

图 2-275　　　　　　　　　　　　　　　　　　图 2-276

③用余数首位数"1"作为第二位试商，即从商右档起加 1×0 003 的积 0 003，余数为 879 736，余数前四位 8 797 小于除数 9 997，试商成功，如图 2-277 所示。

④用余数首位数"8"作为第三位试商，即从商右档起加 8×0 003 的积 0 024，余数为 79 976，余数前四位 7 997 小于除数 9 997，试商成功，如图 2-278 所示。

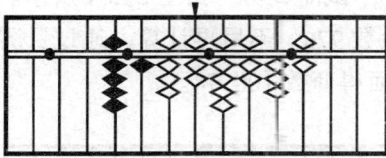

图 2-277

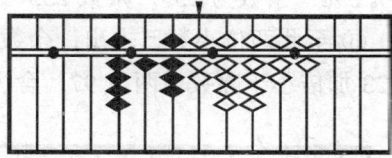

图 2-278

⑤ 用余数首位数 "7" 作为第四位试商，即从商右档起加 7×0 003 的积
0 021，余数为 9 997 和除数 9 997 相等，需补商，如图2-279 所示。

⑥ 余数 9 997 等于除数 9 997，则挨位上商 1 在商后不隔位减除数 9 997，第
四位商数试商成功，根据盘面得商数 9 188，如图 2-280 所示。

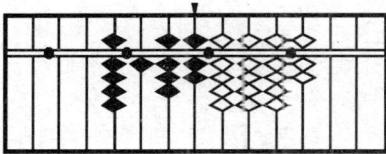

图 2-279

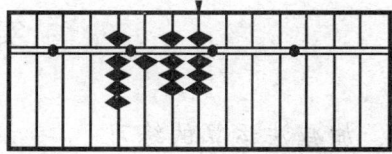

图 2-280

例 2　98 324.59÷976＝100.74（保留 2 位小数）

运算步骤：

用固定个位档定位法定位，隔位商除法运算。

① 除数 976 凑齐后为 1 000，补数为 024。按固定个位档 "m−n−1" 拨拨
除数 98 324.59 入盘。默记除数 976 的补数 024，如图 2-281 所示。

② 被除数前三位 983，大于除数 976，够除隔位上商数 "1"，从商右隔档减
1×976 的积 976，余数为 72 459，如图 2-282 所示。

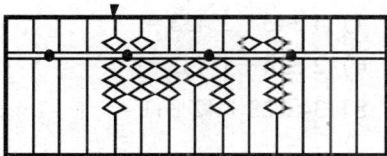

图 2-281

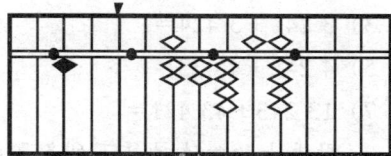

图 2-282

③ 用余数首位数 "7" 作为第二位试商，左移一档，从商右隔档加 7×024
的积 168，余数为 4 139。余数前三位 413 小于除数 976，试商成功，如图 2-283
所示。

④ 用余数首位数 "4" 作为第三位试商，左移一档，从商右隔档加 4×024

的积 096，余数为 235，余数 235 小余除数 976，试商成功，如图 2-284 所示。

⑤ 至此两位小数已求出，余数 235 小于除数 976，不用再计算，通过目测余数 23 加倍小于除数前两位 97，舍去，根据盘面得商数 100.74。

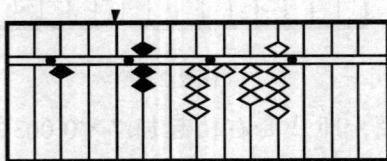 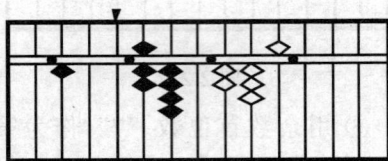

图 2-283   图 2-284

实 训 二

一、加减法运算的练习

（一）加法运算的练习

1. 用直接的加法计算下列各题：

1) 2 571 + 6 412 =   2) 3 605 + 1 273 =

3) 5 263 + 4 615 =   4) 2 861 + 6 137 =

5) 2 463 + 5 536 =   6) 2 738 + 6 251 =

7) 8 219 + 1 680 =   8) 3 529 + 6 470 =

2. 用补五的加法计算下列各题：

1) 3 433 + 4 434 =   2) 2 234 + 3 342 =

3) 3 241 + 3 424 =   4) 4 343 + 3 433 =

5) 4 242 + 4 433 =   6) 2 324 + 1 432 =

7) 13 243 + 43 421 =   8) 34 123 + 42 341 =

3. 用进十的加法计算下列各题：

1) 2 479 + 6 754 =   2) 3 629 + 9 583 =

3) 7 341 + 4 879 =   4) 3 712 + 7 598 =

5) 3 947 + 8 745 =   6) 4 627 + 8 432 =

7) 3 829 + 7 536 =   8) 3 895 + 4 276 =

4. 用破五进十的加法计算下列各题：

1) 5 768 + 9 676 =   2) 7 565 + 6 987 =

3）6 576 + 6 768 =   4）8 667 + 6 776 =

5）9 876 + 6 789 =   6）6 767 + 7 878 =

7）7 876 + 7 678 =   8）8 766 + 7 678 =

5. 用基本加法计算下列各题：

1）526.18 + 496.46 =   2）859.04 + 164.28 =

3）65.31 + 267.87 =   4）312.76 + 865.76 =

5）673.78 + 464.09 =   6）354.81 + 607.48 =

7）3 542.70 + 465.43 =   8）509.49 + 4 385.64 =

（二）减法运算的练习

1. 用直接的减法计算下列各题：

1）7 341 - 2 341 =   2）2 734 - 1 624 =

3）4 109 - 3 108 =   4）4 927 - 3 817 =

5）2 097 - 1 096 =   6）9 576 - 4 525 =

7）3 516 - 2 516 =   8）1 895 - 1 865 =

2. 用破五的减法计算下列各题：

1）5 665 - 1 423 =   2）6 776 - 3 433 =

3）7 586 - 3 442 =   4）8 757 - 4 324 =

5）8 576 - 4 144 =   6）7 565 - 4 134 =

7）6 757 - 3 424 =   8）5 867 - 2 434 =

3. 用退十的减法计算下列各题：

1）32 671 - 4 893 =   2）24 315 - 5 436 =

3）61 807 - 3 928 =   4）15 042 - 6 153 =

5）21 231 - 8 693 =   6）12 120 - 3 453 =

7）22 131 - 9 654 =   8）11 201 - 8 974 =

4. 用退十补五的减法计算下列各题：

1）2 434 - 687 =   2）32 414 - 7 969 =

3）31 243 - 6 767 =   4）43 342 - 8 696 =

5）67 945 - 7 868 =   6）84 354 - 6 978 =

7）96 543 - 8 976 =   8）48 344 - 9 767 =

5. 用基本减法计算下列各题：

1）51 678 - 6 825 =   2）32 149 - 4 678 =

3）43 916 - 7 864 =   4）52 431 - 6 766 =

5）87 936 - 9 867 =   6）76 534 - 8 329 =

7) $79\ 834 - 9\ 576 =$ 8) $85\ 734 - 6\ 749 =$

6. 用隔档退位减法计算下列各题：

1) $2\ 008 - 9 =$ 2) $4\ 001 - 3 =$

3) $30\ 005 - 45 =$ 4) $70\ 003 - 67 =$

5) $200\ 005 - 8\ 009 =$ 6) $300\ 006 - 5\ 004 =$

7) $500\ 003 - 4\ 090 =$ 8) $500\ 501 - 80\ 457 =$

（三）验算及综合算题的练习

1. 计算下列各题，并用所学的方法进行验算，若不正确，则用学过的方法查找错误：

1) $7.13 + 8.61 + 2.08 + 5.72 + 6.37 + 1.49 =$

2) $78.25 + 16.87 + 31.02 + 95.74 + 89.06 + 52.18 =$

3) $624.58 + 435.16 + 961.03 + 850.94 + 207.63 =$

4) $13.75 + 918.56 + 6\ 981.25 + 6.82 + 45\ 689.72 =$

2. 计算下列综合算题：

1) $2\ 479 + 81\ 674 + 972\ 543 - 7\ 536 + 56\ 087 + 130\ 247 =$

2) $6\ 431 + 83\ 209 + 304\ 189 - 2\ 043 - 57\ 198 + 718\ 462 =$

3) $79.63 + 674.20 - 215.36 + 6\ 189.02 + 87.92 - 2\ 740.86 =$

4) $501.34 + 6\ 902.38 + 51.89 + 8\ 534.02 + 175.60 + 48.17 =$

5) $2\ 450\ 891 - 1\ 047 - 76\ 321 + 1\ 782 - 35\ 946 - 49\ 015 =$

6) $7\ 361\ 980 + 5\ 298 - 98\ 045 - 6\ 935 - 86\ 732 + 20\ 461 =$

7) $34\ 128.06 - 45.67 + 125.78 - 79.06 - 803.12 + 749.56 =$

8) $21\ 703.45 + 40.61 - 543.79 - 27.84 + 831.26 - 965.47 =$

（四）其他方法的练习

1. 用补数加减法计算下列各题：

1) $382.54 + 996.75 =$ 2) $1\ 469.82 + 994.93 =$

3) $594\ 327 + 999\ 946 =$ 4) $165\ 734 + 999\ 291 =$

5) $1\ 736.89 + 995.43 =$ 6) $14\ 673.60 + 9\ 917.95 =$

7) $58\ 732 + 98\ 964 =$ 8) $8\ 467.38 + 9\ 999.33 =$

9) $981\ 256 + 987\ 942 =$ 10) $138\ 657 + 978\ 994 =$

11) $75\ 486.72 - 9\ 943.27 =$ 12) $253\ 467.91 - 95\ 959.95 =$

13) $6\ 954.83 - 995.89 =$ 14) $31\ 357 - 96\ 549 =$

15) $874\ 329 - 98\ 671 =$ 16) $129\ 536.54 - 96\ 981.29 =$

17) $48\ 952.61 - 9\ 975.45 =$ 18) $9\ 725 - 95\ 892 =$

19) $367\ 528.49 - 97\ 334.52 =$ 20) $2\ 374.58 - 997.18 =$

2．用借减法计算下列题：

1) $5\ 763.75 - 376.92 + 54\ 901.38 - 791\ 035.84 - 48.63 + 1\ 672\ 490.58 =$

2) $8\ 623.21 - 72\ 516.08 - 789.70 + 541\ 932.67 - 90.86 + 2\ 354\ 178.90 =$

3) $65\ 178.49 - 5\ 730.92 + 681.53 - 3\ 276\ 954.12 - 36.84 + 697\ 256.38 =$

4) $287.69 - 36\ 751.42 + 168\ 652.39 - 38.29 - 2\ 681\ 394.07 + 4\ 657.49 =$

5) $716.25 + 6\ 573.12 - 78\ 654.28 - 651\ 237.41 - 65.78 + 2\ 897\ 341.56 =$

6) $79\ 563.14 - 6\ 934.21 - 567\ 249.83 + 75.96 - 1\ 638\ 752.49 + 801.75 =$

7) $2\ 876.59 + 427\ 863.52 - 80\ 425.67 + 82.74 - 4\ 809\ 258.12 - 313.08 =$

8) $62\ 893.74 + 784.95 - 428\ 639.71 - 9\ 472.58 - 31.84 + 5\ 627\ 483.19 =$

9) $827.46 - 7\ 684.21 - 89\ 762.53 - 762\ 348.15 + 76.42 + 1\ 908\ 427.65 =$

10) $4\ 384.59 - 56\ 705.64 + 76.82 - 3\ 072\ 495.18 - 962.41 + 684\ 231.59 =$

3．用并行方法计算下列各题：

（一）	（二）	（三）	（四）	（五）
7 493	590 268	365	528 401	2 405
43 167	695	730 295	− 684	83 917
9 321	1 846	976	7 305	− 8 365
537 619	768	5 648	729 306	427 603
805	341 089	204 763	941	812
4 072	402	498	− 3 857	− 457
589	2 875	8 014	159	8 152
701 825	258	37 804	5 102	− 95 709
308	5 015	8 036	− 295	73 412

（六）	（七）	（八）	（九）	（十）
861 539	930 867	8 794	63 418	24 318
5 764	4 571 685	6 237 051	7 408 356	5 037 482
3 284 175	6 054	7 541 263	− 1 927	− 915 307
70 931	24 589	83 914	230 895	8 916
9 827	6 279 059	506 138	− 51 742	− 47 025
5 832 359	1 283	9 421	1 435 279	34 802 579
98 054	642 715	729 805	36 014	169 357
379 162	890 713	61 357	− 2 563 891	6 801
26 084	8 596	7 583	4 902	− 93 248

续表

（十一）	（十二）	（十三）	（十四）	（十五）
430 798	4 019	7 605	1 237	6 704
8 957	63 281	59 784	27 801	- 1 284
709 236	948 615	5 243 607	- 4 560	602 458
50 861	693 158	319 256	469 127	2 809 835
496 578	4 369	82 607	6 183 259	- 87 42
63 401	5 083 276	306 241	- 37 452	56 098
8 370 246	35 658	9 183	8 645	198 746
2 657	574 021	13 806	49 504	- 24 938
23 015	46 317	490 321	- 1 405 378	375 154

（十六）	（十七）	（十八）	（十九）	（二十）
6 714	240 786	36 245	8 150 237	2 407 358
53 892	5 608 412	590 182	902 354	- 6 483
9 804 263	967 305	1 708 425	- 7 986	14 572
680 17	9 236 637	1 639	15 327	- 960 347
609 352	1 369	170 968	- 460 918	52 168
6 427	36 248	34 786	5 740	7 891
7 632	2 958	4 510 872	8 619	8 152 384
9 730 512	7 520 134	4 697	- 312 804	- 45 263
3 621 075	601 589	6 984 387	5 189	5 269

二、乘法运算的练习

（一）乘法定位练习

1.指出下列各数的位数：

1) 548
2) 721.05

3) 5 001.86
4) 0.736

5) 10.405
6) 0.0708

7) 4 760
8) 9.52

9) 0.003926
10) 0.00006

2.根据已知条件，确定下列各数的数值：

1) 3 098（零位）
2) 528（正四位）

3) 4 725（正二位）
4) 1 946（零位）

5) 306（负一位）
6) 785 034（负一位）

7) 506 715（正四位）
8) 791（正二位）

9) 7 356（负二位）　　　　10) 419（负三位）

3. 分别对以下各题进行定位：

1) 625×0.08→5　　　　　2) 0.625×0.80→5

3) 1.25×40→5　　　　　4) 0.125×0.4→5

5) 24×1.16→2784　　　　6) 11.8×11.5→1357

7) 0.114×11.5→1311　　　8) 0.086×950→817

9) 0.95×9 600→912　　　　10) 0.0408×0.05→204

（二）乘法运算练习

1. 用学过的珠算乘去计算下列各题（保留两位小数，第三位小数四舍五入）：

1) 72.38×4 =　　　　　　2) 2 156×0.7 =

3) 612.7×0.8 =　　　　　4) 4 219×0.06 =

5) 5 016×7 =　　　　　　6) 4 358×3 =

7) 3 819×6 =　　　　　　8) 9 081×8 =

9) 9 428×90 =　　　　　10) 5 249×40 =

11) 8 613×50 =　　　　　12) 1 907×30 =

13) 9 504×4 =　　　　　14) 2.635×700 =

15) 5 426×6 =　　　　　16) 386.2×900 =

17) 3 746×0.02 =　　　　18) 95.042×80 =

19) 75 60×0.08 =　　　　20) 509.76×2 =

21) 934×57 =　　　　　22) 273×98 =

23) 603×13 =　　　　　24) 1 687×42 =

25) 2 376×59 =　　　　　26) 7 863×28 =

27) 865×304 =　　　　　28) 617×842 =

29) 254×379 =　　　　　30) 37×2 197 =

31) 84×6 739 =　　　　　32) 56×4 905 =

33) 9 032×514 =　　　　34) 4 175×907 =

35) 6 109×723 =　　　　36) 8 291×461 =

37) 4.78×7.34 =　　　　38) 9.32×45.1 =

39) 31.09×0.78 =　　　　40) 17.78×6.2 =

41) 9 832×3 067 =　　　　42) 8 605×4 235 =

43) 5 486×7 321 =　　　　44) 2 837×1 206 =

45) 5 428×9 134 =　　　　46) 7 310×4 682 =

47) 8 194×2 579 =　　　　48) 6 253×8 213 =

49) 8.602×4.197 =　　　　50) 56.34×29.78 =

51) $5.408 \times 2.713 =$ 52) $4.082 \times 91.73 =$

53) $0.7301 \times 4.829 =$ 54) $7.369 \times 8.015 =$

55) $17.29 \times 0.3568 =$ 56) $0.8217 \times 0.5694 =$

57) $85.34 \times 69.01 =$ 58) $4\,960 \times 90.54 =$

59) $512.9 \times 65.09 =$ 60) $9\,803 \times 10.05 =$

61) $8\,026 \times 3\,215 =$ 62) $1\,269 \times 6\,137 =$

63) $5\,104 \times 9\,638 =$ 64) $8\,536 \times 6\,374 =$

65) $7\,184 \times 3\,076 =$ 66) $1\,845 \times 4\,207 =$

67) $3\,984 \times 4\,605 =$ 68) $4\,609 \times 3\,508 =$

69) $6\,285 \times 3\,852 =$ 70) $5\,108 \times 7\,426 =$

2. 用省乘法计算下列各题（要求保留两位小数，第三位小数四舍五入）：

1) $35.4629 \times 2.8147 =$ 2) $41.0387 \times 6.3024 =$

3) $0.063854 \times 729.65 =$ 4) $603.7182 \times 3.1756 =$

5) $25.0673 \times 4.3976 =$ 6) $82.4618 \times 3.2095 =$

7) $48.35296 \times 4.1728 =$ 8) $750.9126 \times 4.1728 =$

9) $964.072 \times 0.83219 =$ 10) $0.57382 \times 43.8207 =$

11) $4.7285 \times 1.6378 =$ 12) $0.69439 \times 5.24378 =$

13) $7.59389 \times 0.41283 =$ 14) $1.24375 \times 9.04257 =$

15) $52.3497 \times 0.0639275 =$ 16) $6.93284 \times 0.78943 =$

17) $3.86294 \times 0.25917 =$ 18) $85.07629 \times 0.047962 =$

19) $926.4817 \times 0.005678 =$ 20) $0.479185 \times 62.7413 =$

3. 用补数乘法计算下列各题：

1) $759 \times 94 =$ 2) $647 \times 998 =$

3) $589 \times 997 =$ 4) $346 \times 99.89 =$

5) $428 \times 996 =$ 6) $6\,249 \times 89.98 =$

7) $3\,746 \times 989.7 =$ 8) $2\,639 \times 99.79 =$

9) $85.49 \times 89.89 =$ 10) $156.4 \times 969.6 =$

11) $4\,805 \times 969 =$ 12) $2\,049 \times 897 =$

13) $3\,218 \times 978 =$ 14) $5\,037 \times 89.96 =$

15) $7\,429 \times 98.69 =$ 16) $1\,305 \times 969.6 =$

17) $2\,814 \times 9.798 =$ 18) $5\,187 \times 899.5 =$

19) $6\,429 \times 99.59 =$ 20) $3\,906 \times 98.79 =$

4. 用随乘法计算下列各题：

1) $546 \times 2\,846 =$ 2) $3\,604 \times 751 =$

3) $3\,474 \times 258 =$ 4) $6\,069 \times 593 =$

5) $7\,208 \times 374 =$ 6) $5\,662 \times 817 =$

7) $537 \times 6\ 542 =$ 8) $1\ 824 \times 256 =$

9) $7\ 574 \times 837 =$ 10) $4\ 634 \times 751 =$

11) $4\ 738 \times 7\ 437 =$ 12) $2\ 647 \times 8\ 168 =$

13) $5\ 019 \times 4\ 984 =$ 14) $7\ 403 \times 2\ 982 =$

15) $8\ 547 \times 6\ 946 =$ 16) $6\ 714 \times 8\ 428 =$

17) $3\ 257 \times 9\ 644 =$ 18) $4\ 809 \times 7\ 875 =$

19) $6\ 374 \times 3\ 819 =$ 20) $8\ 549 \times 4\ 0337 =$

5. 用一口清乘法计算下列各题：

1) $3\ 746 \times 2 =$ 2) $7\ 184 \times 2 =$

3) $4\ 376 \times 2 =$ 4) $5\ 387 \times 3 =$

5) $6\ 938 \times 3 =$ 6) $3\ 429 \times 3 =$

7) $9\ 831 \times 4 =$ 8) $4\ 985 \times 4 =$

9) $6\ 817 \times 4 =$ 10) $7\ 536 \times 4 =$

11) $4\ 637 \times 5 =$ 12) $7\ 529 \times 5 =$

13) $6\ 857 \times 6 =$ 14) $5\ 471 \times 6 =$

15) $3\ 629 \times 6 =$ 16) $8\ 516 \times 6 =$

17) $1\ 734 \times 7 =$ 18) $8\ 594 \times 7 =$

19) $1\ 426 \times 7 =$ 20) $2\ 043 \times 7 =$

21) $4\ 817 \times 7 =$ 22) $5\ 184 \times 7 =$

23) $1\ 547 \times 8 =$ 24) $6\ 719 \times 8 =$

25) $8\ 137 \times 8 =$ 26) $2\ 483 \times 8 =$

27) $3\ 607 \times 9 =$ 28) $8\ 675 \times 9 =$

29) $4\ 592 \times 9 =$ 30) $6\ 784 \times 9 =$

31) $2\ 667 \times 9 =$ 32) $3\ 366 \times 9 =$

33) $5\ 888 \times 7 =$ 34) $1\ 678 \times 7 =$

35) $3\ 876 \times 7 =$ 36) $5\ 776 \times 7 =$

37) $6\ 102 \times 7 =$ 38) $7\ 025 \times 7 =$

39) $1\ 967 \times 7 =$ 40) $3\ 594 \times 7 =$

41) $8\ 341 \times 8 =$ 42) $9\ 056 \times 8 =$

43) $2\ 843 \times 8 =$ 44) $4\ 961 \times 8 =$

45) $3\ 278 \times 8 =$ 46) $6\ 057 \times 8 =$

47) $5\ 826 \times 8 =$ 48) $9\ 105 \times 8 =$

49) $8\ 539 \times 3 =$ 50) $2\ 648 \times 3 =$

51) $7\ 298 \times 3 =$ 52) $4\ 816 \times 3 =$

53) $6\ 317 \times 3 =$ 54) $7\ 641 \times 3 =$

55) $4\ 876 \times 3 =$ 56) $9\ 507 \times 3 =$

57) $5\ 283 \times 6 =$ 58) $3\ 706 \times 6 =$

59) $6\ 439 \times 6 =$ 60) $5\ 162 \times 6 =$

61) $9\ 416 \times 6 =$ 62) $1\ 853 \times 6 =$

63) $2\ 654 \times 6 =$ 64) $8\ 153 \times 6 =$

65) $4\ 901 \times 4 =$ 66) $8\ 431 \times 4 =$

67) $4\ 586 \times 4 =$ 68) $6\ 127 \times 4 =$

69) $3\ 674 \times 4 =$ 70) $4\ 096 \times 4 =$

71) $3\ 569 \times 26 =$ 72) $1\ 479 \times 42 =$

73) $4\ 305 \times 71 =$ 74) $4\ 518 \times 56 =$

75) $6\ 172 \times 94 =$ 76) $5\ 839 \times 89 =$

77) $7\ 649 \times 37 =$ 78) $1\ 593 \times 35 =$

79) $2\ 574 \times 67 =$ 80) $5\ 738 \times 78 =$

三、珠算除法运算的练习

用所学习的珠算除法计算下列各题：

1.

1) $167.58 \div 6 =$	21) $12\ 875 \div 25 =$
2) $19\ 004 \div 40 =$	22) $10\ 659 \div 33 =$
3) $369.18 \div 9 =$	23) $25\ 064 \div 52 =$
4) $454.37 \div 0.7 =$	24) $20\ 971 \div 67 =$
5) $6\ 148 \div 80 =$	25) $40\ 541 \div 71 =$
6) $19\ 455 \div 300 =$	26) $20\ 619 \div 87 =$
7) $539.02 \div 20 =$	27) $10\ 212 \div 92 =$
8) $1\ 378 \div 0.05 =$	28) $7\ 021 \div 17 =$
9) $32.352 \div 0.6 =$	29) $14\ 819 \div 29 =$
10) $20\ 181 \div 70 =$	30) $23\ 175 \div 45 =$
11) $3\ 695.2 \div 8 =$	31) $23\ 256 \div 38 =$
12) $31\ 432 \div 40 =$	32) $24\ 976 \div 56 =$
13) $8\ 244 \div 30 =$	33) $21\ 459 \div 69 =$
14) $447.44 \div 0.7 =$	34) $51\ 192 \div 72 =$
15) $274.18 \div 2 =$	35) $20\ 064 \div 88 =$
16) $56\ 244 \div 600 =$	36) $23\ 829 \div 39 =$
17) $179.25 \div 5 =$	37) $24\ 252 \div 43 =$
18) $71\ 648 \div 80 =$	38) $21\ 736 \div 52 =$
19) $5\ 041.8 \div 9 =$	39) $21\ 459 \div 69 =$
20) $58\ 289 \div 7 =$	40) $20\ 619 \div 87 =$

2.

1) 178 088÷452 =	21) 2 454 210÷3 015 =
2) 173 056÷832 =	22) 5 805 338÷6 854 =
3) 19 494÷342 =	23) 365 925÷2 091 =
4) 303 775÷725 =	24) 1 112 064÷3 072 =
5) 14 288÷304 =	25) 2 268 875÷2 598 =
6) 18 666÷306 =	26) 3 069 044÷8 206 =
7) 17 052÷294 =	27) 4 984 496÷9 812 =
8) 5 220÷145 =	28) 863 073÷5 641 =
9) 196 936÷824 =	29) 4 742 955÷6 453 =
10) 369 240÷408 =	30) 2 883 326÷6 598 =
11) 21 653÷367 =	31) 1 110 516÷2 068 =
12) 7 902÷439 =	32) 885 760÷1 024 =
13) 29 786÷281 =	33) 3 060 672÷6 712 =
14) 34 848÷264 =	34) 5 159 868÷7 049 =
15) 26 942÷709 =	35) 757 512÷1 265 =
16) 289 842÷618 =	36) 3 666 752÷9 752 =
17) 165 282÷326 =	37) 2 141 064÷4 086 =
18) 287 043÷587 =	38) 4 316 818÷9 031 =
19) 44 626÷842 =	39) 1 976 310÷6 274 =
20) 126 381÷309 =	40) 2 744 928÷8 472 =

3. (保留两位小数，第三位小数四舍五入)：

1) 8.1704÷7.04 =	16) 1 867.6283÷470.6 =
2) 0.0586÷0.468 =	17) 0.852927÷0.0891 =
3) 9.1308÷8.07 =	18) 38.21843÷0.2647 =
4) 0.0687÷0.573 =	19) 29.633979÷4.705 =
5) 0.0369÷0.29 =	20) 4 783.3452÷490.81 =
6) 7.8509÷4.03 =	21) 0.417558÷0.0651 =
7) 3.8056÷2.07 =	22) 4 841.4941÷750.29 =
8) 0.0738÷0.147 =	23) 0.626986÷0.0792 =
9) 0.0429÷0.273 =	24) 1 860.1658÷480.53 =
10) 4.1807÷2.08 =	25) 73.658566÷8.7036 =
11) 8.7309÷7.08 =	26) 2 488.8215÷470.21 =
12) 0.0685÷0.568 =	27) 0.218581÷0.0365 =
13) 0.0963÷0.65 =	28) 995.1867÷210.38 =
14) 5.8316÷2.08 =	29) 16.19739÷3.1064 =
15) 6.2486÷3.64 =	30) 2 165.0647÷890.57 =

4. （保留两位小数）

1) 48 205 913÷2 890 645＝	11) 7 520 843.69÷712 698.34＝
2) 7 506 132÷568 423.07＝	12) 956 438.27÷812 573.69＝
3) 40 289 356÷32 847 956＝	13) 2 058 143.97÷9 752 368.14＝
4) 7 856 023÷12 397 856＝	14) 658 713.29÷437 015.86＝
5) 58 439 061÷7 395 241＝	15) 980 563.47÷523 694.78＝
6) 17 026 384÷3 286 714＝	16) 715 946.23÷345 976.81＝
7) 20 196 852÷7 854 396＝	17) 306 478.92÷935 748.12＝
8) 7 245 382÷3 049 127＝	18) 2 196 038.72÷1 234 567.89＝
9) 8 367 015÷7 284 315＝	19) 528 460.73÷309 127.65＝
10) 36 714 098÷12 357 086＝	20) 850 492.47÷649 871.25＝

5. 用补数除法计算下列各题：（保留两位小数）

1) 2 834÷999.5＝	11) 64.38÷0.9984＝
2) 5 791÷99.98＝	12) 15.79÷0.9985＝
3) 73.06÷9.993＝	13) 826.5÷0.9972＝
4) 381.4÷0.9997＝	14) 407.3÷99.86＝
5) 0.7264÷0.9993＝	15) 728.6÷9.973＝
6) 3 891÷99.95＝	16) 29.34÷99.81＝
7) 671.5÷9.994＝	17) 5 618÷99.82＝
8) 875.6÷99.97＝	18) 9 327÷99.87＝
9) 60.72÷0.9993＝	19) 386.4÷0.9979＝
10) 471.6÷99.94＝	20) 8 246÷99.65＝

四、珠算技术等级鉴定题练习

(一) 普通级练习

珠算技术等级鉴定普通四至六级模拟题

1. 加减算

(一)	(二)	(三)	(四)	(五)
6 037	70 153	541	539	824 097
475	8 691	4 319	4 027	538
709 145	7 936	315 028	- 383	- 4 105
1 693	304 215	853	542	627
254	789	6 912	9 103	6 053
4 516	427	470	960 347	729
481	9 072	7 694	- 8 210	- 4 538
51 328	541	569	- 9 062	610
8 965	1 307	8 123	427	- 6 287
487	258	307	615 849	82 905
9 072	556 423	6 738	- 70 286	570
351	8 065	31 975	697	945 013
239	20 649	209	54 081	- 71 634
805 674	436	207 865	375	813
30 892	198	86 024	- 6 158	- 6 429

(六)	(七)	(八)	(九)	(十)
302	864	135	791 056	58 734
581 749	923	7 089	814	801 645
9 036	509	792 135	- 4 302	- 853
42 673	167	896	675	7 826
519	69 785	38 542	- 9 082	- 273
2 904	4 321	624	623	75 402
605 817	6 058	7 169	7 809	7 268
438	385	3 024	547	- 9 071
7 352	807 923	60 271	- 5 068	369
602	2 876	9 453	670	- 190 526
8 457	309	518	984 812	902
961	425 176	6 180	5 349	4 168
89 312	30 541	437	- 98 512	345
604	6 029	405 968	- 245	394
7 158	95 217	1 796	4 209	- 35 287

2．乘算（保留两位小数）

一	1 764×26 =	六	286×579 =
二	3.756×3.06 =	七	36×2 457 =
三	702×3 514 =	八	203×106 =
四	91×2 768 =	九	0.3087×9.5 =
五	3 657×28 =	十	47×2 067 =

3．除算（保留两位小数）

一	48 144÷708 =	六	16 116÷68 =
二	213 026÷421 =	七	7.4995÷26.5 =
三	6.2976÷4.1 =	八	256 878÷639 =
四	22 295÷245 =	九	338 675÷713 =
五	112 545÷305 =	十	13 667÷79 =

4．评判

评判栏	项　目	＋－	×	÷	合计	等级	阅卷
	完成题						复核
	准确题						核级

珠算技术等级鉴定普通一至三级模拟题

1．加减算

（一）	（二）	（三）	（四）	（五）
643 812	10 436 927	20 784	8 361 475	26 583 019
1 267	8 061 274	8 175	537 862	4 81 907
43 579	94 057	2 691 507	−9 054	−4 325
53 760 142	743 918	37 084 152	27 931	65 312
8 921	6 571	306 249	39 460 217	9 467
5 061 275	39 056 287	65 934	−8 071	92 758
526 098	9 648	8 076	−2 984 156	−750 182
70 256	60 358	96 281 437	406 719	60 479 321
1 935 417	2 512 436	5 392	3 504	−6 850 934
98 367 504	145 809	8 657 209	80 259 136	586 301
4 098	20 561	64 031	20 683	−7 409 618
609 837	7 823	132 964	−5 974 068	98 317 205
42 910 853	54 296 301	1 359 208	31 820 754	−3 870 492
1 803 427	7 851 943	578 146	−219 546	14 623
69 834	720 389	57 081 394	98 732	7 854

（六）	（七）	（八）	（九）	（十）
1 385.69	6 540.93	387 501.94	310 985.27	41.97
39.54	2 305.79	87.19	− 64.18	958 024.16
7 142.05	18 954.07	845.21	6 053.41	− 73 502.89
129 803.56	693 041.52	47.68	418.37	4 076.31
51 368.79	89 523.07	731 084.26	− 23 407.69	− 425.78
740 825.63	7 390.42	59 402.13	845 230.17	283.65
97.36	531.26	7 590.68	65.92	− 2 160.93
620.17	63.98	653.42	6 108.59	37 081.59
58 942.01	745 032.61	2 056.94	64.73	2 604.73
205 761.84	78.15	24 170.35	− 79 816.04	427.16
217.46	728.41	62 402.87	230 781.95	− 83.59
785.02	164.85	5 126.09	− 6 025.43	421 570.83
43 680.29	16.38	549.28	198.52	69 875.04
43.91	478 095.62	47.36	953.27	− 295 601.48
7 098.34	21 403.87	693 085.17	87 290.64	36.19

2．乘算（保留两位小数）

一	46 311 × 1 574 =	六	2.1073 × 508.7 =
二	0.2186 × 426.3 =	七	0.7032 × 580.62 =
三	8.5043 × 203.5 =	八	3 279 × 4 238 =
四	5 749 × 7 859 =	九	0.5091 × 370.45 =
五	2 359 × 3 768 =	十	3 285 × 1 856 =

3．除算（保留两位小数）

一	1.96237 ÷ 0.3879 =	六	79 071 042 ÷ 82 914 =
二	44 674.89 ÷ 751 =	七	4 047 008 ÷ 325 162 =
三	73 992 924 ÷ 804 =	八	198 221.95 ÷ 9.83 =
四	3 516 271 ÷ 4 103 =	九	30 988.01 ÷ 706 =
五	32 276.11 ÷ 657 =	十	14 758 905 ÷ 40 215 =

4．评判

评判栏	项目	+ −	×	÷	合计	等级	阅卷	
	完成题						复核	
	准确题						核级	

（二）能手级练习

珠算技术等级鉴定能手级模拟题

1．加减算

（一）	（二）	（三）	（四）	（五）
5 920.47	731 654.08	3 690 845.21	29 470 856.13	69 802.35
96 241.03	2 538.79	3 409.78	63 094.28	12 356 490.87
52 036.48	52 498 316.07	516 928.07	− 6 715 293.04	6 719 028.43
64 071 298.35	50 269.14	38 605 714.29	− 543 179.62	− 547 216.39
97 325.81	427 153.96	68 037.15	6 315.78	9 123.85
1 682 450.37	8 209 745.63	96 450.21	15 238 967.04	27 415 389.06
809 731.54	4 037.98	8 312.75	− 8 067 291.45	− 76 510.94
87 143 052.69	67 584.03	92 581 407.63	− 79 460.51	− 3 028 756.19
8 137.96	74 591 803.26	7 829 365.04	192 708.45	841 205.63
8 416 290.37	3 815 460.92	340 871.56	9 043.87	3 894.07
762 845.01	19 074 623.85	18 453 697.02	23 680 579.41	902 578.41
7 614 302.59	6 903 278.41	745 129.36	8 215.39	− 74 382.06
20 387 965.14	9 426.15	6 914.25	7 201 683.95	97 420 631.58
6 891.75	692 507.81	79 280.34	840 561.23	7 463.15
829 046.53	78 390.12	3 047 926.18	− 73 024.86	− 8 601 547.29

（六）	（七）	（八）	（九）	（十）
5 432	31 960	371 852	2 641 782	80 379 256
78 963	4 309	7 452	− 6 923	5 092
601 475	673 892	453 199	− 8 135	− 5 127
1 526 734	3 902 514	2 036 789	460 125	− 674 159
17 435 829	82 396 145	98 375 264	21 459 807	7 421 893
1 076	507 816	68 209 513	− 8 724 130	2 371 649
307 865	4 378 125	2 786 031	19 724	− 5 732
12 945 603	92 047	3 689	− 643 507	893 204
7 821 314	5 286	468 705	2 986	34 680
14 279	73 159 428	10 427	− 20 867 315	− 9 834
38 092 457	816 704	83 096 245	13 249	13 058 926
351 860	54 261 093	2 697	5 904 378	− 246 708
5 908 734	8 435 710	9 510 873	8 796	5 132
6 982	23 461	16 942	39 087 542	68 975
49 158	8 976	354 018	− 356 810	− 6 427 590
84 265 091	567 820	1 097 534	1 908 435	546 271
6 829	30 658 792	41 652	49 256	− 1 753
10 692	1 430 697	14 928 560	− 6 701	89 502 164
468 107	72 548	309 786	305 687	1 980 347
1 029 534	5 107	4 170	14 293 065	13 806

（十一）	（十二）	（十三）	（十四）	（十五）
20 739 548.16	8 624 970.51	176 495.03	89 514.27	3 756.18
73 089.61	51 307.29	84 279.51	75 361 948.02	3 297 648.01
3 594 671.82	218 056.43	37 568 201.94	− 8 147 025.93	− 68 201.94
380 257.94	81 046 792.35	6 052.48	− 710 356.49	15 079 426.83
24 970.51	72 480.63	1 845 937.02	2 486.05	41 069.27
49 102 865.73	7 039 548.16	630 812.79	50 176 839.42	− 8 176 490.53
3 652.48	7 152.68	15 079 426.83	362 790.81	5 219.37
972 480.61	594 671.82	6 981 374.25	− 9 684 251.37	60 981 374.25
7 218 036.45	3 584.79	19 635.84	− 15 849.63	− 804 297.51
1 507.92	16 380 257.94	2 590.63	6 032.59	− 4 630 852.79
690 143.58	436 912.07	703 158.46	708 463.15	49 752 083.61
8 436 912.07	9 102 865.73	41 096.27	− 46 271.09	219 634.85
5 860.13	901 473.58	3 297 640.18	2 930 187.64	2 065.38
4 851 307.29	4 230.96	49 752 083.61	7 305.28	− 45 937.02
46 792.35	52 473 089.61	8 207.35	94 572 083.16	703 158.46

（十六）	（十七）	（十八）	（十九）	（二十）
83 642 891	428 391	12 974	8 571 293	5 316
9 175	2 046	9 451	− 76 401	71 368 254
71 328	9 715 463	186 375	769 582	− 20 931
634 851	27 954 871	8 206 357	3 719	302 159
5 246 318	75 408	16 059 432	57 869 120	− 7 043 951
283 467	47 638 159	68 291	420 596	− 46 728 109
2 048	53 802	374 820	− 89 024	4 971 520
15 804 692	6 391	4 530 679	21 597 384	84 236
79 456	760 824	52 413 086	150 938	− 457 618
3 190 547	19 653 732	50 827	− 9 306 285	9 675 324
5 801	7 930 164	369 542	34 872	19 607
507 619	64 210	43 872 905	42 719 360	862 375
38 016 974	2 043 687	5 104 798	− 1 536	− 3 240
1 723 580	485 906	847 103	8 063 417	8 530 692
85 026	1 578	6 219	− 8 365	18 045
47 062 953	20 593 187	38 415	− 14 975 603	− 9 487
209 645	384 506	7 069	6 028	8 596
3 427	2 519 630	37 214 856	− 241 759	25 049 781
6 958 204	7 029	1 025 637	82 046	− 308 546
40 723	19 352	6 098	6 340 521	13 920 758

2. 乘算（保留两位小数）

一	4 709×7 294＝	十一	0.6125×91.4865＝
二	73.1956×6.2408＝	十二	51 097×6 401＝
三	5 463×26 354＝	十三	4.8362×0.2796＝
四	7.8152×37.2805＝	十四	7 180×56 423＝
五	210 457×7 823＝	十五	0.6239×0.9032＝
六	30 548×510 638＝	十六	7 193×81 709＝
七	0.9083×8 031.94＝	十七	670 248×50 176＝
八	613 894×9 405＝	十八	0.9508×0.8617＝
九	562.43×2.1079＝	十九	80 197×52 346＝
十	72 436×9 438＝	二十	5 912×7 158＝

3. 除算（保留两位小数）

一	398.5797÷675.42＝	十一	48.9521÷65.0439＝
二	538 146 198÷1 062＝	十二	148 193 318÷50 218＝
三	973.9369÷9 206.74＝	十三	616 825 596÷6 914＝
四	1 309 037 796÷20 754＝	十四	116 504 941÷81 529＝
五	3 383 572 639÷8 053＝	十五	480.0683÷76.14＝
六	30 575 552÷3 892＝	十六	290 932 488÷9 738＝
七	9 620.7393÷98.54＝	十七	20.8824÷50.46＝
八	15 027 143÷4 187＝	十八	92 557 072÷3 056＝
九	4 513.3841÷791.23＝	十九	26 207 202÷6 378＝
十	354 992 176÷93 814＝	二十	23.0737÷36.2017＝

4. 评判

评判栏	项目	加减算	乘算	除算	等级
	答对题数				
	监场	判卷	复核	鉴定员	

说明：1）加减算 10 分钟，乘算和除算各 5 分钟，共 20 分钟。

2）加减算、乘算和除算各打对 18 题，为能手一级；各打对 16 题，为能手二级；各打对 14 题，为能手三级；各打对 12 题，为能手四级；加减算打对 10 题，乘算和除算各打对 11 题，为能手五级；加减算打对 8 题，乘算和除算各打对 10 题，为能手六级。

第二单元　珠算式脑算技能

一、珠算式脑算概述

脑算是人的基本技能　它对培养人的能力和发展智力有着广泛的实用意义。珠算式脑算就是在大脑中以算珠表象为载体，运用珠算的运算方法而进行的脑算。它是珠算功能的延伸，是珠算技术的高级阶段。当人们直接看到算珠时，大脑中会产生算珠的形象，称为算珠映象；当算珠映象能保留在人的记忆中，虽然没有直接看到算珠，也能想像再现出算珠形象，称为算珠表象。在珠算运算过程中可能会在大脑中形成算珠活动的表象，珠算越熟练，这种算珠表象会越清晰。为了使算珠表象能在人的大脑中保持暂时的记忆，并能进行算珠的加法和减法运算，就必须进行珠算和珠算式脑算的学习和练习，从而最终形成珠算式脑算，摆脱算盘。

珠算式脑算熟练以后，它不受能源、计算工具等诸多因素的限制，越来越受到人们的重视和普遍关注。实践表明，珠算式脑算不仅可以开发人的智力，还有着广泛的应用基础，因此，我们要把珠算式脑算学习好。

珠算式脑算就运算程序和法则而论就是珠算，它实际上就是珠算式脑算的教学和训练方法，就是将珠算移入脑中，由静珠变动珠并进行计算。

（一）珠算式脑算基本功

听数、看数、记数及珠数互译的能力是珠算式脑算的基本功，学习珠算式脑算必须加强听数、看数、记数以及珠数互译能力的练习，只有这样才能将数字记牢，映在脑中。如基本功不扎实，会影响脑算的速度和准确度，因此学习者应扎扎实实地练习，先练听数，再练看数，强化珠数互译能力，使自己在脑中形成较深刻的算盘图像。

（二）培养听数、看数、记数及珠数互译的能力

1. 听数、记数练习

（1）要求

达到听到五位数或六位数时能一次记牢。

（2）方法

练习时，从读数开始，一人报数或播放录音机。开始练习时，速度不宜这

快，且报数发音准确、清晰，不要重复，令学生想像算珠形象。

（3）训练

听数、记数练习可分为三个阶段进行训练。

第一阶段：数位较少，一般以两三位数为宜。

例：	（一）	（二）	（三）	（四）
	46	75	68	99
	27	39	21	347
	35	24	39	36
	18	63	43	281
	49	16	76	145
	67	25	92	63
	23	47	85	578
	84	82	13	694
	19	54	69	25
	72	95	28	47

第二阶段：数位由两三位增至三四位。

例：	（一）	（二）	（三）	（四）
	639	7 865	248	4 682
	2 704	912	905	715
	3 185	470	8 374	204
	436	3 894	4 295	9 376
	7 829	2 736	7 013	3 048
	104	813	649	739
	5 723	9 037	378	1 482
	418	951	2 054	347
	2 539	1 075	236	296
	7 124	438	8 407	5 713

第三阶段：在第二阶段的基础上数位增至五六位，此阶段较为关键。

例：	（一）	（二）	（三）	（四）
	14 316	46 038	27 816	35 612
	59 467	72 415	453 128	43 078
	306 841	39 752	96 037	29 461
	61 075	804 913	629 413	854 912
	378 236	27 846	816 579	760 835
	46 702	572 913	45 381	34 762
	194 073	64 795	137 218	902 413
	53 847	492 807	90 432	65 701
	70 419	17 426	75 618	249 375
	47 823	684 751	14 025	13 416

2．看数、记数练习

（1）要求

六位数以下的数字，故到看一眼就能在大脑中保持暂时记忆。

（2）方法

用事先准备的数字卡片，一人手持，不要重复，若干人看数、记数；或者利用较为先进的电化教学设备，如幻灯片等进行教学。

（3）训练

看数、记数练习也可分为三个阶段进行：第一阶段两三位数，第二阶段三四位数，第三阶段五六位数。看数、记数是珠算式脑算的基础，对于提高脑算技术水平有很大的作用。

例：	第一阶段	第二阶段	第三阶段
	45	7281	42 016
	19	436	30 7895
	28	275	63 047
	704	6048	29 465
	372	963	486 329
	61	1825	705 893
	185	576	57 082
	36	5739	90 437
	482	412	249 085
	67	603	71 324

3．算珠表象由静到动（珠数互译能力的训练）

珠算式脑算方法主要是把保持在大脑中的算珠表象由"静珠"状态转化成"动珠"状态，这一点是珠算式脑算的关键。可进行如下练习：

(1) 算盘辅助练习

为了加深算珠表象在脑中的映象，可采用算盘（图）辅助练习。具体的练习方法为：面对算盘，一人念数，让学生凝视算珠，令学生想像算珠形象，逐渐加深算珠表象在脑中的映象，达到能马上说出脑算盘中所表示的数字。辅助练习是学习珠算式脑算的基础，练习时一定要循序渐进，数位由少到多，速度由慢逐渐加快，反复练习，以打下脑珠算较扎实的基础。

(2) 拨空练习

在完成了第一阶段的听数、看数、记数练习后，达到当听到或看到六位数以下的数字时，能迅速在大脑中译成算珠，在脑中浮现出"虚珠"图形——算珠表象。具体练习为：用表象作加减百子，可闭目盲打诱发"动珠"形象。练习时，注意不要将手指拨珠的形象加入其间，只许保留动珠的形象。通过闭目拨空练习，发展到睁眼拨空，再练看数拨空，循序渐进，算珠表象由模糊到清晰，逐步使算珠由静珠码发展到动珠码。

(3) 算珠表象由静到动

在熟练掌握珠算运算方法后，通过以上各阶段练习，逐渐在脑中建立静珠映象。在听数、看数、记数、算盘（图）辅助与拨空练习的基础上，通过反复练习达到条件反射，就会发生质的变化：算珠表象由静态转化为动态。

二、加减脑算

加减脑算是珠算式脑算其他运算方法的基础。珠算式脑算练习应从加减脑算开始，先练习听数脑算，再练习看数脑算，也可交替进行练习；数位由一位数向多位数过渡。数位过渡难度较大，练习时一定要循序渐进，由浅入深，为乘除脑算打下基础。

(一) 听数脑算

听数脑算是经报数后，将听到的数在脑中进行珠算式运算。听数脑算的练习，也应从少到多，由简到繁。一开始控制在十笔数以内，待熟练后逐渐增加，速度由慢到快，由闭目拨空配合听数脑算到不闭目拨空配合听数脑算。待准确率达到一定程度后，再发展到更高的脑算境界——静听脑算。最后达到准确报出计算结果。

(二) 看数脑算

看数脑算是在听数脑算达到一定熟练程度的基础上进行的。看数脑算也应遵照循序渐进的原则,一开始也应控制在十笔数以内;数位也从少到多,逐渐增加;速度由慢到快,手指由拨空模拟拨珠逐步过渡到摆脱拨空动作,不要有拨珠动作,最后口报或书写算题的答数。

(三) 珠算式脑算加减法练习

经过听数脑算、看数脑算的练习,达到脑中图像清晰,并保持暂时记忆,这时就可以在脑中直接将加减数的拨珠动作显现出来并进行脑算。在练习过程中,一定要用珠算技术的运算程序和运算法则进行计算,切勿用笔算方法进行脑算。

多位数加减脑算,由于位数较多,给珠算式脑算增大了难度。为了便于脑算,竖式加减算题运算的方法较多,较常见的是看数脑算分节加减法。其运算的要领是:

分节运算、先右后左、由上而下、逐行相加、遇减抵消、进数入尾。

例 1

$$
\begin{array}{r}
1\ 975 \\
48\ 617 \\
7\ 620\ 189 \\
9\ 843 \\
573\ 016 \\
48\ 102\ 379 \\
270\ 643 \\
36\ 019\ 754 \\
5\ 847\ 902 \\
2\ 365 \\
8\ 371\ 624 \\
206\ 943 \\
70\ 492\ 315 \\
50\ 839 \\
3\ 186 \\
9\ 806\ 541 \\
94\ 521\ 706 \\
74\ 852 \\
825\ 063 \\
+\ 20\ 619 \\
\hline
282\ 902\ 371
\end{array}
$$

运算步骤：

① 先将算题分为三节。

第一节	第二节	第三节
7	1	975
48	48	617
36	620	189
5	9	843
8	573	016
70	102	379
9	270	643
94	019	754
	847	902
	2	365
	371	624
	206	943
	492	315
	50	839
	3	186
	806	541
	521	706
	74	852
	825	063
	52	619

② 用脑算盘计算。

从第三节开始，由上到下，逐行相加，一直加到最底行，得数 11 371，写最后一节三个数字 371，将进位数 11 并入第二节计算。

再算第二节，自上而下，得数 5 902，写一节三个数字 902，将进位数 5 并入第一节计算。

最后算第一节，同样按上述算法，得数 282，三节连起来即为答数 282 902 371。

例 2
$$283\ 564.09$$
$$5\ 719.86$$
$$82\ 034\ 156.97$$
$$-6\ 719\ 520.34$$
$$670\ 154.82$$
$$-4\ 817\ 309.26$$
$$6\ 973.18$$
$$78\ 149\ 625.03$$
$$-804\ 516.79$$
$$1\ 067\ 385.42$$
$$-91\ 852.37$$
$$47\ 605\ 389.21$$
$$-58\ 463.02$$
$$93\ 014.26$$
$$5\ 920.47$$
$$\overline{\qquad\qquad\qquad}$$
$$197\ 430\ 241.53$$

运算步骤：

① 先将算题分为四节。

② 用脑算盘先右后左，分节计算。

③ 运算时自上而下，逐行相加，遇到减号相互抵消。

首先算第四节，本节得数 253，写小数两位 53，将进位数 2 并入第三节计算。

其次算第三节，本节得数 2 241 写一节三个数字 241，将进位数 2 并入第二节计算。

然后算第二节，本节得数为 $\overline{1}$ 430，写一节三个数字 430，将进位数 −1 并入第一节计算。

最后算第一节，本节得数 197。

四节数连起来，即为答数 197 430 241.53。

三、脑算乘法

脑算乘法，要首先熟练掌握珠算式脑算加减法和珠算空盘前乘法。学习时，要首先熟练掌握和练习一位数乘法，然后在此基础上训练二位数乘法，并逐渐增加难度。

（一）乘数是一位数的脑算

脑算一位乘法必须在掌握空盘前乘法的基础上进行，运用 0～9 十个数字的个位律和进位律同脑算结合起来，达到一口清求积。

例 1　42×4＝168，演示如表 2-7 所示。

表 2-7　虚盘演示

说　明	算　档					
	1	2	3	4	5	6
1. 看出 4×4 的单积 16 浮现脑中	1	6				
2. 看出 2×4 的单积 08 浮现脑中		0	8			
3. 错位相加，得全积	1	6	8			

经定位，答数为 168。

例 2　139×6＝834，演示如表 2-8 所示。

表 2-8　虚盘演示

说　明	算　档					
	1	2	3	4	5	6
1. 看出 1×6 的单积 06 浮现脑中	0	6				
2. 看出 3×6 的单积 18 浮现脑中		1	8			
3. 看出 9×6 的单积 54 浮现脑中			5	4		
4. 错位相加，得全积	0	8	3	4		

经定位，答数为 834。

（二）多位数的乘法脑算

多位数乘以多位数的脑算，其实可分解为多个一位数乘法的错位相加。因此只要熟练掌握多位数乘以一位数脑算的乘积，做到速算一口清，再将几个多位数乘以一位数脑算的乘积错位相加，就能迅速得到全积。

例 1　38×69＝2 622，演示如表 2-9 所示。

表 2-9　虚盘演示

说　明	算　档					
	1	2	3	4	5	6
1. 看出 3×69 的单积 207 浮现脑中	2	0	7			
2. 看出 8×69 的单积 552 浮现脑中		5	5	2		
3. 错位相加，得全积	2	6	2	2		

经定位，答数为 2 622。

例 2　146×529 = 77 234，演示如表 2-10 所示。

表 2-10　虚盘演示

说　明	算　档					
	1	2	3	4	5	6
1. 看出 1×529 的单积 0529 浮现脑中	0	5	2	9		
2. 看出 4×529 的单积 2116 浮现脑中		2	1	1	6	
3. 看出 6×529 的单积 3174 浮现脑中			3	1	7	4
4. 错位相加，得全积	0	7	7	2	3	4

经定位，答数为 77 234。

（三）脑算乘法的练习方法

学习和练习脑算乘法，首先要练好脑算加减法，在此基础上，再刻苦练习多位数乘以一位数的单积一口清，然后将多位数积进行分段记忆，便于脑算盘错位相加。下面简要介绍脑算乘法的练习方法。

1. 单积一口清练习

先练听算，由于听算的难度较大，所以可先练习闭目模拟拨珠到不闭目模拟拨珠脑算，再由模拟拨珠脑算到摆脱模拟拨珠，最后达到听题脑算一口清。听算熟练后即可练习看题脑算，其运算方法与听算相同，经过反复练习，才能熟练运用。

2. 错位相加练习

先练习三位数的错位相加，三位数相加必须达到非常熟练的程度，这样在遇到更多的位数相加时，就能三位一分节错位相加。三位数脑算相加熟练后再练习四位数、五位数等的错位相加。

3. 脑算乘法练习

在熟练了上述分节错位相加的方法后，即可进行命题脑算乘法的练习。练习应由易到难，循序渐进，逐步达到熟练掌握脑算乘法。

四、脑算除法

脑算除法是在熟练地掌握一位乘多位的脑算乘法，以及多位数的脑算减法和珠算商除法的基础上进行的。珠算式脑算除法是完全靠脑中的一面虚拟算盘图来进行立商、减积，再立商、再依次乘减，最后得出商数。

（一）一位数脑算除法

珠算式脑算一位除法的熟练掌握是多位数除法学习的关键，因此一定要把一位数脑算除法学习好。

一位数脑算除法运算程序和方法为：

1．确定位数

运用商的定位法（$M-N$ 或 $M-N+1$）来确立所求商数的位数。

2．估商

按照隔位商除法的置商原则"够除隔位商，不够除挨位商"，在脑算盘中立商，记下商数。

3．乘减

结合一位数乘多位数脑算，在被除数中减去商数与除数的乘积。减积时一定要对准数位，遇到积的末位有"0"时应特别注意，不能减错位。

4．减积后牢记余数

减积后要记牢余数，再按"估商、减积"的方法继续脑算，直到除尽或计算到要求达到的精确度为止。

例 1　$4\,375 \div 7 = 625$

定位：用 $M-N$ 定位，商的位数为正三位。

虚盘演示如表 2-11 所示。

表 2-11　虚盘演示

说　明	算　档					
	1	2	3	4	5	6
1．被除数拨入算盘			4	3	7	5
2．挨位立商 6，减 6×7＝42，得余数		六		1	7	5
3．挨位立商 2，减 2×7＝14，得余数			二		3	5
4．挨位立商 5，减 5×7＝35，除尽				五		0
5．脑算盘商数为 625，写下答数		六	二	五		

（二）多位数脑算除法

多位数脑算除法难度较大，它要求具有较强的一口清脑算能力，同时又要有较好的多位数脑算减法的能力，在此基础上注意估准商数再减去商与除数的乘积。经过反复的练习，是完全可以掌握的。

例 2　$18\,92 \div 76 = 249$

① 用公式定位法定位。商的位数是正三位。

② 虚盘演示如表 2-12 所示。

表 2-12　虚盘演示

说　明	算　档							
	1	2	3	4	5	6	7	8
1．被除数入脑算盘			1	8	9	2	4	
2．挨位商2，减2×76=152，得余数		二		3	7	2	4	
3．挨位商4，减4×76=304，得余数			四		6	8	4	
4．挨位商9，减9×76=684，除尽				九			0	
5．脑算盘结果为249		二	四	九				

例3　$854.36 \div 63.9 = 13.37$（保留两位小数）

① 运用公式定位法定位。商的位数为正二位，第三位小数四舍五入。

② 虚盘演示如表 2-13 所示。

表 2-13　虚盘演示

说　明	算　档							
	1	2	3	4	5	6	7	8
1．被除数入脑算盘			8	5	4	3	6	
2．隔位商1，减1639=639，得余数	一		2	1	5	3	6	
3．挨位商3，减3×639=1 917，得余数		三		2	3	6	6	
4．挨位商3，减3×639=1 917，得余数			三		4	4	9	
5．挨位商7，减7×639=4 473，得余数				七			1	7
6．余数加倍与除数比较，17×2<639，应舍去							3	4
7．脑算盘运算本题答数为13.37	一	三	三	七				

（三）脑算除法的练习方法

脑算除法是脑算乘法的继续，它是建立在单积一口清的基础上，运用写商记余方法，即用脑算估商数，脑算盘减积记余数，难度较大，一般多为看数练习。练习方法大致如下：

1．减法运算练习

除法运算主要运用减法计算商数与除数的单积。首先练习减法运算，这一点非常关键。一般由二位、三位开始，循序渐进，逐渐增多。

2．估商练习

有了一口清乘法作为基础，估商并不困难，只是要注意够除与不够除的估商原则。

3．估商减积得余练习

练习难度较大，脑算除法能否熟练掌握，取决于这一环节。估商以后立即用脑算盘减去商数与除数的乘积，记下盘面上的余数，遇到积的末尾有0的，应特别注意，对准数位，不能减错位。

4．算题练习

将以上各环节连贯起来，利用卡片或算题进行练习，经过估商、减积、记下余数后，再按照"估商、减积"的方法继续下去，直至除尽或达到要求的精确度为止。

实 训 三

一、脑算加减法

```
1)    21  38  12  47  36  63  51  92  43  57
    + 72  84  59  68  54  74  48  16  25  49

2)    13  25  37  49  58  62  73  84  91  26
    + 45  57  63  75  86  93  15  28  39  41

3)    14  62  83  94  60  71  82  95  20  31
    + 61  72  80  96  11  23  39  43  57  65

4)    78  59  64  71  58  62  74  32  84  59
    + 65  53  29  87  76  81  69  56  75  67
```

5)
```
      42   86   73   51   60   77   84   53   37   50
  +   36   47   68   95   73   28   95   16   49   26
```

6)
```
      78   65   75   84   73   57   62   79   87   93
  -   73 - 42 - 31 - 58 - 56 - 42 - 38 - 64 - 72 - 67
```

7)
```
      76   85   94   40   51   62   73   19   28   39
  -   45 - 73 - 25 - 36 - 49 - 27 - 57 - 15 - 26 - 25
```

8)
```
      78   59   64   73   82   67   48   57   73   85
  -   54 - 32 - 47 - 58 - 67 - 43 - 39 - 45 - 66 - 74
```

9)
```
      47   58   69   75   82   93   56   64   78   81
  -   35 - 46 - 27 - 14 - 65 - 36 - 49 - 38 - 42 - 67
```

10)
```
      28   39   47   65   74   85   16   37   49   56
  -   19 - 24 - 33 - 49 - 68 - 79 - 14 - 25 - 39 - 48
```

11)
```
      748   597   318   763   596
  +   327   643   586   387   349
```

12)
```
      438   162   859   473   694
  +   246   789   537   612   973
```

13)
```
      619   835   746   509   478
  +   536   196   436   927   812
```

14)
```
      508   391   724   528   578
  +   329   728   214   952   487
```

15)
```
      723   872   415   925   831
  +   495   324   768   539   462
```

16)
```
      984   837   592   867   482
  -   732 - 614 - 273 - 539 - 274
```

17)
```
      319   287   514   328   472
  -   287 - 135 - 478 - 285 - 342
```

18)
$$874 \quad 725 \quad 938 \quad 569 \quad 786$$
$$-\ 463 - 569 - 874 - 402 - 719$$

19)
$$783 \quad 539 \quad 462 \quad 589 \quad 612$$
$$-\ 314 - 425 - 247 - 491 - 539$$

20)
$$219 \quad 394 \quad 475 \quad 832 \quad 197$$
$$-\ 198 - 286 - 159 - 329 - 246$$

二、脑算乘法

1) $15 \times 3 =$　　　　2) $26 \times 4 =$　　　　3) $37 \times 6 =$
4) $49 \times 7 =$　　　　5) $29 \times 8 =$　　　　6) $17 \times 5 =$
7) $43 \times 9 =$　　　　8) $36 \times 2 =$　　　　9) $95 \times 3 =$
10) $28 \times 6 =$　　　11) $18 \times 7 =$　　　12) $26 \times 9 =$
13) $43 \times 8 =$　　　14) $37 \times 4 =$　　　15) $76 \times 3 =$
16) $19 \times 5 =$　　　17) $65 \times 7 =$　　　18) $49 \times 6 =$
19) $37 \times 2 =$　　　20) $47 \times 6 =$　　　21) $57 \times 62 =$
22) $43 \times 27 =$　　23) $65 \times 87 =$　　24) $36 \times 16 =$
25) $53 \times 43 =$　　26) $76 \times 38 =$　　27) $28 \times 37 =$
28) $46 \times 29 =$　　29) $34 \times 17 =$　　30) $58 \times 34 =$
31) $46 \times 86 =$　　32) $57 \times 73 =$　　33) $63 \times 24 =$
34) $75 \times 37 =$　　35) $23 \times 75 =$　　36) $89 \times 47 =$
37) $76 \times 35 =$　　38) $64 \times 24 =$　　39) $57 \times 16 =$
40) $48 \times 67 =$　　41) $429 \times 375 =$　　42) $804 \times 176 =$
43) $286 \times 439 =$　44) $529 \times 317 =$　45) $846 \times 731 =$
46) $376 \times 403 =$　47) $418 \times 506 =$　48) $203 \times 607 =$
49) $706 \times 704 =$　50) $805 \times 307 =$

三、脑算除法（保留两位小数，以下四舍五入）

1) $175 \div 7 =$　　　2) $258 \div 6 =$　　　3) $185 \div 5 =$
4) $608 \div 8 =$　　　5) $156 \div 4 =$　　　6) $189 \div 7 =$
7) $234 \div 6 =$　　　8) $608 \div 8 =$　　　9) $333 \div 9 =$
10) $519 \div 3 =$　　11) $1\,028 \div 4 =$　　12) $2\,250 \div 6 =$
13) $1\,408 \div 8 =$　14) $837 \div 3 =$　　15) $1\,519 \div 7 =$
16) $1\,548 \div 9 =$　17) $1\,038 \div 6 =$　18) $2\,360 \div 5 =$
19) $1\,274 \div 7 =$　20) $3\,304 \div 8 =$　21) $2\,021 \div 47 =$

22）2 124÷47＝ 　　23）2 262÷29＝ 　　24）4 088÷56＝

25）6 716÷73＝ 　　26）4 042÷86＝ 　　27）3 404÷92＝

28）1 836÷27＝ 　　29）2 415÷35＝ 　　30）3 053÷43＝

31）27 648÷54＝ 　32）16 068÷39＝ 　33）18 590÷26＝

34）24 168÷76＝ 　35）36 188÷83＝ 　36）13 248÷48＝

37）14 712÷24＝ 　38）39 494÷62＝ 　39）16 544÷94＝

40）16 167÷51＝ 　41）40 593÷472＝ 　42）84 597÷758＝

43）51 238÷623＝ 　44）74 319÷834＝ 　45）65 972÷783＝

46）54 214÷408＝ 　47）45 592÷763＝ 　48）93 912÷258＝

49）51 894÷961＝ 　50）12 782÷154＝

第三单元　传票算与账表算计算技能

传票算和账表算是日常经济工作中应用较多、要求较高的两项计算业务，是经济工作者需着重掌握好的珠算技能。在经济业务中，企业部门的会计核算、统计报表、财务分析、计划检查等业务活动，其报表资料的数字来源都是通过会计凭证的计算、汇总而获得的。这些会计凭证的汇总即传票运算，其运算速度快慢、运算结果准确与否，直接影响到各项目业务活动数据的可靠性与及时性；而且报表、汇总表等均属于表格计算，通过这些报表汇总运算，取得有效数字，从而为有关部门制定政策提供数字依据。因此，传票算与账表算是财会工作者日常工作中一项很重要的基本功。传票算和账表算也因此被列为全国珠算比赛项目，所以应加以重视，认真学习，熟练掌握。

传票算和账表算因形式不同，计算程序和要求也不一样，因此具体运算方法也不同。本章就传票算和账表算的有关知识和运算方法进行介绍。

一、传票算

传票运算也可称为凭证汇总算，它是对各种单据、发票和记账凭证进行汇总计算的一种方法，它也是加减运算中的一种常用方式。传票按是否装订可分为订本式传票和活页式传票两种。

（一）传票算题型（以全国珠算比赛题型为例）

订本式传票，一般每本100页，每页传票上有五笔（行）数字，每行数字前自上而下依次印有（一）、（二）、（三）、（四）、（五）的标志。"（一）"表示第一行数，"（二）"表示第二行数，以下同理。每行最高位数为七位数字，最低位数为四位数字。

在传票本每页的右上角印有阿拉伯数字，表示传票的页码，如 56，表示第 56 页传票，在行次后印有数字，如（一）46.75，表示第 56 页第一行数字是 46.75，依此类推。如一页珠算传票：

$$56$$

（一）＿＿＿＿＿＿＿＿＿＿＿＿46.75

（二）＿＿＿＿＿＿＿＿＿＿＿126.89

（三）＿＿＿＿＿＿＿＿＿＿61 473.95

（四）＿＿＿＿＿＿＿＿＿＿9 271.34

（五）＿＿＿＿＿＿＿＿＿＿519.70

根据传票运算的特点，计算时除传票、算盘外，另外还需有一张传票算试题即答案纸。如表 2-14 为一张珠算传票试题答案纸。

表 2-14　传票算

题　号	行　次	起止页数	合计数
一	（五）	7～26	
二	（三）	28～47	
三	（四）	35～54	
四	（二）	68～87	
…	…		

传票算题每连续 20 页为一题，计 110 个数字。例如第二题为从 28 页开始至 47 页截止，将每页第三行的数字累加起来，然后将结果填写在合计栏内。

传票算具体的运算步骤和方法是由传票本身的运算特点所决定的，主要包括以下几个方面：整理传票、传票的摆放位置及找页、传票的翻页和记页、传票的计算方法等。

（二）整理传票

传票运算时，左手要进行翻页，即一页一页地翻打。为了提高运算速度，需加快翻页动作，避免翻重页或漏页的现象。运算前除了应检查传票有无缺页、重页或数字不清晰以外，还需将传票捻成扇面形状。用左手握住传票的左下角，拇指放在传票封面的上部，其余四指放在传票背面；右手握住传票的右上角，拇指放在传票封面的上部，其余四指放在传票背面，轻轻捻动几下即成扇面形。然后用票夹子将传票左上角夹住，使扇面固定，防止错乱；扇面形状的大小根据需要而定，不宜过大，一般封面与底页外侧上角偏出最大距离应在 1～2 厘米，否则左手翻动起来不方便。

（三）传票的摆放位置及找页

传票运算时，使用大□型算盘的，可将传票放在算盘的左下方；使用小算盘，可将传票放在算盘的左下方或算盘的左上方，传票试题答案纸放在算盘的右下方。传票摆放位置应以看数和计算方便为宜，贴近算盘。

找页是传票算的基本功之一，因为传票试题在拟题时不是按自然顺序，而是相互交叉，这就需要在运算过程中前后找页。如第二题第三行第 28 页到 47 页，当第二题计算完毕，在写数清盘的同时，必须用眼睛余光看下一题起始页，然后左手迅速翻找，当第二题答数抄完，清盘后即可进行下一道题运算。找页应刻苦练习，首先练习手感，如专票每本 100 页，厚度是多少？用手翻找 15 页、30 页、50 页、70 页各有多厚，经过一段时间的刻苦练习，自然就有了手感基础。其次要求能迅速准确找出各题起始页，如一次未能翻到，再用左手略作调整。总之，找页动作要经过刻苦练习，达到找页准确迅速，不影响右手拨珠运算。

（四）传票的翻页和记页

传票翻页的方法：左手的小指、无名指和中指放在传票封面的左下方，食指、拇指放在每题的起始页，然后用拇指翻动传票。翻动传票时拇指同传票接近平行居中偏右一点，翻动幅度不宜过大。为了避免出现翻重页，还需要拇指和食指配合拈页，食指管拈页外，还需与中指一起迅速夹牢翻过的页码，以便拇指继续翻页。

传票运算除翻页外还需要记页。因为传票计算每题由 20 页组成，为了避免在计算过程中发生超页或打不够页的现象，必须在计算过程中默记打了多少次。如果用一目一页打法，就要默记 20 次，然后核对该题的讫止页，立即书写答数；如采用一目二页打法，即需默记 10 次后核对该题讫止页即可书写答数。记页通过反复练习，熟练后就能准确地进行运算。

（五）传票的计算方法

传票计算方法有一次一页打法，一次双页打法，一次三页打法。

1. 一次一页打法

进行传票运算时，采用翻一页打一笔数的方法叫一次一页打法。如 28～47 页第三行打出一个合计数，一次一页打法采用一次计算一笔数字，翻页、拨珠动作较多，不利于提高计算效率和计算水平。

2．一次双页打法

在传票运算中，将传票一次翻起两页，然后将两页同行数字脑算后一次拨入算盘，这就是一次双页打法。一次双页计算较一次一页打法减少了翻页和拨珠次数，提高了计算效率。运用一次双页打法要具备扎实的基本功，加减法的并数运算要很熟练；翻页、看数、拨珠等动作应衔接好，不要有脱节；一次翻双页手感要好，前后翻页动作应协调。

一次双页翻页方法：小指、中指、无名指放在传票封面上，食指放在起始页上，拇指掀起传票，拈开两页从夹缝中看数，经脑算得两页同位数之和并一次拨入算盘。待前一次双页最后一位和数拨入算盘时，由拇指和食指配合将打完的双页夹于食指和中指间，同时拇指迅速掀起下一个双页，如此继续，左手翻动十次即完成一道算题。

3．一次三页打法

一次三页打法就是将三页传票的同位数累加起来一次入盘。一次三页打法翻页和运算难度都较大，一般可以先将第一、二页同位数相加后，再迅速加上第三页同位数，然后将和数拨入算盘，以减少翻页、拨珠动作。

一次三页翻页方法是：小指、无名指放在传票封面的左下方，大拇指翻起一页传票后用中指食指夹牢，大拇指再迅速掀起下一页传票，使眼睛能很快看清三页中同位数的数字，然后将脑算的三数之和拨入算盘。

4．一次双页和一次三页的练习方法

学会一次双页、一次三页的计算方法并不困难，难点是不易熟练掌握并加以运用。因此要有长期刻苦训练的决心，经过反复练习，达到运用自如。具体训练方法如下：

1）熟练掌握加减一目二行和一目三行并数运算方法。

2）用一次双页（或三页）的翻票方法，依次翻动第一至第一百页各行，脑算一目二行、一目三行同位数之和，不进行拨珠运算。

3）待翻票和看数熟练后，就将翻票看数与拨珠结合起来练习。

4）能用一目二行（或三行）进行传票运算后，就可按全国珠算技术比赛传票算的要求进行计算。

5）每天认真练习二至三个十五分钟就可以收到较好的效果。

二、账表算

账表算又称表格算，是日常经济工作中最常见的加减运算形式，如会计报表的合计、累计、分组算等均属此类运算。账表算和传票算一样，属于全国珠算比赛项目，它可以根据其本身计算特点检验出运算正确与否，所以许多珠算计算者又利用账表算进行强化加减算准确程度的训练。

（一）账表算题型（以全国比赛题型为例）

账表算的一张表由五列二十行组成，即横向二十个算题，竖向五个算题，如表 2-15 所示。

表 2-15 账表算

序号	一	二	三	四	五	合计
一	62 573 986	395 478	9 308	4 567 489	97 028	
二	54 872	48 673 593	16 794	6 743	57 028 943	
三	2 743 925	7 316	5 273 967	708 296	813 726	
四	6 307	23 935	7 826 954	253 847	98 203 764	
五	567 249	83 207 524	8 942	46 953	7 384 926	
六	84 957 836	7 392 658	208 357	- 9 236	32 618	
七	27 659	7 263	92 538 309	92 304 567	9 256	
八	7 285 934	728 506	46 582	7 839 452	678 695	
九	72 684	237 825	7 315 248	72 563 849	8 147	
十	36 218 943	7 602	956 842	76 438	7 246 925	
十一	625 473	5 089 453	28 693	9 142	38 729 461	
十二	9 725	27 839	75 835 461	7 138 206	853 926	
十三	4 738 304	43 765 092	7 019	273 659	92 435	
十四	8 312 4	64 287 908	5 426	208 739	71 293	
十五	29 304	9 204 657	96 732 461	3 825	247 816	
十六	6 842	716 823	25 428	9 421 593	52 073 948	
十七	307 639	63 749	6 867 952	63 982 174	5 032	
十八	76 843 952	7 901	207 384	34 807	8 536 741	
十九	136 827	3 265 428	30 718 927	82 513	- 7 406	
二十	8 276	92 815	234 569	64 289 175	9 128 356	
合计						

账表算的计分为竖式每对一题得 14 分，共计 70 分；横式每对一题得 4 分，共计 80 分，两项合计 150 分。如一张账表答数全部正确且轧平（即横式题答数累计数等于竖式题答数累计数），另加 50 分，即一张表全对得 200 分。

账表算中各行数字最高位数八位数，最低位数四位数，横式每题三十个数字，竖式每题一百二十个数字，一张表共六百个数码字组成。

账表算中每表带减号的只有四笔，没有倒减运算。

（二）账表算运算方法

账表算中有横式算题，也有竖式算题，而我们平时大多数是进行竖式习题的练习，缺少横式算题的训练，尤其是横式并数练习就更少。因此，要提高账表算的水平，就必须进行全面练习和严格训练。

账表算适宜用小算盘进行计算，采用左手握盘，上下移动压上法和上下移动压下法进行计算。对行次多的账表上下移动压下法比较合适。具体方法是：把算盘放在要打的账表的头行数字下边，露出上行。当将要打完本行数字时，左手移动算盘挪向下行，右手继续打数，边打边向下移动，计算完最后一行数时，右手抄写答数。

如使用大算盘进行运算，一般应把账表放在算盘的下面，左手一边指数，一边随着计算将账表往上推，使其计算的行数尽量与盘面距离接近，以便于看数、拨珠、抄写答数。

账表算的运算方法来源于加减法，只要加减法基本功扎实，就比较容易轧平账表。账表竖式算题一般采用加减练习方法进行运算。大多采用珠算与脑算结合的一目三行、一目四行或一目五行运算。

横式算题可以采用珠算脑算结合的一目二行运算方法。即将横式每题的五笔数字按"二二一"或"二一二"打法进行运算，前者将每两笔数进行合并入盘后再加第五笔数；后者将前两笔数合并入盘，单加第三笔数，再将后两笔数合并入盘。横式一目二行的难点在于对二行数字的首位数的判断，刚练习时看数不大习惯，难度较大，应坚持练习，分步训练，就能掌握运算方法。

（三）账表算的训练方法

账表算计算方法较多，要求快速、准确，无论是横式算题，还是竖式算题都要手、眼、脑相结合。训练时应注意以下几个方面：

1．看数是关键

应经常进行看数练习，在账表计算中，除练习竖式加减题看数外，还要特别注意练习横式算题看数。因横式算题所占比重较大，直接影响运算速度，只有横向看数熟练了才能做到拨珠顺畅有序、干净利落。

2．运算时精力要集中

增强排除干扰的能力，特别是比赛时做到临场不乱，稳定情绪不急躁，才能防止差错，把表轧平。

3．要特别注意练习盯盘写数

因账表算写数较多，要特别注意练习盯盘写数，提高写数速度与质量。同时，力求做到 4 秒钟左右写完答数，清盘、定位基本不用时间。

4．正确处理快与准的关系

练习时出现错误要及时查明原因，正确处理快与准的关系，做到在准确的基础上求快。

实 训 四

一、传票算

(一)准备一本比赛用传票，进行以下计算的训练

1)计算第二行 1～20 页合计数。

2)计算第五行 51～70 页合计数。

3)计算各行 1～100 页合计数。

(二)传票算试题

试题 1.

题号	行次	起止页数	答　案
一	(二)	4～23	
二	(三)	7～26	
三	(五)	6～25	
四	(四)	8～27	
五	(一)	13～32	
六	(五)	17～36	
七	(二)	22～41	
八	(四)	72～91	
九	(三)	65～84	
十	(二)	52～71	
十一	(二)	51～70	
十二	(五)	2～21	
十三	(三)	31～50	
十四	(二)	3～22	
十五	(一)	5～24	
十六	(三)	52～71	
十七	(四)	62～81	
十八	(五)	37～56	
十九	(二)	6～25	
二十	(三)	8～27	
二十一	(三)	9～28	
二十二	(五)	12～31	
二十三	(一)	11～30	
二十四	(三)	16～35	
二十五	(四)	19～38	
二十六	(五)	65～84	
二十七	(二)	76～95	
二十八	(三)	77～96	
二十九	(四)	78～97	
三十	(一)	8～27	

试题 2：

题号	行次	起止页数	答　案
一	（三）	52～71	
二	（四）	62～81	
三	（五）	37～56	
四	（二）	6～25	
五	（三）	8～27	
六	（三）	9～28	
七	（五）	12～31	
八	（一）	11～30	
九	（三）	16～35	
十	（四）	19～38	
十一	（五）	65～84	
十二	（二）	76～95	
十三	（三）	77～96	
十四	（四）	78～97	
十五	（一）	8～27	
十六	（五）	32～51	
十七	（一）	45～64	
十八	（三）	33～52	
十九	（二）	34～53	
二十	（二）	42～61	
二十一	（五）	1～20	
二十二	（三）	25～44	
二十三	（四）	36～55	
二十四	（一）	31～50	
二十五	（五）	2～21	
二十六	（三）	8～27	
二十七	（五）	5～24	
二十八	（四）	3～22	
二十九	（一）	29～48	
三十	（三）	27～46	

试题 3：

题号	行次	起止页数	答 案
一	（三）	12～31	
二	（五）	15～34	
三	（四）	19～38	
四	（一）	21～40	
五	（三）	22～41	
六	（五）	27～46	
七	（四）	29～48	
八	（二）	3～22	
九	（五）	5～24	
十	（二）	8～27	
十一	（四）	2～21	
十二	（二）	5～24	
十三	（三）	7～26	
十四	（一）	9～28	
十五	（五）	8～27	
十六	（四）	12～31	
十七	（三）	51～70	
十八	（二）	49～68	
十九	（一）	72～91	
二十	（五）	78～97	
二十一	（四）	3～22	
二十二	（五）	4～23	
二十三	（四）	32～51	
二十四	（二）	35～54	
二十五	（三）	39～58	
二十六	（四）	42～61	
二十七	（一）	45～64	
二十八	（二）	52～71	
二十九	（三）	61～80	
三十	（五）	64～83	

试题 4：

题号	行次	起止页数	答　案
一	(四)	5~24	
二	(二)	12~31	
三	(三)	19~38	
四	(一)	21~40	
五	(五)	25~44	
六	(二)	29~48	
七	(一)	52~71	
八	(四)	58~77	
九	(三)	62~81	
十	(五)	79~98	
十一	(四)	3~22	
十二	(五)	4~23	
十三	(二)	17~36	
十四	(三)	16~35	
十五	(一)	15~34	
十六	(五)	24~43	
十七	(四)	23~42	
十八	(三)	28~47	
十九	(二)	32~51	
二十	(一)	47~66	
二十一	(五)	32~51	
二十二	(一)	45~64	
二十三	(三)	33~52	
二十四	(二)	34~53	
二十五	(二)	42~61	
二十六	(五)	1~20	
二十七	(四)	25~44	
二十八	(二)	36~55	
二十九	(三)	31~50	
三十	(五)	2~21	

二、账表算

账表算（一）

序号	一	二	三	四	五	合计
一	652 071	9 872	40 867	4 185 796	56 193 287	
二	6 580 329	78 641 093	5 629	28 407	916 358	
三	93 052	183 906	86 107 495	5 082	7 360 412	
四	7 893	2 076 385	359 174	10 692 357	91 874	
五	71 698 305	80 129	7 815 903	930 724	4 096	
六	9 073	35 072	684 793	41 589 206	9 504 867	
七	72 684	7 609 185	53 019 426	254 073	1 423	
八	20 843 159	2 964	70 851	1 706 892	986 305	
九	916 508	61 085 397	7 839 102	5 136	37 126	
十	3 854 716	571 408	4 236	83 429	20 861 957	
十一	4 309 568	6 085 397	268 071	92 147	9 123	
十二	960 781	34 762	8 105 243	5 762	79 052 871	
十三	28 176	9 874	15 783 062	705 284	5 876 039	
十四	1 764	2 601 983	36 129	35 284 091	269 504	
十五	51 786 032	168 502	9 857	2 069 435	73 295	
十六	32 947	9 031 678	298 345	46 371 258	5 324	
十七	480 139	89 247	16 059 862	- 9 736	6 031 942	
十八	1 369 508	8 413 905	3 174	76 592	786 294	
十九	73 601 825	3 764	4 870 912	687 019	24 587	
二十	6 294	857 649	67 839	6 430 129	63 157 029	
合计						

账表算（二）

序号	一	二	三	四	五	合计
一	107 468	40 387	41 602 387	5 029 718	8 405	
二	5 326 914	6 895	97 135	96 483 507	692 714	
三	3 807	51 832 746	965 428	16 234	5 237 096	
四	95 286	124 069	1 730 596	9 875	19 408 632	
五	20 179 435	1 079 235	8 042	240 316	35 178	
六	6 902 374	18 367	17 063 985	6 473	610 782	
七	43 159	30 146 258	8 354	958 014	2 087 413	
八	726 408	5 319	4 235 019	50 613 729	18 564	
九	5 267	8 702 941	604 238	45 938	40 156 278	
十	38 670 915	635 074	59 263	3 508 396	3 459	
十一	6 412 350	960 357	5 938	70 816 925	80 647	

续表

序号	一	二	三	四	五	合计
十二	40 841	46 095 128	1 896 042	204 153	4 152	
十三	80 194 256	8 275	530 179	48 097	9 107 438	
十四	7 432	23 014	41 258 706	5 731 408	− 546 983	
十五	758 693	9 876 342	49 287	3 219	35 791 028	
十六	81 309 257	491 035	5 173 408	4 397	29 185	
十七	4 530 786	49 836	802 391	69 087 123	7 526	
十八	5 921	7 685 042	64 573	270 645	50 936 417	
十九	93 647	2 769	14 725 096	2 815 039	372 098	
二十	286 039	58 720 136	7 294	51 846	9 061 723	
合计						

账表算（三）

序号	一	二	三	四	五	合计
一	3 902 418	536 971	2 068	29 456	130 485	
二	798 251	15 023 689	8 250 413	7 049	36 742	
三	89 536 047	8 402	937 154	6 905 813	17 254	
四	15 306	4 562 573	36 508 419	174 268	2 983	
五	7 462	17 489	714 863	85 630 506	6 521 309	
六	14 069 728	985 036	38 275	2 169	5 804 143	
七	278 094	2 461	9 051 426	81 517	63 980 635	
八	1 536	32 691 047	6 215 704	63 403	849 289	
九	8 570 312	74 801	2 095	386 735	69 192 468	
十	54 063	6 348 529	509 738	18 041 927	5 271	
十一	6 805 192	162 097	15 097 843	6 842	34 713	
十二	170 348	8 534 214	32 689	94 705 219	7 504	
十三	59 427	5 098	61 246 357	8 416 293	670 153	
十四	94 238 761	370 142	8 476	98 035	5 461 029	
十五	5 349	93 458 706	31 092	2 815 876	140 657	
十六	76 892 413	12 037	6 283 641	506 495	9 802	
十七	1 359 802	8 695	90 813	67 154 073	276 423	
十八	5 047	74 965 213	158 269	4 293 601	80 587	
十九	281 654	36 148	36 274 095	7 852	1 079 036	
二十	63 907	9 704 853	7 546	102 493	54 218 628	
合计						

账表算（四）

序号	一	二	三	四	五	合计
一	6 830 492	926 157	9 287	81 804	75 201 643	
二	48 105 236	9 420 368	175 629	7 289	64 107	
三	86 043	81 302 647	3 860 492	269 517	2 839	
四	7 8290	16 803	31 704 658	4 920 836	517 692	
五	571 296	7 289	10 364	37 508 621	8 360 240	
六	965 417	83 219 407	26 083	− 8 296 075	6 254	
七	5 245	945 716	14 897 302	83 206	6 903 572	
八	2 796 303	6 524	574 169	92 137 048	36 028	
九	62 830	9 503 678	6 452	471 695	87 934 201	
十	72 304 981	80 326	3 502 876	6 542	761 954	
十一	35 618 497	5 603	65 417	120 963	9 842 035	
十二	2 945 038	95 846 137	3 059	− 74 516	790 123	
十三	260 793	3 940 825	19 368 745	5 063	67 514	
十四	76 451	701 632	8 049 253	96 571 438	5 306	
十五	3 605	64 157	690 137	5 243 980	47 953 618	
十六	5 437 196	7 019	582 609	81 037 452	84 736	
十七	73 614	3 194 765	5 091	659 208	50 937 812	
十八	37 054 128	86 473	4 137 569	9 017	68 905	
十九	529 086	20 178 354	71 486	6 731 495	7 019	
二十	9 701	896 502	30 587 124	76 138	4 795 163	
合计						

第三模块 点钞与验钞技能

第一单元 点钞技术

点钞技术，即票币整点技术，它是眼、脑、手三合一的操作技术，是财经、商贸类学生应该掌握的一项基本技能，也是各单位会计人员，尤其是现金出纳人员必须具备的一项基本功。点钞技术的高低、速度的快慢、质量的好坏，都直接影响工作的效率和质量，因此，必须十分重视点钞这一基本技能的训练。

点钞方法分为手工点钞法和机器点钞法两种，手工点钞又可分为手按式点钞法、手持式点钞法、扇面式点钞法等。

一、手工点钞的工序与基本要求

（一）手工点钞的工序

手工点钞的工序可分成拆把（持钞）、点数、扎把、盖章四个环节。

拆把（持钞）指把待点钞票按不同点钞方法的要求拿在手中，然后脱去扎钞纸条或将纸条勾断，为点钞做好准备。

点数指左手持钞，右手点钞，眼睛紧盯捻动的钞票，同时脑中计数。手、脑、眼三位一体，协调配合，将钞票数量清点准确。

扎把指把清点准确的一百张钞票礅齐，并用纸条捆扎牢固。

盖章指在捆扎钞票的纸条上加盖点钞人员的印章，以明确责任，同时防止已扎好捆的钞票被解散。

（二）点钞的基本要求

点钞是一门技术性很强的工作，因此，为了提高点钞技术，掌握过硬的点钞本领，就必须做到以下几项基本要求：

1. 坐姿端正

坐姿的正确与否会影响点钞技术的发挥和提高。正确的坐姿应该是上身挺胸坐直，两脚平踏地面，全身自然放松，双手协调配合。

2. 放置适当

票币整点过程中应将钞票放在适当的位置，按不同券别和残好程度分类放好，这样不仅便于点钞，而且还可以避免因忙乱而放错，从而提高工作效率。

3．扇面均匀

手工点钞时，不论采取那一种点钞方法，都需要把钞票打成扇面或微扇形，使钞票均匀错开，便于清点。在采用扇面点钞时，开出的扇面一定要均匀，也就是扇面上每张钞票的间隔距离均匀。

4．动作连贯

动作连贯是提高点钞效率和质量的必要条件。它包含两个方面的含义：一是指清点时动作要连贯，这就要求点钞时，双手动作协调，清点速度均匀，切忌忽快忽慢；二是指点钞过程中的拆把、点数、扎把、盖章等每个环节须衔接紧密，动作协调，环环紧扣。如点完 100 张钞票，磕齐钞票的同时左手持票，右手取纸条，随即左手的钞票跟上去迅速扎好小把，在左手放钞票的同时，右手取另一把钞票等，这就是扎把与持钞的连贯性。

5．点钞准确

点钞的关键是一个"准"字，因为点数准确是点钞技术最基本的要求。因此点钞时一定要集中精力，手、脑、眼三位一体，协调配合，才能达到点数准确的效果。

6．清理整齐

点完一把钞票后，应将钞票清理整齐，即将券角拉平，然后进行捆扎。钞票磕齐应做到四条边齐平无露头，不能呈梯形错开。

7．扎把牢固

钞票捆扎应尽量牢固，以不散把、抽不出票为准。扎小把时，将第一张钞票轻轻向上方提拉，以抽不出票为标准。扎大把（十把）时，以"双十"型捆扎，做到用力推不变形，以抽不出票为准。

8．盖章清晰

盖章是点钞过程的最后一个环节，是明确责任的重要标志。因此，图章一定要盖得清晰可见，不能模糊。

二、手工点钞技术

(一) 钞票的整理与捆扎方法

1．钞票的整理

钞票的整理包括两个方面：一是现金出纳人员在清点票币前，应先按券别（一百元、五十元、十元等）将钞票分类，同时挑剔出残损券，并将断裂券用纸条粘好。然后按完整券和残损券分别进行清点；若发现可疑钞票，还应对其进行真伪鉴别。二是清点完一把钞票后，要进行捆扎前的整理，将券角拉平、钞票磕齐，然后以专业纸条捆扎牢固。

2. 钞票的捆扎方法

钞票捆扎是点钞过程中的重要环节，其捆扎速度对点钞的整体速度起着至关重要的作用。捆扎钞票以每百张为一把，经清点无误后用纸条在钞票中间捆扎牢固。对不足一百张的钞票则用纸条在钞票的三分之一处进行捆扎，并将钞票的张数、金额写在纸条的正面。

钞票捆扎完毕，应在侧面的纸条上加盖点钞人员的名章，以明确责任。每十把钞票必须用专用细绳以"双十"字型捆扎为一捆，在顶端贴上封签，并加盖经手人员名章。

(1) 钞票手工捆扎

钞票手工捆扎主要是扎把，扎把的方法最常用的有两种：

1) 缠绕折掖法（缠绕捆扎法）。将整点准确的钞票磕齐后，左手横执钞票，正面朝点钞员自己，左手拇指在内，其余四指在外握住钞票左端下面，五指配合向身体方向用力，使钞票向内弯曲，弯曲不要过大。左手食指将钞票分开一条缝，右手持纸条一端插入钞票上侧缝中（或不将钞票开缝，直接将枝条一端贴在钞票背面，用右手食指、中指将纸条压住）。然后右手拇指、食指和中指捏住纸条，由正面向下向外顺时针缠绕（一般绕两圈），绕到钞票上端时，右手腕向右侧翻转，使纸条末端向右反折，并以食指从右侧将其插入纸条下面，以末端反折的纸条在钞票右侧棱角外为宜，同时用拇指将折角压平，以防松脱，然后将票而压平即可。

2) 拧扎法（半劲扎把法）。将清点准确的整把（100张）钞票磕齐后，左手横执钞票，正面朝点钞员自己，拇指在前，中指、无名指和小指在后，食指伸直放在钞票的背面上侧，五指配合捏住钞票下端约三分之一处。右手取纸条，以纸条三分之一处搭在钞票的背面，左手食指将纸条压住，右手拇指与食指捏住纸条较长的一端，从钞票的正面向下向外顺时针缠绕，在钞票背面将纸条两端并抡捏紧，然后左手稍用力握住钞票的正面将钞票捏成弧形，左手腕向外转动，右手捏住纸条向里转动，在双手还原的同时将右手的纸条拧花结，同时用右手食指按压花结外侧，顺势将纸条花结塞进凹面瓦形一侧纸条的下边，将钞票压平即可。

(2) 机器捆钞

机器捆钞方法主要通过以下步骤来完成：

1) 调整机器螺丝，使之适合要捆券别的松紧度，然后固定螺丝。

2) 挂绳：将绳挂在捆钞机的挂绳处，绳子两端的长度要相等。

3) 放钞：两手各取五把钞票，并在一起磕齐，将钞票放在捆钞机的放钞台上，下面放好切去一角的垫纸，钞票的正面朝上。

4) 压钞：用右手扳下压力扶手（如是电动捆钞机则按上"紧"开关），使钞票压到已调整好的紧度。

5）系绳：两手分别捏住绳子的两头，从上端绳套穿过，然后双手各自拉紧，从两侧把绳子绕到钞票的正面，使绳子的两端并抡交叉一周，然后左手按住交叉点，右手捏住绳子的一头从钞票上面竖线穿过接上活扣，在垫纸上贴上封签，加盖日戳及点钞者和捆扎者名章。

(3) 钞票捆扎的有关规定

1）捆钞时要坚持操作程序，必须按每只手各取五把成一捆，以防成捆钞票多把或少把，发生差错。

2）整捆钞票在捆扎时要垫衬纸，用于粘贴封签，衬纸垫于钞票的背面一起捆扎，封签贴在捆扎绳外，要注意垫纸与封签都必须切去一角，以看清票面。

3）捆扎绳不能有结，最后的活扣结一定要打在衬纸表面，并用封签纸粘住。

4）不论是手工捆扎钞票还是机器捆扎钞票，都要以"捆紧"为核心，要通过拉紧捆扎绳，进行交叉固定，使钞票不易松开。

5）捆扎钞票完毕，要在封签上加盖日期以及点钞者、捆扎者名章，以明确职责，便利查找差错。

（二）手持式单指单张点钞技术

手持式单指单张点钞技术是金融部门及各单位财会部门最主要最常用的票币整点方法。它的适用范围比较广泛，可用于收付款的初点、复点和整点各种新、旧面额的钞票。采用这种方法，由于是逐张捻动，易于识别真假票币，便于挑剔残损钞票。但使用这种方法时点一张计一张，劳动强度比较大。具体操作可分为以下环节：

1. 拆把与持钞

拆把与持钞的基本要求是：

身体坐直，全身自然放松。左手横执钞票，钞票正面朝向身体，拇指、无名指和小指在钞票正面，食指和中指放在钞票背面，左手中指、无名指夹住钞票左下端，且尽量靠近手指根部；右手拇指扶在钞票上部内侧边沿处，食指伸开，其他手指自然弯曲；左手腕向内弯扣，同时右手食指向前伸，将扎钞纸条勾断；或食指伸直，拇指向上移动捂住钞票侧面，与中指同时用力将钞票压成瓦形，用右手脱去扎钞纸条。

拆把后，左手中指和无名指夹紧钞票左端，拇指按住钞票内侧将钞票向内翻推，折出一个微开的扇面形状，食指伸直托住钞票背面，使钞票自然直立与桌面基本垂直（如图 3-1 所示）。同时，右手拇指、食指、中指沾水做点钞准备。

2. 清点

左手持钞打开扇面后，右手食指、中指并拢，托住钞票背面左上角，拇指指尖将钞票右上角向下方逐张捻动（如图 3-2 所示）。捻动时幅度要小，动作要轻，

图 3-1

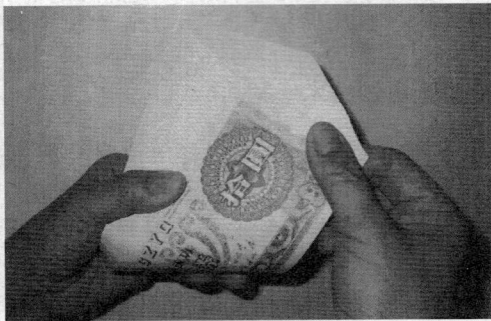

图 3-2

无名指同时配合拇指将捻动的钞票向下弹拨，拇指捻动一张，无名指弹拨一张；左手拇指随着点钞的进度逐步向后移动，食指向前推移钞票，以便加快钞票下落的速度。

清点过程可分为初点和复点，初点时发现残损钞票不宜直接抽出，以免带出其他钞票，最好的办法是随手向外折叠，使钞票伸出外面一截，待点完整把钞票后，再抽出残票补上好票。若发现可疑券还应进行真伪鉴别。

3. 记数

记数应与清点同时进行，采用单数分组记数法记数。把 10 记作 1，把 20 记作 2，即 1，2，3，4，5，6，7，8，9，1（10）；1，2，3，4，5，6，7，8，9，2（20）；依次类推，数到 1，2，3，4，5，6，7，8，9，10（100），即整 100 张为一把。记数时要用脑记、默记，不要念出声，手、眼、脑密切配合，这样才能既快又准。

4．扎把

扎把方法可依据自己的习惯和前述要求，采用拧扎法或缠绕折披法。

5．盖章

点钞要点：持钞票面应与桌面基本垂直，弯曲过大会影响点钞速度；右手拇指尖捻钞的动作要小，无名指应配合拇指快速弹钞；清点时，捻钞速度应与记数速度保持一致，这样才能清点准确。

（三）手持式单指多张点钞法

点钞时，一指同时捻两张或两张以上的方法叫一指多张点钞法。这种点钞方法是在单指单张点钞法的基础上发展而来的。它适用于收、付款和各种券别的整点工作。点钞时记数简单省力，效率高；其缺点是在一指捻动几张钞票时，由于不能看到中间几张的全部票面，所以假钞和残损票不易被发现。

1．拆把和持钞

同单指单张点钞法。

2．清点

清点时，右手食指和中指放在钞票背面右上角，拇指肚放在钞票正面右上角，拇指尖超出票面上端。一指点两张时，拇指肚先捻第一张，拇指尖紧跟着第二张。一指点三张时，拇指肚先捻第一、二张，拇指尖捻第三张。一指点四张以上时，拇指肚要均匀用力，捻动的幅度不要过大，食指、中指配合拇指捻钞，无名指向下弹钞，弹拨速度要央。点数时眼睛从左侧向右看，这样看到的幅度大，看的比较清楚。

3．记数

可采用分组记数法。一指点两张时，两张为一组记一个数，50 组就是 100张。一指点三张时，三张为一个组记一个数，33 组零一张就是 100 张。一指点四张时，四张为一组记一个数，25 组就是 100 张。

4．扎把盖章

扎把、盖章同单指单张点钞法。

点钞要点：点钞时，要发挥拇指肚的作用，根据每组点钞张数的多少，拇指尖伸出票面右上角的长短应有所不同，每组点钞张数越多，拇指尖伸出票面就越大；记数时要看清张数，准确无误后再弹出。

（四）手持式四指四张点钞法

手持式四指四张点钞法又叫四指拨动点钞法，即用右手小指、无名指、中指、食指四指依次各点一张，一次点四张，轮回清点。其优点是速度快，点数准，轻松省力，是钞票复点中常用的一种方法。其操作方法可分为四个环节：

1．持钞

拆把后，将钞票立放于桌面上。左手心向下，中指自然弯曲，指背贴在钞票中间偏左的内侧，食指、无名指与小指在钞票外侧，中指向外用力，外侧三指向内用力，将钞票弯成"∩"形，拇指按在钞票右端外角向内扣压，使右端展开成斜扇面形状（如图 3-3 的所示）。同时左手腕向外翻转，持钞于胸前，食指成直角抵住钞票外侧，拇指按在钞票斜扇面的右上角处。

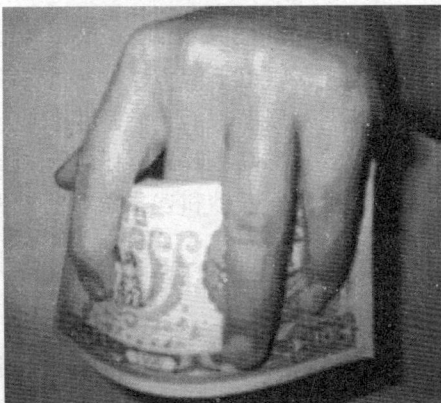

图 3-3

2．清点

右手腕抬起，拇指贴在钞票右下角扇形底侧，其余四指并拢弯曲，指尖成斜直线（如图 3-4 所示）。点数时，小指、无名指、中指、食指指尖依次捻动钞票，一指一张，一次点四张为一组，循环操作。同时左手拇指、食指配合右手动作，以保证清点时下钞通畅。

图 3-4

清点过程中若发现残损券，可先将这一组钞票拨下，记牢以点过的数字，以左手保持钞票现状，右手将残券向内向下折叠，并使折叠券露出一端，待整把钞票点完之后，再抽出残损券，补上等量的完整券。

3. 记数

采用分组记数法，每点四张为一组，每一组记一个数，数到 25 组即为 100 张。

4. 扎把盖章

与单指单张点钞法相同。

点钞要点：左手持钞时，要将钞票压出足够的弯度，右端成斜扇面形状；右手捻钞时，充分发挥指关节作用，以指尖捻动钞票右下角，四指并拢，尽量缩小运动幅度；清点时，目光应集中在钞票的右下角，手、脑、眼三位一体，密切配合。

（五）手持式五指五张点钞法

五指五张点钞法又叫五指拨动点钞法即右手五个手指依次各捻一张钞票，一次点五张，循环操作。其优点是效率较高，记数省力，能有效减轻劳动强度。

1. 持钞

拆把后，左手持钞，将钞票横放于桌子上，正面朝内。左手小指在前，无名指在后，夹住钞票左下端，中指、拇指从钞票两侧伸出卡住钞票，拇指要高于中指，两指稍用力，使钞票右上角稍向后倾斜成弧形，以便于点数。食指稍弯曲，抵住钞票背面上方。

2. 清点

清点时，先由右手拇指开始，从钞票右上角向右下方捻第一张，紧接着，食指、中指、无名指和小指依次由钞票右上角向左下方捻第二、三、四、五张，然后再右拇指开始进行下一轮，循环操作。

3. 记数

采用分组记数法，每点五张为一组，每一组记一个数，记满 20 组为 100 张。

4. 扎把盖章

与单指单张点钞法相同。

点钞要点：点钞时，右手五指动作要协调，用力应均匀，以每个手指侧面捻钞；捻钞幅度应尽量缩小，动作要连贯；由于每次捻钞的张数比较多，手、脑、眼要密切配合，才能清点准确。

（六）手按式点钞法

手按式点钞法，主要有手按式单指单张点钞法、手按式多指多张点钞法。

1. 手按式单指单张点钞法

手按式单指单张点钞法，适用于收款、付款工作的初点和复点，尤其适用于不足 100 张零票的整点。清点时，票面可以看到的幅度较大，便于挑剔残损的钞票和识别假钞。此法简单易学，具体操作有四个环节：

（1）按钞

拆把后，将钞票平放在桌面上，左手小指、无名指按住钞票左端的三分之一处，小指在前，无名指贴着小指尖随后，中指、食指和大拇指自然弯曲；右手小指、无名指按在钞票右端外侧，小指压紧，无名指稍松。

（2）清点

右手掌心向下，手腕抬起，中指伸直，拇指从钞票右端托起部分钞票（20张左右），食指指尖将钞票右侧内角与拇指摩擦后向上提，同时左手拇指迅速接过，并向上推，送到左手食指与中指之间夹住，每点 10 张为一组，依次连续操作。

（3）记数

与手持式单指单张点钞法相同。

（4）扎把盖章

与手持式单指单张点钞法相同。

点钞要点：左手按钞时以指尖或第一关节按压钞票左上角；右手拇指一次托起的钞票不要太多或太少，一般一次托起 20 张左右为宜；点"准"的关键是清点速度与记数速度保持一致。

2. 手按式多指多张点钞法

（1）按钞

拆把后，将钞票平放在桌面上，以钞票左端为顶点，于身体成 45 度角。用左手小指、无名指按住钞票左端的三分之一处，小指在前，无名指贴着小指尖随后，中指自然弯曲，食指与拇指张开抬起，为配合右手点数做准备。

（2）清点

方法一：右手掌心向下，手腕抬起，拇指贴在钞票右端内侧，其余四指自然弯曲。三指捻动清点时，以食指从钞票右上角向胸前捻第一张钞票，紧接着中指、无名指依次捻起第二张、第三张钞票，依次点三张为一组，依次循环捻动（如图 3-5 所示）；每点完一组，左手拇指将点完的钞票向上翻起，并用左手食指、中指夹住。四指捻动清点时，食指、中指、无名指、小指依次由钞票右上角向胸前逐张捻点，一指捻一张，一次点四张为一组，依次循环捻动。每点完一组，左手拇指将点完的钞票向上翻起，用食指与中指将钞票夹住，如此循环往复（如图 3-6 所示）。

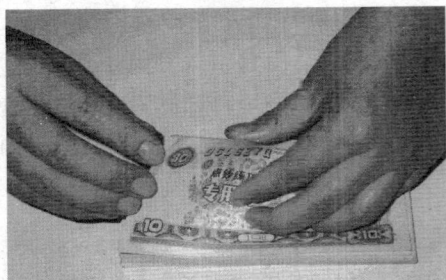

图 3-5　　　　　　　　　　　　　　　　　　图 3-6

　　方法二：右手肘部顶在桌面上，掌心向下，拇指托起右下角部分钞票（不宜过多或过少），小指弯曲。点三张时，以无名指先捻动第一张钞票，随即中指、食指依次各捻起一张。点四张时，先用小指捻起第一张钞票，随后无名指、中指和食指依次各捻起一张。捻起三张或四张为一组，用左手拇指向上推送到左手食指与中指之间夹住，如此循环操作。

　　（3）记数

　　采用分组记数法。

　　（4）扎把盖章

　　点钞要点：清点时，以右手指尖清点，这样有利于提高点钞速度；捻动幅度应尽量缩小，动作要连贯；主要防止清点过程中的夹钞现象。

（七）扇面式点钞法

　　用扇面式点钞法清点时，钞票展开成扇面形状，右手一指或多指依次清点，清点速度快，是手工点钞中效率最高的一种点钞方法。但它只适合整点新票，不适合整点新、旧及残损券混合的钞票。而且，这种点钞方法清点时只能看到钞票边沿，而看不到票面，不便于挑剔残损券和鉴别真假伪钞。

　　扇面式点钞法主要有：扇面式一指多张点钞法和扇面式多指多张点钞法。

　　1. 扇面式一指多张点钞法

　　（1）拆把与持钞

　　左手持钞，将钞票竖拿，正面朝向身体。左手拇指与食指、中指捏住钞票左下角四分之一处，拇指在前，食指、中指在钞票背面，食指跟部紧贴钞票左下角，无名指、小指靠手心自然弯曲。右手拇指尖与食指尖捏住钞票正面纸条折弯处，将纸条撕断，然后将拇指移到钞票正面中间，其余四指伸向背面横托钞票，虎口卡住钞票右侧面（如图 3-7 所示）。钞票下端与左掌心保持一定距离，使钞票可以自然晃动。

（2）开扇

方法一：以左手拇指为轴，用右手虎口握住钞票背面并将钞票向身体方压弯，右手腕带动手指由左向右甩动钞票；同时左手拇指与食指配合右手逆时针捻动轴心钞票，右手拇指协助向左推捻钞票，其余四指在钞票背面随着左右晃动将钞票均匀化开（如图3-8所示），直至打开扇开形状，使每两张钞票之间距离能清晰辨认为标准。

图 3-7 图 3-8

方法二：以握钞左手为轴，用右手食指将钞票向左下方按压，拇指将压弯的钞票向左上方推，食指、中指由左向右捻动钞票，左手拇指同时配合右手动作，这样反复操作，右手拇指逐渐有中部向下移动，移至右下角时即可将钞票推成扇面形状，然后双手持钞，将不均匀的地方抖动开。此法虽然容易掌握，但较费时费力，影响点钞速度。

不论采取那种开扇方法，开扇后钞票上部应成大扇形，下端尾部成相反方向的小扇形，整个图形就像一把打开的纸扇（如图3-9所示）。

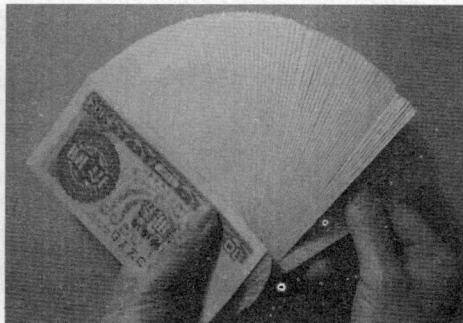

图 3-9 图 3-10

（3）清点

左手持钞，使扇面平持，眼睛与扇面保持一定距离。分组进行清点，每一组清点张数以 5 至 6 张为宜，也可以是其他张数，以便于记数为原则。清点时，眼睛从扇面右上角开始向左看，确认一组张数后，右手拇指快速向下按压（如图 3-10 所示），同时食指跟上将这组钞票压住，接着拇指再按第二组，如此循环操作。

（4）记数

采用分组记数法。例如一次五张清点时，每按下五张记一组，记满 20 组为 100 张。

（5）合把

钞票清点完毕，右手拇指放在钞票右侧正面中间，其余四指托在钞票背面，双手同时快速相向推钞合把（如图 3-11 所示）。然后双手轻拢，将钞票磕齐，以备扎把。

图 3-11

（6）扎把盖章

2．扇面式多指多张点钞法

扇面式多指多张点钞法的操作步骤主要分为六个环节，除清点方法不同外，其余环节与扇面式一指多张点钞法相同。

清点时，左手持扇，右手拇指、食指、中指、无名指先后交替清点。眼睛从扇面右上角开始向左看，第一组看准张数后，拇指迅速向下按压，同时眼睛向左移动，看清第二组后，食指向下按压，然后第三组、第四组，中指、无名指依次按压，如此循环往复，直至清点完毕（如图 3-12、图 3-13 所示）。

点钞要点：开扇时动作应协调连贯，用力均匀，达到一次开扇成功；钞票下端离左手掌心不要太近，以免钞票下端被卡住。左手掌心位置要固定，钞票绕轴心均匀化开；两手持钞松紧要适度，使钞票打开后每张之间的距离均匀，不重叠；清点时，左手要将扇面持平，并随着点数的进度微向右转，以适应右手点数的位置。

图 3-12   图 3-13

三、点钞机点钞技术

使用点钞机清点现钞，是经济部门特别是金融机构目前点钞的主要方法之一。机器点钞对提高工作效率，减轻劳动强度，改善服务质量等方面都发挥了积极作用。下面介绍点钞机的操作。

（一）点钞机钞前的准备

点钞机一般放在操作人员的正面，点钞机使用前要进行调试，力求转速均匀，点钞准确，下钞流畅，落钞整齐。

1）接通电源，使整机运转，并且确定数码显示为"00"。

2）钞票在桌面上摆放整齐，一般点钞机点钞用于人工点钞后的复点，准备点的钞票放在点钞机的右侧，点完的钞票放在点钞机的左侧，封条纸横放在点钞机的前方。

（二）点钞机点钞的操作程序

机器点钞操作程序与人工点钞基本相同，要完成拆把、清点、扎把、盖章四道工序。

1．拆把

用右手从机器右侧拿起钞票，右手持票，拇指和食指在票前，中指、无名指和小指在票后，捏住钞票的右上角，然后用食指勾断封条纸，准备下钞。

2．清点

钞票拆把后，右手捏住，用拇指稍用力下掀，使钞票成梯形，放进下钞斗。拆下的封条纸先放桌子一边（不要丢掉，以备查错用）。钞票经下钞斗通过捻钞轮和荧光数码管，自然下滑到传送带，落到接钞台。操作者一面观察跑道上钞票票面，看清数码显示数，一面准备另一把钞票下钞。

一把点完，记数为百张，用左手从接钞台内取出钞票，右手当即将第二把钞票投入。

3. 封把

左手取出钞票时，右手投入第二把，同时把钞票碨齐，进行扎把（与手工点钞扎把相同），眼睛仍要看住机器跑道上钞票的票面，当扎完把左手把钞票放到机器左侧时，抹掉桌上第一把钞票的封条纸，这样顺序进行。

4. 盖章

复点完全部钞票，操作者要逐把盖好名章，每把钞票盖章要做到先轻后重，整齐、清晰。

（三）点钞机点钞容易出现的差错和预防办法

1. 接钞台流张

接钞台取钞时，有时会漏拿一张，造成上下把不符。

防止方法是：取尽接钞台内的钞票，或采取不同的票面交叉进行清点。

2. 机器"吃钞"

有时由于钞票太旧，容易卷进输钞轴上或带进机器内；由于出钞歪斜等原因，引起输钞紊乱、挤扎或飞张，有可能被下对轮带进机内或随空钞带流入接钞斗。

防止方法是：调整好面板和体制螺丝，使下钞流畅、整齐。输钞紊乱、挤扎时要再清点一遍。每次二作结束，要检查机器底部和前后输钞轴是否有钞票夹住。

3. 发生多计数

机器在清点角票、旧票时容易飞张多计数；钞票开档破裂，或一把钞票券内残留纸条、杂物等，都会造成多计数。

防止方法是：可将钞票调头，将杂物、纸条取出再点一遍。

4. 计数不准

除了电路毛病和钞票本身的问题外，关导管、小电珠积灰，电源、电压大幅度升降都会造成多计数。

防止方法是：要经常打扫光导管、小电珠灰尘，对荧光管突然计数不准，要立即停机，检查机器的线路或测试电压等。

点钞机由于运转速度快，点钞的动作一定要连贯。在操作过程中，归纳起来要做到"五个二"，即：

二看：看清跑道票面，看准计数；

二清：券别、把数分清，接钞台取清；

二防：防流张，防机器吃钞；

二复：发现钞票有裂缝和夹带纸片要复点，计数补准时要复点；

二经常：经常检查机器底部，经常保养、维修点钞机。

（四）硬币的整点方法

硬币的整点方法也有两种：一是手工整点，二是机具整点。由于在现金收付工作中硬币使用相对较少，所以多采用手工整点方法。

手工整点硬币的方法，一般分为拆卷、清点、记数、包装及盖章等五个环节。

1. 拆卷

右手持硬币卷的三分之一处，放在一张待清点后准备包装硬币的新包装纸中间，左手撕开硬币卷的一头，右手拇指向下从左至右剥开硬币卷的包装纸，然后以左手食指平压硬币，右手抽出剥开的包装纸。

2. 清点

清点硬币时，以右手拇指和食指持币分组清点，为确保准确，可用中指从一组中间分开察看。如一次清点 10 枚硬币，即从中间分开，一边 5 枚；如一次清点 16 枚硬币，则分开后两边各为 8 枚。

3. 记数

采用分组记数法，如以 10 枚为一组进行清点，则每点 10 枚记一组，记满 10 组即为 100 枚。

4. 包装

清点完毕后，用双手的无名指分别顶住硬币的两头，用拇指和食指、中指分别捏住硬币的两端，将硬币放在已备好的包装纸的二分之一处，然后用双手拇指把里面的包装纸向外掀掀在硬币底下，接着用手掌心用力向外推卷，随后用双手的中指、食指、拇指分别将两头的包装纸用力向下压，使其贴到两端的硬币上。具体压法是：中指将两端的包装纸向下压，拇指将后面的包装纸向前压，食指将前面的包装纸向后压，直至都紧贴到硬币上，再用拇指、食指向前推币。最后在将卷起的硬币竖起，两端分别磕几下，以防松脱。

5. 盖章

硬币包装完毕后，要盖上整点人员名章，以明确责任。

第二单元　验钞技术

在商品经济条件下，货币是经济生活中必不可少的支付手段。货币作为一种特殊的商品，不仅充当商品流通的媒介，更是财富的载体和象征。自古以来便有不法之徒通过伪造货币谋取非法利益。进入现代社会以来，随着科学技术日益发达，伪造货币的手段也越来越高，假币的仿真度越来越高。

假币的危害在于它扰乱社会经济秩序，损害国家货币的信誉和公众利益。因此，世界各国无不将其列入收缴和打击的对象。

我们要学习检验真假货币，首先应该了解现代货币防伪技术，然后了解人民币假币的种类和主要特征，其后学习纸币和硬币的检验方法。

一、人民币常识

（一）纸币防伪技术

纸币的防伪措施体现在纸张、油墨和印刷技术等几个方面。

1. 纸张防伪技术

在传统的纸币中，各国都有自己的纸张配方，在纸张中加入某种物质或元素，使之成为难以仿制的印钞专用纸张。货币专用纸张的主要原材料是棉纤维和高质量的木浆，而且未添加任何增白剂，因而钞票纸本身没有荧光反应。同时，在专用钞票纸的制造过程中，还专门采用了以下防伪技术。

（1）水印

水印是在生产过程中通过改变纸浆纤维密度的方法而制成的。它在造纸过程中已制作定型，而不是后三印上去或印在钞票表面的。因此，水印图案都有较强的立体感、层次感和真实感。钞纸水印按其在票面位置分布可分为固定水印和满版水印；按其透光性分为多层次水印和白水印。水印图案可以是人物、动物、建筑、风景、花草及数字、字母等，在货币防伪方面有它独特的作用。世界各国的钞票几乎都使用了这种技术。

（2）安全线

安全线就是在造纸过程中采用特殊技术在纸张中嵌入的一条比较薄的金属线或塑料线。近年来，许多国家还在安全线上加进了很多防伪技术，如在安全线上印上缩微文字；在安全线上加上磁性和全息特征；采用荧光安全线，这种安全线在紫外灯的照射下，能发出明亮的荧光；开窗安全线，这种安全线一部分埋在纸里，一部分裸露在纸面上。安全线是一种普遍应用的防伪技术。

（3）彩色纤维和无色荧光纤维

彩色纤维是预先将一些特殊纤维染上红色、蓝色或其他颜色，在造纸过程中将这些纤维按一定比例加到纸张中，有的是均匀地加到纸张中，有的是加在纸张固定的位置。而无色荧光纤维只有在紫外灯下才能看见，在普通光下是看不见的。如第五套人民币各面额纸币均有这两项防伪技术。

（4）彩色的圆点和荧光圆点

在造纸过程中，加上一些很小的塑料圆片，这些彩色的或能发荧光的圆点，一般较薄、较小，基本看不出来，但在一定条件下仔细观察便可以看到。

2．油墨防伪技术

油墨是印制钞票最主要的成分之一，具有防伪性能的油墨一般称为安全油墨或防伪油墨。常用的有以下几种：

（1）有色荧光油墨

这种油墨在普通光线下看是钞票油墨的本来颜色，但在紫外光照射下会发出各种特殊的荧光。有色荧光油墨一般应用在钞票某一固定的位置或某种花纹图案上。

（2）无色荧光油墨

这种油墨的印刷图案在普通光下是看不见的，而在紫外光下，才可以看见明亮的荧光。

（3）磁性油墨

磁性油墨的应用历史较悠久，但多是作为一项定性指标。现代钞票多将磁性油墨作为一项定性检测指标用于机读，同时也增加了伪造难度。

（4）光变油墨

光变油墨采用了一种特殊的光可变材料，印成图案后，随着观察角度的不同图案的颜色会出现变化，由一种颜色变为另一种颜色。

（5）防复印油墨

用彩色复印机复制钞票时，这种油墨印刷的图案会发生颜色变化，致使复印出来的色调与原来票面上的色调完全不同。

（6）红外光油墨

红外油墨印刷图案在普通光下，能看出来有颜色，但用红外光仪器观察时则没有颜色。

（7）珠光油墨

珠光油墨印刷图案随观察角度的不同会出现明亮的金属光泽或彩虹效果。

3．印刷防伪技术

（1）手工雕刻凹版

雕刻凹版印刷纸币是一直沿用至今的主要印刷防伪技术，特别是手工雕刻凹版，由于每个雕刻师均有自己的刀法、风格，其雕刻线条的深浅、弧度、角度别人很难模仿，就是他自己也很难做出完全相同的两块版，因此手工雕刻凹版本身就带有极强防伪性。

（2）凹版印刷

凹印版的图文低于印版的版面，印出的图案凸现在纸张表面，呈三维状，立体感强，层次分明，用手触摸有凹凸感。这是在钞票印刷中应用历史最长、最普及也是最有效的防伪技术。

（3）彩虹印刷

图案的主色调或背景由不同的颜色组成，但线条或图像上的不同颜色呈连续性逐渐过渡，非常自然，没有明显界限，如彩虹各种颜色的自然过渡。

（4）对印

一般是采用正背面同时印刷，迎光透视钞票正背面同一部位的局部图案会组成一个完整的图案，且对接无错位现象。如我国第五套人民币100元、50元、10元券正面左下角的古钱币图案。

（5）接线印刷

票面花纹的同一线条是由两种以上颜色组成，但色与色之间无漏白和叠合的现象。此项技术最初仅用于胶印，后来由我国首创在凹印上成功应用了该项技术。

（6）缩微文字印刷

采用特殊的制版工艺将文字缩小到肉眼几乎看不到的程度，印到钞票上需借助放大镜方能观察到。该项技术在我国第五套人民币、美元、欧元、日元、港元等均有应用。

（7）隐性图案

利用线条深浅、角度的变化制作印版，印出的图案粗看是一种图形，转换适当的角度会看到该图案还隐藏着另外一种或多种图案。

（8）激光全息图形

把从激光器射出的相关性很好的激光分成波长相同的两束，一束照到被摄物体上反射出来，叫做物光。另一束经平面镜反射后成为参考光，以一定的角度射向底片，并在那里与物光相遇而发生干涉。底片上记录下来的明暗干涉条纹，就得到被摄物体光波强度和相位的全息照片。全息照片再用原来参考光束照射，因光的衍射效应，能使原来的物体光束还原，所以透过全息照片可看到一个逼真的被摄物体立体图像，且图象线条非常精细并带有随机性，所以很难仿制。

（二）硬币的防伪技术

硬币的防伪措施主要体现在硬币的材质、形状和铸造工艺上。

随着科学技术的迅猛发展，造币生产过程中应用了许多新的工艺和技术。现代世界铸币材质丰富，形状各异。除了传统的平边、丝齿外，还出现了多边形、异形、圆形中间打孔、间接丝齿、连续斜丝齿、双金属镶嵌、三金属镶嵌、局部镶嵌、边部滚字、边部凹槽滚字、隐形雕刻、丝齿滚字、激光全息、彩色、微粒细点、高浮雕、反喷沙等等全新概念的新工艺、新技术。在造币材料的选用上也突破了以往传统的观念，除了金、银、铜、镍、铝及其合金等传统的造币材料外，从上个世纪 70 年代末 80 年代初开始，出现了三明治式的铜—铁复合、镍—铁复合和钢芯镀铜、钢芯镀镍、锌芯镀铜等等包覆材料，不锈钢也应用于制造流通硬币。这些造币新工艺、新技术、新材料的广泛应用，大大地增加了金属硬币的铸造难度，提高了金属硬币的技术含量，增强了金属硬币的防伪性能。

二、假币的鉴别和处理

(一) 假币的种类

1. 伪造币

伪造币是指仿造真币的图案、形状、色彩等，采用各种手段制作的假货币。有用油印定位，手工着色，正背两面经分别仿制后粘贴而成的；有用木刻后手工修饰的；有仿照人民币图案绘画、着色的（但这种纯手工绘制的很少见）；有彩色复印或黑白复印后手工着色的；更多的是印刷机印刷的。

(1) 机制假币

所谓机制假币就是利用现代化的制版印刷设备伪造的假币。这类假币伪造的质量高、数量多，极其容易扩散，危害性最大，是反假货币的最重要的目标。目前市场上伪造人民币的主要是机制胶印假币。随着激光排版、电子分色制版、计算机扫描分色制版和彩色复印、胶版印刷等高新技术的广泛应用，犯罪分子利用先进技术和设备大量印制假币。有些假币还通过仿制和变造使假币具有了荧光油墨、磁性金属安全线等机读特征。这类假币由于质量较高，比较难以识别，要识别就要掌握其特征。

(2) 拓印假币

拓印假币是指利用化学原理，以一定化学物质浸泡真币，使真币颜色脱离，构成另外图案滋生的假币。拓印假币时破坏了真币，形成了被拓印币，被拓印币是真币。

(3) 彩色复印假币

复印假币就是指利用分辨率很高的彩色复印机复印伪造出来的假币。这类假币颜色、图案与真币相似，在注意力不集中的情况下容易误收。但只要仔细识别，还是能够发现的。因为这类假钞比较粗糙，线条一般不很光洁，在放大镜下观察，该种假币的图案均为横向或竖向间断线条组成。

(4) 手工描绘或手工刻版印刷的假币

这类假币是采用传统的原始造假手段制作的，该类假币伪造手段落后，制版的材料质量低劣，伪造出来的假币质量很差，比较容易识别。

(5) 照相假币

照相假币采用相纸做钞纸材料，是利用照相设备拍摄、冲印成型的假币，它与一般的相片制作方法相同效果也类同。此类假币纸张厚且脆，稍加揉折票面就有裂痕，票面带有与真币截然不同的光泽。流通时间久了，会产生形同龟裂的形态。

(6) 铸造假币

利用浇铸或印模压印制造的假硬币。用浇铸方式铸造的假硬币，一般其图纹粗糙、模糊，没有金属光泽，用肉眼容易辨别。通过真币做模版刻制印模，再用冲床机压印出来的假硬币，与真币较为相似，欺骗性强。在识别时需要与真币仔细比较才能看出真假。

2. 变造币

变造币是指在真币的基础上，利用挖补、揭层、涂改、拼凑、移位、重印等多种方法制作，改变真币原形态的假币。变造币由于其变造后改变了真币的一些特征，一般容易识别。其种类有两种：

(1) 剪贴变造币

将人民币剪成若干条，每张去其中一条，数条可接凑一张完整的人民币，以少张变多张，从中牟利。

(2) 揭页变造币

将人民币先进行一定处理，然后一揭为二，再用白纸进行粘贴，形成一面是真币，一面是假币。

(二) 假人民币的主要特征

无论采用何种方式伪造的假人民币，与真币总有一定的差异。

1. 纸币假币的主要特征

(1) 固定人像、花卉水印

假钞伪造水印的方法一般有两种，一种是在纸张夹层中涂布白色浆料，透光观察水印所在位置的纸张明显偏厚；另一种是在票面上面、背面或正背面同时使用无色或淡黄色油墨印刷类似水印的图案，图案不透光也清晰可见，立体感较差。

(2) 安全线

假钞伪造安全线的方法有三种，一种方法是在钞票表面，用油墨印刷一个线条，用于伪造安全线，仪器检测无磁性特征；另一种方法是在纸张夹层中放置与安全线等宽的聚酯类线状物，因其与纸张结合较差，极易抽出。安全线上的缩微文字字形较为粗糙，仪器检测无磁性特征；第三种方法是伪造开窗安全线。使用双层纸张，在正面的纸张上，对应开窗位置留有断口，使镀有金属反射表面的聚酯类线状物，从一个断口伸出，再从另一个断口埋入，用以伪造开窗安全线。其安全线与纸张结合较差，无全息图像。

（3）红、蓝彩色纤维

假钞使用红蓝两色油墨印刷一种与真钞的彩色形状纤维近似的细线，用于伪造红、蓝彩色纤维。

（4）雕刻凹版印刷图案

假钞的正背面主景图案多是由细点组成（真钞由点、线组成），图案颜色不正、缺乏层次、明暗过渡不自然。特别是人像目光无神，发丝模糊。图案无凹凸感，也有一部分假币在凹印图部位涂抹胶水或压痕来模仿凹印效果。

（5）隐性面额数字

假钞隐性面额数字是使用无色油墨印刷而成的，图纹线条与真券差别较大，即使垂直票面也可看到。

（6）胶、凹印缩微文字

假钞的缩微文字模糊不清，无法分辨。

（7）光变油墨面额数字

假钞一般使用两种方式伪造光变面额数字，一种是用普通单色油墨平版印刷的，无真券特有的颜色变换特征，用手触及其表面时无凹凸感；另一种伪造方法是使用珠光油墨丝网印刷，其变色特征与真券有较明显的区别。如 100 元假钞，使用绿色珠光油墨伪造光变面额数字有一定的光泽，但其线条粗糙，只有绿色珠光效果，无蓝色特征。

（8）阴阳互补对印图案

假钞的对印图案，在迎光透视时正背图案重合的不够完整，线条有明显的错位现象。

（9）有色、无色荧光图案

在紫外线下，假钞要么没有有色、无色荧光图案，要么其颜色及亮度与真券有一定的差别。

（10）专用纸张

大部分假钞所使用的纸张在紫外光下会发出较强的蓝色荧光，也有少量假钞荧光较弱或没有荧光。假钞纸张中不含无色荧光纤维。

2. 硬币假币的主要特征

市场上的金属假币五花八门，必须有一套识别金属假币的技术。所有金属假币不论制假者手段如何高超，都有其共同特点。从整体特征来看，一是金属假币工艺粗糙，成色不足，颜色不一，黄铜币发白、发亮，白铜币显黄。这是金属假币合金配置比例不当所致；二是金属假币正、背面图案花纹比较模糊，没有真币那样有层次感和立体感，显得呆板，仔细观察有形同而神不似的感觉。在放大镜下，图案花纹笔道有明显的沙粒状结构，光泽和亮度均不及真币，金属假币字体略粗，笔画不规范，棱角、国徽、天安门图案欠分明；三是假币的单枚重量各枚之间差异较大。

（三）真假货币的鉴别方法

1．纸币的鉴别方法

检验真假纸币的方法基本分为两种，机器检验和手工检验。就是我们通常所说的采用直观对比和仪器检测相结合的方法。

（1）机器检验

机器检验是通过验钞机检测钞票真伪，一般要经过几次检测，而且还要进行手工检验，因为有时验钞机也会出现误判。另外，还可以借助一些简单工具和专业仪器进行钞票真伪识别。如借助放大镜来观察票面线条的清晰度，胶、凹印缩微文字等；用紫外灯光照射钞票，观察有色和无色荧光油墨印刷图案，纸张中不规则分布的黄、蓝两色荧光纤维；用磁性检测仪检测黑色横号码的磁性。

（2）手工检验

手工检验包括眼看（观觉）、手摸（感觉）、耳听（听觉）三方面。

1）眼看。用眼睛子细地观察票面的颜色、图案、花纹、水印、安全线等外观情况，人民币的图案颜色协调，图案人像层次分明，富有立体感，人物形象表情传神，色调柔和亮丽；票面中的水印，立体感强，层次分明，灰度清晰；安全线和纸张牢固地粘合在一起，并有特殊的防伪标记；对印图案完整、准确；各种线条粗细均匀，直线、斜线、波纹线明晰、光洁。

2）手摸。依靠手指触摸钞票的感觉来分辨人民币的真伪。人民币是采用特种原料，由专业钞造设备制造的印钞专用纸张印制，其手感光滑、薄厚均匀，坚挺有韧性，且铺面上的行名、盲文、国徽和主景图案一般采用凹版印刷工艺，用手轻轻触摸，有凹凸感，手感与摸普通纸感觉不一样。

3）耳听。通过抖动使钞票发出声响，根据声音来判断人民币真伪。人民币是用专用特制纸张印制而成的，具有挺括、耐折、不易撕裂等特点，手持钞票用力抖动、手指轻弹或两手一张一弛轻轻对称拉动钞票，均能发出清脆响亮的声音。

在这里需要指出的是，在钞票真伪识别过程中，不能仅凭一点或几点可以就草率判别真伪，还要考虑到钞票流通中受到诸多因素影响，进行综合分析。

钞票在流通过程中，随着时间的推移，票面会出现磨损，甚至会受到一些化学物质等的污染，从而造成钞票真伪难辨。如流通时间过长，票面磨损严重造成钞票水印不够清晰，钞票习印的凹凸感会不明显；钞票碰到强热辐射颜色会改变，遇到酸、碱、有机溶剂、油污等污染，会造成正面光变面额数字失去光变效果，票面的有色、无色荧光图案和纸张中的无色荧光纤维的荧光反应减弱；如钞票被洗衣粉浸泡后，钞票纸会没有荧光反应等，同时上述因素还有可能造成清分机或验钞机的误判。

2. 硬币鉴别方法

(1) 对比法

对比法是识别金属假币的一种比较有效的方法。如果你收到一枚硬币难以辨别真伪，那么，用3~5倍的放大镜，与一枚真的金属硬币仔细比较，一般都能辨别出真伪。真币的外形都很规整，硬币的边部光滑平整，币面图案的中心线基本对正重合，有着柔和的金属光泽。而假币往往外形不怎么规整，特别是假币的边部，很容易有毛刺或者起线不圆滑，厚度不均匀，图纹文字模糊发虚，正、背面图案的中心线错位较大，其金属色泽发白发闷，有的虽然也有金属色泽，但其光泽发散。在硬币的材质方面，真币材料都是高品质的金属材料制成，而金属假币的制造者选用的材料不可能用材精良，这样就使得假币的色泽难以做到与真币一模一样。更重要的是假币的制造者没有压制硬币的专用压印机和印模，由于没有专门的造币制模设备和专业工艺技术，在其翻制模具过程中一般不可能做到与压印真币的印模完全一样。因此，采用与真币的对比法，通常可以识别多种假币。

(2) 测量称重法

如果我们通过上面的对比法，仍难以把握金属硬币真伪，那么我们还可以采用测量称重法来进行鉴别。当我们拿到一枚金属硬币的时候，可以先用一把千分尺来仔细测量上下金属硬币的直径、厚度，如有条件，还可以用工具显微镜检测其清边宽度是否匀称，清边高度和清边是否对称，然后可以用精度不低于0.001克的衡器检测一下硬币的单枚重量，假币的直径、厚度、清边宽度、单枚重量等重要的技术参数都难以达到与真币完全一致。因此，通过测量称重法也可以鉴别出金属硬币的真伪。

(3) 图纹重合比照法

对于有些采用高科技仿制的质量较高的金属假币，我们则采用对接重影比较仪进行图纹重合检查。将真币和待测币放在对接重影比较仪下，仔细地将两枚硬币的图案、花纹、文字进行重合比较，仔细观察两枚硬币的图案、花纹、文字是否完全重合，因为假币制造者制作的印模是难以做到与真币印模一模一样的。所以，用对接重影比较仪就可以鉴别硬币的真伪了。

(4) 合金成分分析法

这种检测分析方法比较专业，不是到处都可以有检测的。如遇到数量较大难以辨别真假的金属硬币，建议可以送到国家造币厂去检测，通过对硬币金属材料的分析，辨别其真伪。

（四）第五套人民币的防伪特征

目前，市场流通的货币主要是第五套人民币，对第四套及以前的人民币，采用逐步回收的原则。因此，这里介绍第五套人民币的防伪特征。

第五套人民币应用了多项成熟的具有国际先进水平的防伪技术，如固定水印、光变油墨印刷图案、全息磁性开窗安全线、隐形面额数字、横竖双号码、双色横号码、阴阳互补对印图案、胶印微缩文字、红蓝彩色纤维、白水印、硬币边部滚字等多项技术。这些防伪技术的应用，大大提高了人民币的机读能力，便于清分机、验钞机清分、识别。第五套人民币纸币具体防伪特征如下：

1．固定水印

固定水印均位于各票面正面左侧空白处，迎光透视，可以看到立体感很强的水印。100、50 元纸币的固定水印为毛泽东头像图案；20、10、5 元纸币的固定水印分别为荷花、月季花和水仙花图案。

2．红、蓝彩色纤维

在各券别票面上均可以看到纸张中有不规则分布的红色和蓝色纤维。

3．安全线

在各券别票面上正面中间偏左，均有一条安全线。100、50 元纸币的安全线，迎光透视，分别可以看到缩微文字 "RMB100"、"RMB50" 微小文字，仪器检测均有磁性；20 元纸币，迎光透视，则是一条明暗相间的安全线；10、5 元纸币安全线均为开窗式，即安全线局部埋入纸张中，局部裸露在纸面上，开窗部分分别可以看到由缩微字符 "￥10"、"￥5" 组成的全息图案，仪器检测均有磁性。

4．手工雕刻头像

各券别正面主景均为毛泽东头像，采用手工雕刻凹版印刷工艺，形象逼真、传神，凹凸感强，易于识别。

5．隐形面额数字

各券别正面右上方均有一装饰图案，将票面置于与眼睛接近平行的位置，面对光源作平面旋转 45 度或 90 度角，分别可看到面额数字 "100"、"50"、"20"、"10"、"5" 字样。

6．胶印缩微文字

各券别正面胶印图案中，多处都印有缩微文字。100 元缩微文字为"RMB100"；50 元缩微文字为 "RMB50"；20 元缩微文字为 "RMB20"；10 元缩微文字为 "RMB10"；5 元缩微文字为 "RMB5" 和 "5" 字样。

7．雕刻凹版印刷

各券别正面主景毛泽东头像、"中国人民银行" 行名、面额数字、盲文面额标记和背面主景图案（20 元纸币除外）等均采用雕刻凹版印刷，用手触摸有明显凹凸感。

8. 冠字号码

各券别冠字号码均采用两位冠字，八位号码。100、50 元纸币票面正面均采用横竖双号码印制，横号码均为黑色，竖号码分别为蓝色和红色。20、10、5 元票面正面均采用双色横号码印制，左侧部分均为红色，右侧部分均为黑色。

9. 光变油墨面额数字

100、50 元票面正面左下方分别印有"100"、"50"字样，该字样与票面垂直角度观察分别为绿色和金色，倾斜一定角度则分别变为蓝色和绿色。

10. 阴阳互补对印图案

100、50、10 元票面正面左下角和背面右下角均有一圆形局部图案，迎光透视，均可以看到正背面图案合并组成一个完整的古钱币图案。

11. 白水印

10、5 元票面正面在双色横条码下方，迎光透视，分别可以看到透光性很强的水印图案"10"和"5"。

（五）假币的处理

单位和个人发现假币应上缴中国人民银行或办理货币存取款和外币兑换业务的金融机构。金融机构是指商业银行、城乡信用社、邮政储蓄的业务机构。

金融机构在办理货币存取款和外币兑换业务时发现假币，由该金融机构两名以上业务人员当面予以收缴。对假人民币纸币，应当加盖"假币"字样戳记；对假外币纸币及各种假硬币，应当面以统一格式的专用袋加封，封口处加盖"假币"字样戳记，并在专用袋上标明币种、券别、面额、张（枚）数、冠字号码、收缴人、复核人名章等细项。收缴假币的金融机构向持有人出具中国人民银行统一印制的《假币收缴凭证》，并告知持有人，如对被收缴的假币真伪有异议，可向中国人民银行当地分支机构或中国人民银行授权的当地鉴定机构申请鉴定。收缴的假币，不得再交予持有人。

持有人对被收缴假币的真伪有异议，可以在收缴之日起 3 个工作日内，持《假币收缴凭证》直接或通过收缴单位向中国人民银行当地分支机构或中国人民银行授权的当地鉴定机构提出书面鉴定申请。中国人民银行当地分支机构或中国人民银行授权的当地鉴定机构应当无偿提供鉴定货币真伪的服务，鉴定后应出具《货币真伪鉴定书》，并加盖货币鉴定专用章和鉴定人的名章。

对盖有"假币"字样戳记的人民币纸币，经鉴定为真币的，由鉴定单位交收缴单位按照面额兑换完整券退还持有人，收回持有人的《假币收缴凭证》，盖有"假币"戳记的人民币按损伤人民币处理；经鉴定为假币的，由鉴定单位予以没收，并向收缴单位和持有人出具《货币真伪鉴定书》和《假币没收收据》。对收缴的外币纸币和各种硬币经鉴定为真币的，由鉴定单位交收缴单位退还持有人，并收回持有人的《假币收缴凭证》；经鉴定为假币的，由鉴定单位将假币退还收缴单位依法收缴，并向收缴单位和持有人出具《货币真伪鉴定书》。

实 训 五

1）利用点钞纸练习钞票的整理和扎捆。

2）练习手持式单指单张和手持式单指多张点钞法。

3）利用点钞纸练习手按式和扇面式点钞法。

4）利用点钞机练习点钞机的使用。

5）结合人民币的防伪特征，练习验钞方法。

第四模块　汉字录入及常用办公设备的操作技能

计算机、打印机、传真机和复印机等是会计业务工作不可或缺的现代办公设备，熟练掌握这些常用办公设备的操作方法是会计工作者必备的技能。本模块将介绍键盘录入技术和常用办公设备使用方法。键盘录入技术包括基本键盘的操作、数字小键盘的操作和汉字五笔字型输入方法。此外还介绍了打印机、传真机和复印机等常用办公设备的使用方法及维护。

第一单元　计算机汉字录入的技能

利用计算机和网络处理会计业务是当今会计人员必备素质。因此，为了提高工作质量和工作效率，培养会计人员娴熟的键盘操作技术显得十分重要。键盘操作技能主要包括标准键盘指法、数字小键盘指法和汉字录入技术。

一、键盘基本操作要求

（一）微机键盘结构

键盘是输入命令和数据的主要设备，操作人员常常通过键盘向微机输入数据、程序或控制命令。

各类计算机键盘结构略有不同，键数及键位有所差别。但一般情况下，键盘分四个区域：功能键区、主键盘区、编辑键区、数字小键盘和状态指示区。下面以 104 键盘为例介绍键盘的结构，如图 4-1 所示。

1. 功能键区

目前键盘的功能键区均一致，是由一组功能键 F1，F2，…，F12 构成，功能键的功能由操作系统或应用软件环境定义。

2. 主键盘区

这个区域的键位是键盘操作的主体部位，而且键位排列顺序相同，故也称为标准键盘区。该区域中，中排键的 "ASDFJKL;" 八个键位称为原位字符键或基本字符键，简称原位键。原位键在键盘操作中起着至关重要作用。

3. 编辑键区

这些键主要用来进行光标控制、编辑状态控制和其他控制。在不同软件环境

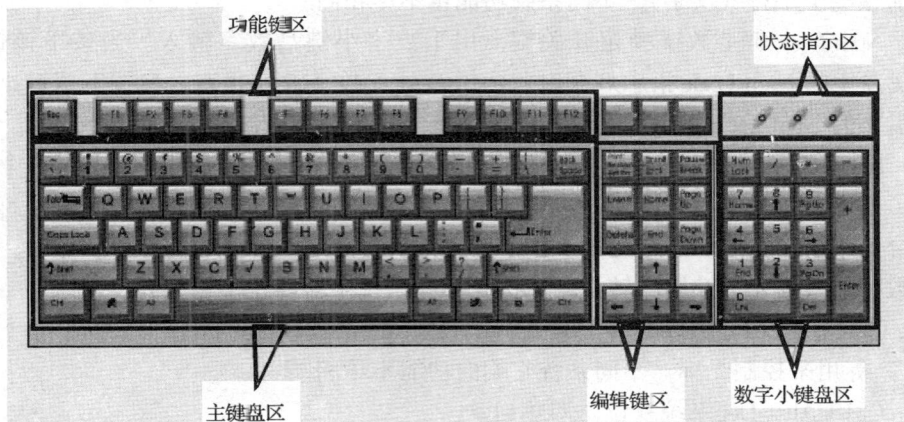

图 4-1

下，其功能作用也有所不同。

4. 数字小键盘和状态指示区

数字小键盘区具有数字输入和光标控制的功能。

（二）键盘操作

1. 键盘操作方法分类

向计算机输入数据和进行控制时，键盘操作分为单键操作、双键操作和三键操作三类。

1）单键操作是指按下单一键位的操作。如，字母键直接按下即可。

2）双键操作是指同时按下两个键位的操作。具体操作方法是：先按住一键位并保持，再按另一键位，然后同时放开两个键位。通常用"键+键"表示。如，Shift+A 表示先按下 Shift 键位并保持，再按下字母 A 键位。

3）三键操作是指同时按下三个键位的操作。具体操作方法是：首先同时按下两个键位并保持，再按下第三个键位。通常用"键+键+键"表示，如，Ctrl+Alt+Del 表示先按下 Ctrl 和 Alt 键位并保持，再按下 Del 键位。

2. 键位功能

Tab 键是制表定位键，使光标后移一个制表位。

Caps Lock 键是大写字母锁定开关键，锁定大写字母输入。当按下该键，使键盘上的 Caps Lock 指示灯亮时，输入字母为大写；当按下该键，使键盘 Caps Lock 指示灯灭时，输入字母为小写。

Enter 键是回车键，用于执行一个输入的命令或换行。

Backspace 或"←"键是回退删除键，删除光标前的一个字母（汉字），使光标前移一个字符（汉字），不同系统功能也不尽相同。

Num Lock 键是数字锁定开关键，用于数字小键盘数字输入。当按下该键，使键盘上的 Num Lock 指示灯亮时，小键盘处于数字输入状态；当按下该键，使键盘上的 Num Lock 指示灯灭时，小键盘处于光标控制状态。

Shift 键是上档键，它是保持键，该键一般用于双键或三键操作，有三个功能。当它与字母键组合使用时，完成字母大、小写的输入转换；当它与双字符键组合使用时，完成双字符键的上档字符输入；当它与数字小键盘组合使用时，完成数字输入及光标控制的转换。该键在不同系统中功能也不尽相同。

Insert、Home、Page Up、Page Down、Delete、End 以及 "→"、 "←"、 "↑"、 "↓" 等用来控制光标，不同系统它们的功能不尽相同。

Ctrl + Alt + Del 系统复位，即热启动。

"左 Win" 键、"右 Win" 键及 "应用" 键。一般前两个键分别位于左、右 Alt 键两侧，应用键位于 "右 Win" 右侧。左、右 Win 键可以激活 Windows 98 中的 "开始" 菜单。"应用" 键相当于鼠标右键，在大多应用程序中可用来激活快捷菜单。

（三）键盘录入姿势

1. 坐的姿势

微机键盘最好放在电脑桌的键盘抽屉上，一般高度应为 60～65 厘米。座椅应采用能调节高度的转椅。

（1）上身

腰要挺直，上身微向前倾，胸部与键盘的距离为 10 厘米左右（约一拳），切不可弯腰驼背。

（2）下身

双脚自然平放于地，距离应保持在 20 厘米左右，双膝自然弯曲平放。切忌双脚交叉或双腿直伸，更不可双腿颤颤悠悠。

2. 手臂、肘和腕的姿势

调节转椅高度，使前臂与导键排平行，前臂与后臂夹角略小于 90 度。肘应靠近肋间的左右侧 5～10 厘米为宜，前臂和手腕略向上抬起（但手腕不能拱起、也不能接触键盘）。手腕与键盘的下边框应保持 1 厘米的距离。

3. 手指的姿势

手掌要与键盘斜度相平行，但不能贴靠在键盘上。各指自然向掌心弯曲，手掌呈弓形，指端的第一关节（指尖）应与键面成垂直角度轻轻放在原位键位上（A、S、D、F、J、K、L、;），左右手拇指放在键盘下排的 "空格" 键上。

（四）标准键盘指法

1. 击键方法

（1）目视击键法

采用右手食指，或双手各手指击键，整个录入过程没有明确的手指分工。因此，在录入的过程中，视线不能脱离开键盘，此法仅供未经专业培训者使用，本教材不予介绍。

（2）单手击键法

采用右手各手指击键，录入过程不允许看键盘，要按严格的指法要求操作，此法用于数字数据的录入（数字小键盘）。

（3）触觉击键法

采用双手各手指击键，录入过程不允许看键盘，要按严格的指法要求操作，此法用于标准键盘区的英文及汉字的录入，本节主要介绍其基本指法。

2. 基本指法

基本指法是指录入时，各手指对键盘上各个键位的分配。即指键盘上的全部字键，合理地分配给左、右手的各手指。从而，在录入时，实现对键盘上的各个键位合理、科学、快速地进行管理。具体分工如图 4-2 所示。

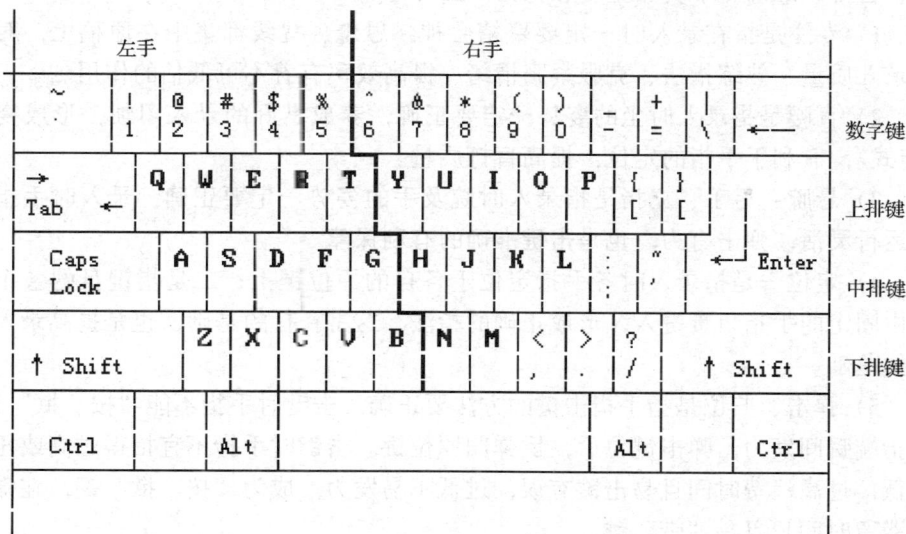

图 4-2

（1）左右手的分工

左右手以 5 和 6 键、T 和 Y 键、G 和 H 键、B 和 N 键分界。

（2）左右手各手指的分工

食指：主要管辖键为：4、5、R、T、F、G、V、B、6、7、Y、U、H、J、N、M16个。中指：主要管辖键为：3、E、D、C、8、I、K、，8个。无名指：主要管辖键为：2、W、S、X、9、O、L、．8个。小指：主要管辖键为：1、Q、A、Z、及其左侧0、P、；、/及其右侧的各键。

（3）原位字符键键位

原位字符键是指A、S、D、F、J、K、L、；这八个键位，也称作导键，它是击键的根据地。录入之前双手必须按指法要求放在原位字符键位上定位。即首先将左右手食指放在盲点F、J键位上，其他六指（除双手拇指外）分别依次向左右两侧顺排：D（左中指）、S（左无名指）、A（左小指）、K（右中指）、L（右无名指）、；（右小指）。无论击数字键、上排键或下排键双手各手指（除拇指外）都要从这八个原位键位出发，击键后迅速归位。

3. 键盘输入指法要领

训练出高水平的录入技术，即要有实践训练时间的保障，又要有良好的技术保障。录入工作本身就是熟练工的工作，没有时间的堆积，不可能练出高的水平，没有捷径可走。但是良好的技术掌握，是快速提高录入水平的一个法宝。

键盘输入指法要领是"专注、直腰、悬腕、弓手、立指、定位、弹击、归位、盲打、准确、节奏、重复、打错"26个字。

1）专注是指在录入时一定要聚精会神，思想、视线都集中在原稿上，对提高录入质量、熟练指法、克服紧张情绪、提高效率有着不可低估的作用。

2）直腰是指录入时坐的姿势一定要正确，养成良好的录入习惯，形成姿势"定式"，有利于手指的定位，提高盲打质量。

3）悬腕、弓手、立指是指录入时腕及手的姿势一定要正确，录入时手指才能运行灵活，弹击有力，也是击键准确的有利保障。

4）定位一是指录入时各手指定位于各自的原位键上；二是指键盘的各个键位由固定的手指负责键入，形成正确的指法，这是盲打的基础，也是提高录入速度的基础。

5）弹击、归位是指手指击键的方法要正确，击键时手指不能"按、揿"键，要指端瞬间发力，弹击键位后，反弹归原位键。击键时手指不宜抬得过高或压得过低，过高浪费时间且易击键有误，过低不易发力，成为"按、揿"键，在键位上滞留时间长且易"带"键。

6）盲打是指击键时视线要集中在原稿上，杜绝看键盘，不能看显示器，即坚持一看两不看的原则。否则，耽误时间且易出现"漏打"、"多打"或"串行"错误，影响录入质量。

7）准确是录入质量的保障，也是形成好的指法保障，这点对于初学者尤为重要。

8）节奏是指录入时击键要有一定节奏感，开始时可以三两个字符一组连续击入，随着录入水平的提高，可以五六个、七八个字符一组连续击入或四五个单词、一句话一组连续击入。切忌"炒蹦豆"式的逐个字符地"蹦"着击入。形成好的指感，有利于提高录入速度。

9）重复是指训练时要循序渐进，每一个练习要反复录入训练，要录入 20～30 遍，要有一个强化熟悉键位的过程，切忌打一两遍就换稿，否则事倍功半。

10）打错是指训练进程中，对每一次录入的内容要与原稿进行校对，分析其中的错误，再对错误的地方进行强化训练。出错的原因一般为个别字符的"漏"打、"多"打、"错"打、"倒"打或是"串"打。"漏"打往往是个别手指发力欠缺，字符键打不上去，如左小指、无名指负责的 x、z 等，应加强对应手指的力度训练；"多"打往往是个别手指习惯性的尾随击键，一般某个人有固定的"多"打字符，根据出现的问题，做专门的原稿，进行针对性的训练，并且在击键过程中，遇到这些字符时要放慢速度加以克制；"错"打往往是左右手指的混淆或中指、食指混淆击键，如 i、e 或 i、o 混淆等，应加强对应手指的指法训练；"倒"打是击键过程中相连的两个字符录入次序发生颠倒，如 th 打成了 ht，对此应在训练过程中注意脑、眼及双手协调性，反复强化颠倒字符的训练。

刻苦的训练是较高录入水平形成的保障，而良好、精湛的录入技术是高水平录入的形成基础，这就要求初学者一定要很好的掌握录入技术，为以后发展奠定基础。

（五）键盘输入指法实训

键盘输入指法训练是学习掌握录入技术的主要部分，只有实际操作才能掌握正确的指法。开始应该扎扎实实，稳步前进，按训练内容逐一进行，不能片面追求速度，切忌好高骛远。

1. 实训软件

目前流行的金山打字通、CAI 和 TT 指法软件，有效地帮助学习者进行指法录入训练。它们具有使用方便、操作简单、目的明确、自动测试等优点。尤以金山打字通 2003 为训练者情有独钟，我们以其为例介绍打字训练软件的功能和使用方法。

（1）金山打字通界面

金山打字通启动后，系统弹出主界面，如图 4-3 所示，以及用户登录界面，如图 4-4 所示。

主界面展示了金山打字通的全部功能，界面主要分三个部分：系统菜单栏、功能模块按钮和用户管理按钮。

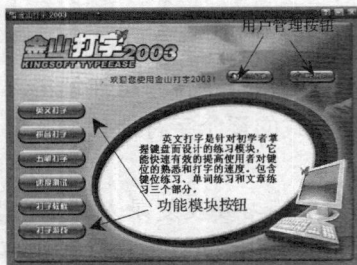

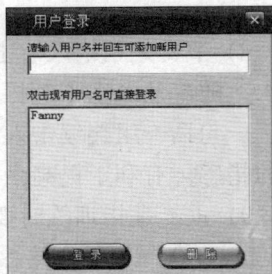

图 4-3

图 4-4

系统菜单栏有左方的"金山打字 2003"控制按钮，右方有"帮助"、"最小化窗口"、"关闭"三个按钮。

功能模块按钮位于"金山打字 2003"的字样的下方，从上到下为功能模块按钮：英文打字、中文打字、五笔打字、速度测试、打字教程、打字游戏。

用户管理按钮在系统菜单栏的下方，分别为个人记录、更改用户。个人记录界面如图 4-5 所示，给出个人训练情况的综合信息。更改用户界面即为用户登录界面（图 4-4）。

用户登录窗口，如图 4-4 所示。新用户直接输入用户名，按 Enter 键登录；下次进入时，双击列表中的用户名，或选中后单击"登录"按钮。开始打字训练之前，会出现学前测试窗口，如图 4-6 所示。

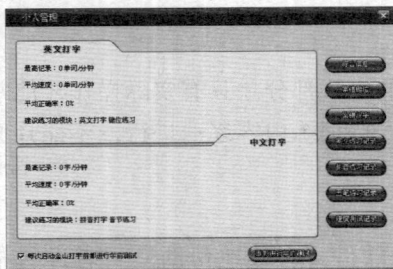

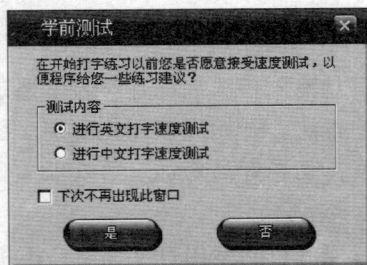

图 4-5

图 4-6

若进行速度测试，将出现一个测试界面。在测试结束后，程序还会给出进入哪个打字模块进行训练的建议。若不进行学前测试，单击"否"按钮，就可选择"金山打字 2003"的主界面功能。

（2）训练功能介绍

1）英文打字。英文打字训练设有从易到难四种方案：初级键位练习、高级键位练习、单词练习、文章练习，并具有课程选择和数字键盘训练的功能。

2）拼音打字。拼音打字训练有音节练习、词汇练习、文章练习三个部分。

3）五笔打字。五笔训练按学习进程进行了分类训练，依次包括字根练习、单字练习、词组练习、文章练习四项内容。在五笔字根练习中，又分为横区、竖区、撇区、捺区、折区等进行练习。

4）速度测试。通过速度测试可以随时了解自己的打字速度。速度测试提供屏幕对照、书本对照、同声录入等训练方式。利用设置功能可以选择单行对照式、多行对照式和覆盖式等测试方式。在书本对照测试中，可以通过课程选择功能实现开放式自选测评参考文章（.TXT）进行测试的功能。

5）打字游戏。游戏是提高打字兴趣和积极性必不可少的内容。"金山打字2003"共设有"生死时速"、"太空大战"、"鼹鼠的故事"、"拯救苹果"和"激流勇进"等五款游戏。

2．练习

（1）原位字符键 ASDFJKL；

高速、准确的录入操作是以扎实的基本指法定位训练为基础的。定位训练是循序渐进的工作，应以原位键为中心，从易到难分为若干组进行有效的训练。指法如图 4-7 所示。

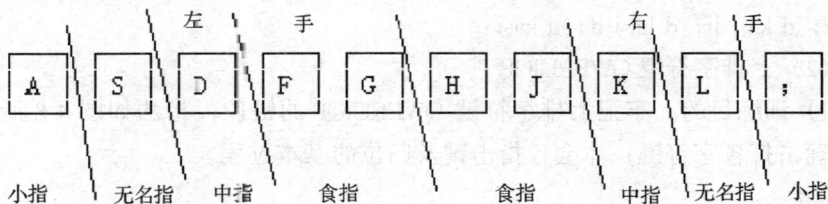

图 4-7

1）训练目的。牢记原位字符键的键位；熟练准确地击打原位字符键；体会各指击键的基本过程。

2）基本要点。训练者一定要按照正确的打键姿势进行训练，这是正确、科学、快速录入的基本保障。双手各指定位一定要准，掌握"悬腕、弓手、立指、弹击"击键法，切忌"按、揿"键及小指、无名指、拇指上翘。训练过程，一定养成"盲打"习惯，视线要集中在原稿上，一定要避免看键盘，也不能看显示器。

3）弱点。小指、无名指的指尖不与键面垂直。小指、无名指击键无力并且其他手指上翘。

4）训练。本节训练时间为 4 个小时，训练 1、2 顺序进行。

训练 1

aass ddffaass ddff aass ddff aass ddff aass ddff aass ddff jjkk ll；；jjkk ll；；jjkk ll；；jjkk ll；；jjkk ll；；jjkk ll；；jjkk ll；；asas dfdf asasdfdf asas dfdf asas dfdf asas dfdf asas dfdf jkjk l；l；jkjk l；l；jkjk l；l；jkjk l；l；jkjk l；l；jkjk l；l；jkjk l；l；asdfjkl；asdfjkl；asdfjkl；asdfjkl；asdfjkl；asdfjkl；asdfjkl；asdfjkl；asdfjkl；asdfjkl；asdfjkl；asdfjkl；asdfjkl；asdfjkl；asdfjkl；asdfjkl；kfjs ld；s adk；fjla kfjs ld；s adk；fjla kfjs ld；s adk；fjla kfjs ld；s adk；fjla kfjs ld；s adk；fjla kfjs ld；s adk；fjla kfjs ld；s adk；fjla

训练 2

jals kdjf jals kdjf jals f；dk sla；f；dk sla；f；dk sla；k sla；f；dk sla；f；dk sla；fasl kd；jfasl kl kd；j；lfd ks a；lfdks ja；lffd ksja；lfd ksja ks；dfa s；ks；df as；dfas；ks；d fas；ks；dfas fsdl a；kj fsdl a；kjfs dl a；kj fsdl a；kj slkd；ajf slkd；ajfslkd；ajf slkd；ajf slkd；ajf slkd；ajf slkd；ajf j；da kslf j；da kslf jdas l；kf jdas l；kf jdas l；kf jdas l；kf jdas l；kf jdasdf kjal；sdf kjal；sdf kjal；sdf kjal f；jk la lads f；jk lads f；jk lads f；jk lads f；jk ldjf ksa；l ldjf ksa；ldjf ksa；fldj ask；fldj ask；fldj ask；ajls fd；k ajls fd；k ajls fd；k ajls fd；k ajls fd；k jks；alkf jks；alkf jks；alkf jks；a k；sa dfjl k；sa dfjl k；sa dfjl k；sadfjl k；sa dfjl k；k；asdl jfk；asd ljfk；assj lf；d kasj lf；d kasj lf；d kasj

（2）上排字符键 QWERUIOP

1）训练目的。牢记上排字符键 QWERUIOP 的键位，指法如图 4-8 所示；熟练准确击打各字符键；体会各指击键及归位的基本过程。

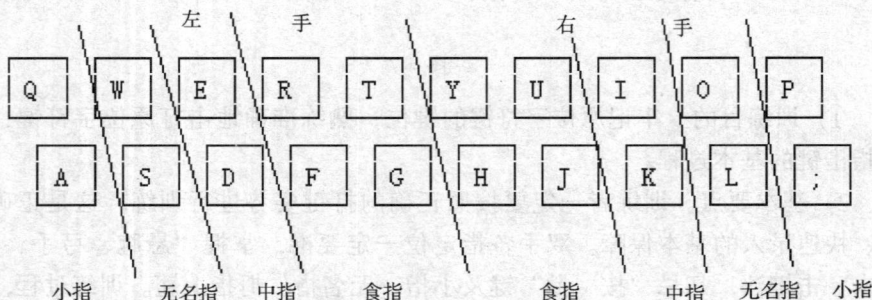

图 4-8

2）基本要点。双手各指必须在原位字符键上定位。击完键后，手指应迅速、准确地归位。小指、无名指击键时，加重发力，手掌应尽量保持与键盘面平行，其他各指不能上翘。除拇指外，各指击键时，指形呈张开动作。

3）弱点。击键时，不能发挥指关节的作用，容易以臂代指进行动作。

4）训练。本节训练时间为 4 小时，训练 1、2 顺序进行。

训练 1

qweruiop qweruiop qweruiop qweruiop qweruiop qweruiop qweruiop qweruiop qweruiop qweruiop qweruiop qweruiop qweruiop qweruiop erop wqui uqpo reiw erop wquierop wqui uq-po reiw uqpo reiw erop wqui uqpo

训练 2

pweu orqi pweu orqi pweu orqi pweu orqi pweu orqiiqpu erwo iqpu erwo iqpu erwo iqpu erwo iqpu erwo iqpu erwo iqpu euow rpiq euow rpiq euow rpiq euow rpiq euow rpiq opqw ruie opqw ruie opqw ruie opqw ruie opqw ruie opqwqwer uipo qwer uipo qwer uipo qwer uipo qwer uipo qwer uipo qwer uipooiup eqwr oiup eqwr oiup eqwr oiup eqwr oiup eqwr oiup eqw

（3）下排键字符、符号键 ZXCVBNM，./

1）训练目的。熟悉下排字符、符号键的键位，指法如图 4-9 所示；体会各指击键及归位的过程。

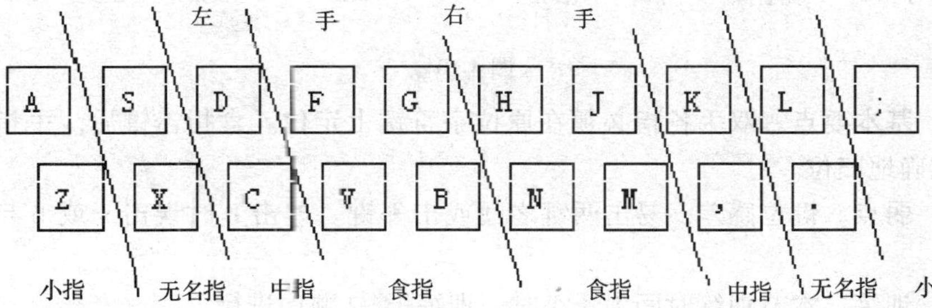

图 4-9

2）基本要点。双手各指在原位键上定位。击键后，手指迅速、准确地归位。小指、无名指击键时，应加重发力，指尖应尽量保持与键面垂直，其它各指不能上翘。除拇指外，各指击键时，指形呈收缩动作。

3）弱点。左、右手小指击键无力。中指、无名指键位感差，易混淆，如 x 与 c，与 .。

4）训练。本节训练时间为 4 小时，训练 1、2 顺序进行。

训练 1

zxcvm， ./ zxcvm， ./ zxcvm， ./ zxcvm， ./ zxcvm， ./ zxcvm， ./zxcvm， ./ zx-cvm， ./ zxcvm， ./ zxcvm， ./ zxcvm， ./ zxcvm， ./ zxcvm， zm z/x， mv.c .xcv ， /zm z/x， mv.c .xcv ， /zm z/x， mv.c .xcv ， /zm z/x， mv.c .xcv ， /zm z/x

训练 2

xmz/ .， vc x， vc xmz/mx， c vz./ mx， c vz./ mx， c vz./ mx， c vz./ mx， c vz./

mx, c vz./ mx, c v ./ ./, m vczx ./, m vczx ./, m vczx/.xv cm, z /.xv cm, z /.xv cm, z /.xv cm, z /.xv cm, z /.xc/, .vxz mc/, .vxz mc/, .vxz mc/, .vxz mc/, .vxz mc/, z, .cx z, .c v/mx z, .c v/mx z, .c v/mx z, .c v/mx z, .c v/mx/.cv xmz, /.cv xmz, /.cv xmz, /.cv xmz, /.cv xmz, /.cv xmz, /.cv xmz,

（4）中间字符键 GHTYBN

1）训练目的。熟悉中间字符键键位，指法如图 4-10 所示；体会左、右食指击键及归位的基本过程。

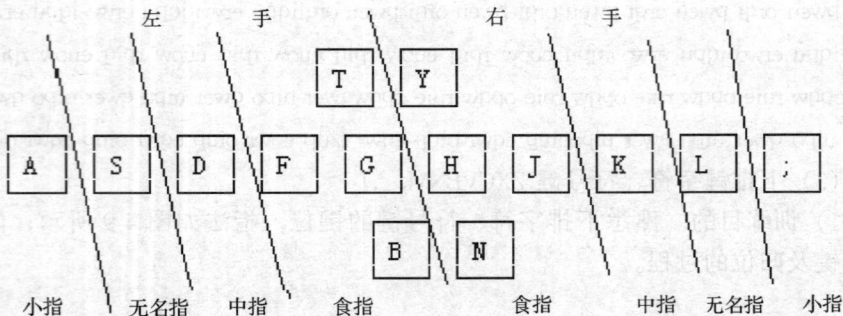

图 4-10

2）基本要点。双手各指必须在原位字符键上定位。食指击键后，手指应迅速、准确地归位。

3）弱点。键位感差，易击两键之间或击邻键。如击 b 时误击 v 或 b 与 v 中间。

4）训练。本节训练时间为 4 小时，训练 1、2 顺序进行。

训练 1

ttyy bbnn bnty gghh ttyy bbnn bnty gghh ttyybbnn bnty gghh ttyy bbnn bnty gghh ttyy bbnn bnty gghh ttyy bbnn ghgh tyty bnbn ghgh tyty bnbn　ghgh tytybnbn ghgh tyty bnbn ghgh tyty bnbn ghgh tyty bnbn ghgh tyty bnbn ghgh

训练 2

ythnbg ythnbg bybg ythnbg bynt ythnbg ythnbg nyhtgb nyhtgb hybb nyhtgb btygnh hthb btygnh btygnh hbntgy hbntgy thyg hbntgy hbntgy thyg hbntgy hyg hbntgy hbntgy ghbynt ghbynt bbgb ghbynt ghbynt bbgb ghbynt ghbynt bbgb ghbynt tgnn ghbytn ghbytn tgnn ghbytn ghbytn tgnn ghbytn ghbytn hbytgn hbytgn nbt hbytgn nbtb hbytgn hbytgn nhbytgn hbytgn

（5）上排数字、符号键 12347890 及 56 ` - = \

1）训练目的。熟悉上排数字、符号键键位，指法如图 4-11 所示；体会各指击键及归位的基本过程。

2）基本要点。双手各指必须在原位字符键上定位。击完键后，手指应迅速、

图 4-11

准确地归位。除拇指外，各指击键时，指形呈张开动作。

3）弱点。各指击键的跨度均较大，键位感差。左、右手小指击键无力且难度较大。

4）训练。本节训练时间为 4 小时，训练 1、2 及 3 顺序进行。

训练 1

1122 3344 7788 9900 1122 3344 7788 9900 1122 33441122 3344 7788 9900 7788 9900 1122 3344 7788 9900 1122 3344 7788 9900 1212 3434 7878 9090 1212 3434 7878 9090 1212 34341212 3434 7878 9090 7878 9090 1212 3434 7878 9090

训练 2

8701 2439 8701 2439 8701 2439 8701 2439 8701 2439 4083 2710 4083 2710 4083 2710 4083 2710 4083 2710 4083 2710 4083 2710 7120 4389 7120 4389 7120 4389 7120 4389 7120 4389 7120 4389 7120 4389 7290 3491 7290 3491 7290 3491 7290 3491 7290 3491 7290 349491 0493 2173 0493 2178 0493 2178 0493 22178 1742 8903 1742 8903 1742 8903 1742 8903 1742 8903 1742 8903 1742 8903

训练 3

5566 ` `-- ＝ ＝ ＼ ＼ 5566 ` `-- ＝ ＝ ＼ ＼ 5566 ` `-- ＝ ＝ ＼ ＼ 5566 ` `-- ＝ ＝ ＼ ＼ 5566 ` `-- ＝ ＝ ＼ ＼ 5566 ` `-- ＝ ＝ ＼ ＼ 5566 ` `-- ＝ ＝ ＼ ＼ 5566 ` `5656 ＼ - ` - ＝`＝` `65 5656 ＼ - ` - ＝`＝` `65 5656 ＼ - ` - ＝`＝` `65 5656 ＼ - ` - ＝`＝` `65 55656 ＼ - ＼ - ＝`＝` ＼ ＝` ` ＼ -＝`6 56-`65 ＼ 6 ＼`＝- ` 65 ＼ 6 ＼`＝- - ＝`6 56-`65 ＼ 6 ＼`＝ - - ＝`6 56-`6 56-`65 ＼ 6 ＼`＝- - ＝`6 56 ` - ＝`6 56-6 ＝ ＼ 56-` ＝ ＼ 56-` ＝ ＼ 56-` ＝ 56 `-＼ 56 `-＼ 56-` ＝ ＼ 56-` ＝ ＼ 56-` ＝ ＼ 56-` ＝ ＼ 56-` ＝ ＼ 56-` ＝ ＼ 56-` ＝ ＼ - ＼ ＝ 65 56 ＼ - ＝ - ＼ ＝ 65 56 ＼ - ＝ - ＼ 56 ＼ - ＝ - ＼ ＝ 65

（6）符号键 〔 〕 和 '

1）训练目的。熟悉符号键的键位，指法如图 4-12 所示；体会右手小指击键及归位的基本过程。

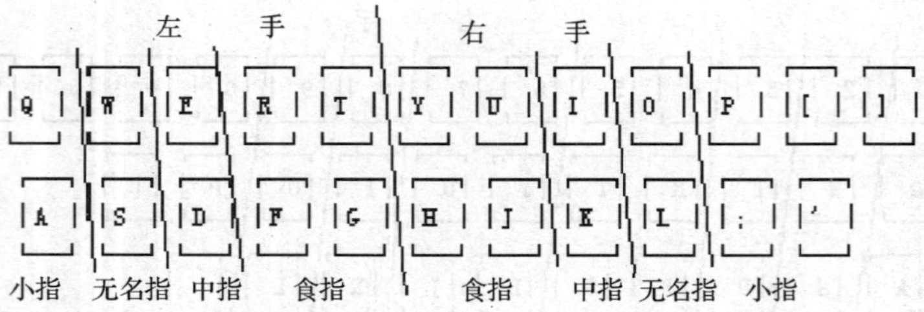

左　手　　　　　右　手

Q W E R T Y U I O P [ ]]

A S D F G H J K L ; '

小指　无名指　中指　食指　　食指　中指　无名指　小指

图 4-12

2）基本要点。双手各指必须在原位字符键上定位。右手小指击完键后，手指应迅速、准确地回位。小指击键时，指尖应尽量保持与键面垂直。击键时，右小指指形呈张开动作。

3）弱点。右小指键感差，击键无力。

4）训练。本节训练时间为 2 小时，训练 1、2 顺序进行。

训练 1

[ ]' ' [ ]] ['[ ]' ' [ ]] ['[ ]' ' [ ]] ['[ ]' ' ['[ ]] ['[ ]' ' [ ]] ['
[ ]' ' [ ]] ['[ ]' ' [ ]] ['[ ]' ' [ ] [[ ]]' ' ']]']]]' [ ] [[ ]]' ' ']]']]]' [ ]
[[ ]]' ' ']]']]]' [ ] [ ] [ ] [[ ]]' ' ']]']]]' [ ]]' ' ']]']]]' [ ]
[[ ]]' ' ']]']]]' [ ]

训练 2

] [']]' ' ' [['' [ ] ' [ ] ' [ ] ' [ ] ' [ ] ' [ ]' [ ] ' [ ] ' [ ]] '[ ]
[ ]' [ ]' [ ]' [ ]] [[ ] ' [ ] ' [ ] ' [ ]' [ ]] [[ ] ' [ ] ' [ ] ' [ ] ' [ ]
[ ]' ['[ ]' ' [ ] [[ ] [ ] [ ] [ ]' [ ]' ' [' [' [ ] ' [ ] ' [ ]
' [ ]' [ ]' [ ] ' [ ] ' [ ] ' ' [ ]' [ ]' [ ]' [ ]

（7）综合指法训练

综合指法训练，要求在击打的字组中遇有二个或二个以上的字母或符号由同一手（左手或右手）完成击键动作时，就不必再先回归到原位键上，而应连续打完这二个或二个以上的字母或符号后，再回归到原位键上，这就是综合训练击键法。例如：打"purer"字组时，当右小指击完"p"键时，右食指随即击打"u"键，等打完"pu"二个字键后，右手再回归原位键上，接打"rer"键时，食指击打"r"键，左中指击打"e"键后，左食指再随即击打"r"键后，左手再回归原位键上。由此可见，综合指法击键是在基本指法训练基础上的一种打法，是英文打字的一个转折点，也是对基本指法训练的升华，对提高英文录入速度起着阶段性作用。录入操作员应在综合训练的每一个训练中坚持按综合训练击键法进行训练，牢固掌握综合训练的击键方法。

训练 1

abcd efgh, ijkl.mnop/c-st' uvwx; yz abcd efgh, i jkl.mno p/qrst' uvwx; yz abcd efgh, i jkl.m nop/qrst' uwx; yz `abcd efgh, i jkl. mo p/qrs t' u vwx; yz abd efgh. i jkl .mno p/qrst' uvwx; yz ` abcd efgh, I jkl.mnop/ qrst' u vwx; yz abcd efgh, i jkl.mnop/qrst' uvwx; yz ` abcd efgh, i jkl.mn op/qrst' uv wx; yz abcd efgh, i jkl.mnop/qrst' uvwx; yz` abcd efgh, I jkl.mnop/ qrst' u vwx; yz

训练 2

The central idea of the article is to descibe a new approach to improving the reading of technical English. It details all the skills necessary for reading actively and discerningly. After pointing out that reading is a medium of communication related to other skills, the article stresses the importance of training reading comprehension. Some traditional practices of reading among students are commented on. The complicated nature of reading is analysed. Instead of getting only the literal meaning of words, Sentences and paragraphs, it is suggested that the student read between the lines and get the implied meaning. To achieve this, several techniques are suggested: minimizing the dependence on the dictionary, determining the meaning of a word from contextual clues, reading by phrases rather than word for word and paying great attention to the connection between sentences and to paragraph structure. Also, the necessity of being able to read at different speeds is discussed.

训练 3

Nowadays some people put too much importance on money. To them it seems that money means everything, because food, clothing, a house and various kinds of appliance are all bought with money.

Money is important for an easy and comfortable life but never means everything. There are many important things that cannot be bought with money, such as human intelligence and wisdom, knowledge and beliefs. There spiritual things are, as a matter of fact, dominating the world, these spiritual things are in a sense the soul of the world, of the human individual. It is under the great influence of the invisible power of spiritual things that the world is undergoing great changes. A happy and useful life involves two things? giving as well as receiving. People feel happy and full when they have done something useful to others. Scientists are admired because of their outstanding contribution to the world. Teachers are respected not because of their money, but for what they have done for the younger generation.

My attitude towards money is "be a master of money, not a slave of money". We live and work for a better world, in which money or material enjoyment is only part of our pursuit.

二、数字小键盘指法要求

（一）数字小键盘的基本指法

纯数字录入指法分两种：一是将手直接放在主键位区键盘的第一排数字键上，与原位键相对应：ASDFG 指位分别对应 12345 键位；HJKL；指位分别对应 67890 键位。二是用右手弹击数字小键盘上的数字键。显然，采用右手数字小键盘录入法操作更方便、更快速。

1．指法定位

指法定位如图 4-13 所示，将右手食指放在 4 键上，中指放在 5 键上，无名指放在 6 键上，拇指放在 0 键上。定位时以中指的数字 5 键为基准，它也称作盲点键，其他两指（食指、无名指）两侧排列。数字键 4、5、6、0 称为原位键。

食指	中指	无名指	小指
Number Lock	/	*	－
7 Home	8 ?	9 Pg Up	+
4 ?	5	6 ?	
1 End	2 ?	3 Pg Dn	Enter
0 Ins		Del	

拇指

图 4-13

2．指法分工

食指范围是 7、4、1 列；中指范围键是 8、5、2 列；无名指范围键是 9、6、3 列；小指主要管辖键是 －、+ 及 Enter；拇指只管 0 键。

（二）数字小键盘录入训练

数字小键盘的录入训练，也是以原位键的训练为基础，扩展到其他外围键的。

1．训练目的

熟悉小键盘上各键的键位。体会各指的击键规律，增加键位感。

2．基本要点

各指定位要准，击键要果断。要充分发挥指关节的作用。精力一定要集中在原稿上。

3．弱点

键位掌握不准，出现对称性击键错误，如 4 错击 6 等。

4．训练

数字小键盘键位训练时间为 4 小时。

训练 1

46465 454655 45465 4455 665454 65465 444655 4654 445645 56456 55566 54466 5464 5656455 66645　　65466 5454664 458 4566565 4045 6606 04505 045650580 06504400 54 46000 600 0540665 50055 00640

训练 2

48648 9546 87884 4879640 876500 89465 07580 8795 406458 7845654 89765486785495 06874569 47850 786940 698754 58465 87954 65874858 876898 7406807789456 549808 5076090 870580 964798 897654 87899 546879540 687054 95764

训练 3

11638484 45337720l 121085321 362147 159073121 324938745 39724 1917342 193832 27346945 4562113 0983212 111540 651234 56789 0528 0640 8709632 1432122 8735 5781268 7431 967137 419432 86714 198761 8745464 56 5454565 87/41 98＊5.2 91.5－8 78/23.1 984＋210.3 98－75.01 51/7.1 89.6＊4.01 98.01＋78.45 78/21.5 4 ＋45＋1－8－79＋8 40＊32.4 789＊5＋72 953－12.45/8.1 753.98＊4 10/7215 879＋ 25－89＊1 2＊0.7/4 542.03＊84＋21.5 803＊63.4/7621－5.1 87/54＊21.68－45 453.9＊8＋4 56.1－729.1/4.02 54.0＊85 2.35－4＋2.1 3/78.1218

三、五笔字型录入方法

五笔字型录入法是根据汉字的字型采用字根拼形输入汉字的一种键盘汉字录入法。它具有学习简单、重码率低、适合盲打、录入速度快等诸多优点。利用五笔录入汉字速度可达到每分钟 150 个字以上，甚至达到 200 多个。因此，五笔字型录入法是一种被广泛使月的汉字输入方法。

（一）汉字的结构、字型及基本字根

1.汉字的结构

五笔字型理论认为汉字划分为三个层次：笔画、字根和单字。笔画构成字根，字根拼合构成汉字。

（1）笔画

笔画是在书写汉字时，一次书写成的连续不间断的线条。按笔画的运笔方向，而不考虑笔画的长短、轻重，则汉字的笔画可归纳为横、竖、撇、捺、折五种，并按其在汉字中使用的频率高低，依次用1、2、3、4、5作为笔画代号如表4-1所示。

表 4-1

代号	笔画名称	笔画走向	笔画及变形
1	横	左→右	一 ′
2	竖	上→下	丨丨
3	撇	右上→左下	ノ丿
4	捺	左上→右下	乀 丶
5	折	带转折	く ㇇ 乛 ㇄ 乚 厶 乛 乙 乚

横是指运笔方向由左及右的笔画，如长横、短横和提笔"′"；竖是指运笔方向由上及下的笔画，如长竖、短竖和竖左勾"亅"；撇是指运笔方向由右上及左下的笔画，如大撇、短撇和竖撇；捺是指运笔方向由左上及右下的笔画，如长捺、短捺和点笔"丶"；折是指一切带转折的笔画均为折笔。由这些笔画构成字根。

（2）字根

字根是由若干笔画交叉连接形成的相对不变的结构。绝大多数字根都是汉语字典中的部首图形，五笔字型编码方案中，选取了大约130种字根作为组字的基本单元，称之为基本字根。由一个或多个基本字根组成汉字。

（3）汉字的字根关系

在汉字输入过程中，既要考虑组成汉字的字根，又要考虑汉字的结构，如"邑、吧"都是由"口、巴"字根构成，只是字根的相对位置不同。因此，五笔字型编码方案还应考虑汉字的结构特征，即组成汉字的字根位置关系。

基本字根按一定的方式组成汉字时，字根之间的位置关系反映了汉字的整体结构。字根之间的位置关系有四种：单、散、连、交。

单：指汉字由一个基本字根独立构成。如："一、目、禾、言、子"等。

散：指构成汉字的基本字根之间保持一定的距离，分散组合而成。如："和、台、霸、横、能"等，这些字都是由两个及以上的字根分散地组合在一起。

连：指单笔画字根与基本字根相连而构成的汉字。如"生、自、千、万"等。

交：指构成汉字的基本字根间是交叉重叠的。如"成、间、应、里"等。

2. 汉字的字型

分析组成汉字的字根位置关系，汉字的字型分成三类：左右型、上下型、杂合型。

左右型：整体汉字存在明显的左、右或左、中、右界线，字根间有一定左右距离。如"汉、根、和、散、能"等。

上下型：整体汉字存在明显的上、下或上、中、下界线，字根间有一定上下距离。如"字、型、笔、霜、赋"等。

杂合型：整体汉字在构成上没有明确的左右或上下型关系。如："天、自、国、同、连、应、飞"等。一般地，字根间呈连、交的位置关系。

据三种字型所拥有的汉字多少，依次给三种字型赋于代号1、2、3，即左右型为1型汉字；上下型为2型汉字；杂合型为3型汉字。

3．基本字根

五笔字型选取了组字能力强、使用频度高的130个汉字图形部件作为基本字根，所有的汉字都可以拆分成这些字根。

（1）字根的分区划位

130个基本字根按起笔笔画分为五类，称为五区。一般地，按字根的起笔横、竖、撇、捺、折不同，对应地分为1区字根、2区字根、3区字根、4区字根和5区字根。每个区又分为五个位。这样，形成了一个字根的区位号，用两位数字表示，十位代表区号，个位代表位号，以11（1区1位）到55（5区5位）共计25个代码表示。因此，据130个基本字根各自的特征分配到五个区的每一位上。

（2）字根键盘

按五笔字型的分区划位规则，把130个字根分配到键盘上，就构成五笔字型字根键盘。键盘对应于字根的区位也划分成五大区，每一区分为五位，用A到X（除Z键）25个键位。1区为横区，1-5位的键位分别是GFDSA；2区为竖区，1-5位的键位分别是HJKLM；3区为撇区，1-5位的键位分别是TREWQ；4区为捺区，1-5位的键位分别是YUIOP；5区为折区，1-5位的键位分别是NBVCX。各个键位对应的字根如图4-14所示。

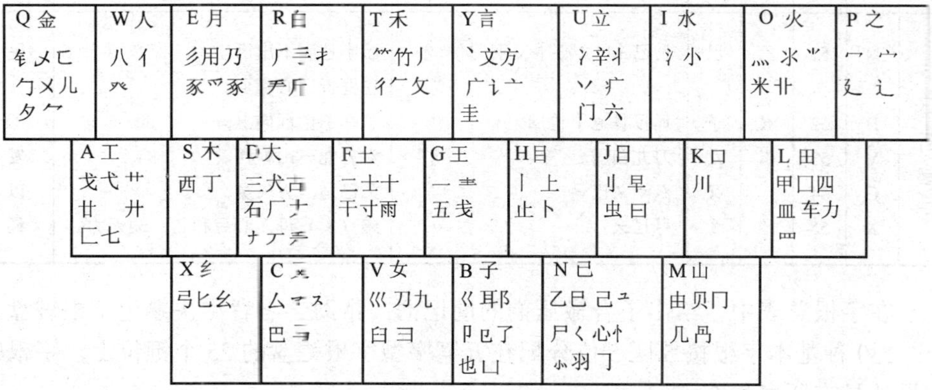

图 4-14

五笔字型字根总表如表 4-2 所示。

表 4-2

分区	键位	区位	笔画	键名	基本字根	助记词	高频字
1 区 横 起 笔	G	11	一	王	五戈	王旁青头戈五一,	一
	F	12	二	土	士十干寸雨	土士二干十寸雨,	地
	D	13	三	大	犬古石厂ナナアデ	大犬三羊（　）古石厂,	在
	S	14		木	西丁	木西丁,	要
	A	15		工	戈弋艹廿卅廾匚七	工戈草头右框七。	工
2 区 竖 起 笔	H	21	丨	目	上止卜	目具上止卜虎皮,	上
	J	22	刂	日	早虫刂曰	日早两竖与虫依,	是
	K	23	川	口		口与川，字根稀。	中
	L	24		田	甲囗四皿车力罒	田甲方框四车力,	国
	M	25		山	由贝门几凸	山由贝，下框几。	同
3 区 撇 起 笔	T	31	丿	禾	竹彳夂夊丿	禾竹一撇双人立,	和
						反文条头共三一。	
	R	32		白	手扌厂乇斤	白手看头三二斤,	的
	E	33	彡	月	用乃豕𧰨象	月彡（衫）乃用家衣底。	有
	W	34		人	八亻癶	人和八，三四里。	人
	Q	35		金	钅乂匚勹乄儿夕⺈	金勺缺点无尾鱼，犬旁留儿乂一点	我
						夕，氏无七（妻）。	
4 区 捺 起 笔	Y	41	丶	言	文方广亠丶圭	言文方广在四一,	主
						高头一捺谁人去。	
	U	42	冫	立	辛丷冫丬疒门广	立辛两点六门疒（病),	产
	I	43		水	小⺌氺	水旁兴头小倒立。	不
	O	44		火	米灬	火业头，四点米,	为
	P	45		之	宀冖辶廴	之宝盖、摘衤（示）衤（衣）。	这
5 区 折 起 笔	N	51	乙	已	巳己ユ尸乛心忄羽丁	已半巳满不出己,	民
						左框折尸心和羽。	
	B	52	《	子	耳阝卩巳了也凵	子耳了也框向上,	了
	V	53	巛	女	刀九臼彐	女刀九臼山朝西。	发
	C	54		又	ム マ 又巴马	又巴马，丢矢矣,	以
	X	55		纟	弓匕幺	慈（纟）母无心弓和匕，幼无力。	经

在字根总表中，给出了合辙压韵的助记词，帮助学习者尽快熟记字根键盘。

130 种基本字根按 5 区 5 位分配在五笔字型字根键盘的 25 个键位上，字根键盘设计具有明显的特点。

1）字根的首笔代号与字根所在的"区号"一致。首笔为横的字根一般在一区各键位；首笔为竖的字根一般在二区各键位；首笔为撇的字根一般在三区各键位；首笔为捺的字根一般在四区各键位；首笔为折的字根一般在五区各键位。也有一些例外，如"车、力、心"等。"车"应在15（A）键位上，但它与15键位上的其他"七弋戈"易冲突，"车"的繁体字"車"与"田"相近，故将"车"放在24键位；"力"应在53（V）键位上，但它与其他"九刀"产生"窝里斗"，"力"取其声母"l"，故将"力"放在24键位上。

2）每键位上有若干个字根，从中选取一个具有代表性的字根作为键名字。键名字排列情况见下：

　　　　1区：王土大木工　　　　2区：目曰口田山
　　　　3区：禾白月人金　　　　4区：言立水火之
　　　　5区：纟已子女又

3）一部分字根的第二笔代号与字根所在的"位号"一致。如"王戋上止文方禾竹已"等。

4）基本字根与键名字根形态相近。如"王"字键上有"五、青"；"日"字键上有"曰、虫"；带两点的字根"辛、六、疒、丬、丷"均在"立"字键上等等。

5）与基本字根义、形相近的字根。如与"金"义相近有"钅"；与"心"义相近有"忄、⺗"；与"耳"义相近有"阝、尸、冂、巴"；与"厂"形相近有"广、厂、丆"等。

6）若干单笔画构成的字根，字根的笔画数与其所在键的位号一致。如"一、二、三"这三个单笔画字根，分别在1区的1、2、3位上；"丶、冫、氵、灬"这四个单笔画字根，分别在4区的1、2、3、4位上等等。

7）竖区从1-5位各键位上字根为"目、日、口、囗、冂"，规律是方框越来越空。

（二）五笔字型汉字录入方法

五笔字型字根键盘把汉字分为两大部分，一是键盘字根本身就是汉字，称为键面汉字；一是由两个及以上的键盘字根拼合组成的汉字，叫做键外汉字。在五笔字型编码方案中，这两类汉字的编码方法完全不同，下面分别介绍。

1. 键面汉字的录入方法

键面汉字包括键名汉字、单笔字根汉字和成字基本字根汉字。键名汉字是指字根键盘上首汉字；单笔字根汉字是指字根键盘上是汉字的单笔画字根；成字基本字根汉字是指字根键盘上，除键名汉字、单笔汉字之外，本身是汉字的基本字根。

（1）键名汉字

键名汉字录入时将键名汉字所在键位连续击打四下。例如："王"字录入时，将"王"所在键 G（11）打四下，编码为 GGGG；录入"目"字时，将"目"所在键 H（21）打四下，编码为 HHHH。

（2）单笔画字根汉字

单笔画字根汉字录入时将单笔画字根所在键位打两下，再加打"LL"键。即：键位码＋笔画码＋LL。例如："一"字的编码为 GGLL；"乙"的编码为 NNLL。

（3）成字基本字根汉字

成字基本字根汉字录入时将该字根所在键位打一下（报户口），再打入该字根的第一、第二及末笔画键位，不足四键补打一个空格。即：报户口＋首笔码＋次笔码＋末笔码（或空格）。例如："五"字录入时，报户口 G（1G）＋第一笔"一"G（11）＋第二笔"丨"H（21）＋末笔"一"G（11），编码为 GGHG；"二"字录入时，打报户口 F（12）＋第一笔 G＋第二笔 G＋空格，编码为 FGG 空格。

成字基本字根汉字录入时，末笔画确定五笔字型编码方案有一些规定说明。对"九、匕、力、乃"等汉字，以较长的笔画折笔为末笔；对"戋、戈"等汉字，以撇笔为末笔。

（4）键面汉字录入训练

训练时间为 6 小时，训练目的在于学习键面汉字的录入方法，强化字根键盘指法键位分工。

训练1（键名汉字录入训练）

土大木工　目日口田山　禾白月人金　言立水火之　已子女又

立言月王　月子又金火　之目土口木　山水人大田　白已禾女

月已木之　立土火又金　王口子田禾　白水日山目　女言工白

训练2（单笔画汉字录入训练）

丨丿乙　一丨丿乙　一丨丿乙　丨丿乙一　丨丿乙一　丨丿乙一

丿乙一丨　丿乙一丨　丿乙一丨　乙一丨丿　乙一丨丿　乙一丨丿

训练3（成字字根汉字录入训练）

五一士二　干十寸雨犬　三古石厂丁　西戈七上止　卜曰早虫川　甲口四皿车由贝几竹　彳手斤乃用　豕八儿夕文　方广辛六门　小米巴己尸　心羽了耳也白巴马弓　匕西斤小士　上八门匕巳　几米厂古心　由雨方己甲　竹一曰戈小白豕儿犬　七用米寸川　力广止刀十　皿车戈早了　口夕文乃尸二耳方车　十士上八心　石雨也弓竹　六九寸力干　虫儿羽马丁手辛巴彳　雨二四文也　一七用米士　上车方耳虫　干也文四二力广刀干　虫儿羽五西　雨竹六九五　西斤小马丁卜手辛巴戈乃尸一七　竹皿羽虫卜　辛巴戈车贝　由几儿古早　甲力九弓戈斤儿夕文　广六五方门　米小寸十己　干士用竹犬　四车上也耳

训练 4（键面字综合录入训练）

五金西斤小士上目八门匕巳一王禾几西弓米厂言川方古卜戈心由寸土雨方己甲水竹一曰女戋小人干白工豕儿犬工又寸七用金米寸乃月耳日山甲厂川力之广已止刀山十火匕皿田车之石早白工了大口夕人木水文言山乃子白田西尸火了卜四二之古弓夕水耳马厂竹万车臼也十立士水上止甲戈八石心禾口门石雨也大日工弓丨竹了心又六田土日九白耳方寸力口干车由了木立日虫儿羽土大马丁又匕贝止口手一之大丿辛巴乙彳月雨山禾虫二四文禾乃也一七用米言马士上车王田川方也戋

2. 键外汉字的录入

键外汉字是由基本字根组合而成的汉字。这类汉字在输入时，首先将汉字拆分成基本字根，然后按取码规则进行录入。

（1）汉字的拆分原则

五笔字型录入键外汉字时，首先遵照汉字是由字根构成的观点，将汉字科学地拆分成若干基本字根。

1）按书写顺序。拆分汉字时，按照从上到下、从左到右、从外到内的书写顺序依次地把汉字拆分成若干基本字根。例如："型"字依次拆分成"一、艹、刂、土"四个字根；"笔"字依次拆分成"⺮、丿、二、乙"三个字根。

2）取大优先。拆分汉字时，按书写顺序使前面字根的笔画尽可能多。"尽可能多"是以再添加笔画就不能构成字根作为拆分限度。例如"夫"字，应拆分成"二、人"，而不能拆分成"一、大"；"无"字，应拆分成"二、儿"，而不能拆分成"一、一、儿"。

3）能散不连。拆分汉字时，连是指单笔画与基本字根构成汉字，其他情况（除交结构外）均拆分成散的结构。例如："占"字，应拆分成"卜、口"，是散结构，而不是连结构，是 2 型汉字；"午"字，应拆分成"⺈、十"，是散结构，而不连结构，是 2 型汉字。

4）能散（连）不交。拆分汉字时，将汉字能拆分成散结构，而不拆分成交结构，能拆分成连结构，而不拆分成交结构。例如："矢"字，应拆分成"⺈、大"的散结构；"天"字，应拆分成"一、大"的连结构。

5）兼顾直观。拆分汉字要遵循以上几个原则的同时，还需兼顾汉字结构上直观性。例如："自"字，应拆分成"丿、目"，而不应拆分成"亻、乙、三"；"生"字，应拆分为"丿、主"，而不应拆分成"⺅、土"或"⺅、十、一"。

由上可见，键外汉字拆分成基本字根时，应遵循以上五条汉字拆分原则。首先应当保证书写顺序及直观性，再考虑取大优先，在拆出字根数目相等的条件下，"散"比"连"优先，"连"比"交"优先。拆分汉字的熟练程度，直接影响着汉字的录入水平，应在熟记、熟打字根键盘基础上，多做拆字训练，对快速提高汉字录入水平大有益处。表 4-3 给出了部分常见汉字偏旁部首的拆分示例，作为拆分训练，以便尽快掌握键外汉字的拆分方法。

表 4-3

横起笔类		申：日丨	勺：⺈、
夫：二人	戊：厂一乙丿	禺：日冂丨、	久：⺈、
无：二儿	咸：厂一口丿	少：小丿	卯：匚、丿
正：一止	百：ア日·	**撇起笔类**	氏：匚七
酉：西一	甫：一月丨、	矢：𠂉大	乐：匚小
下：一卜	不：一小	千：丿十	**捺起笔类**
击：二山	东：七小	壬：丿士	亡：亠乙
未：二小	臣：匚丨丄丨	丢：丿土厶	产：立丿
末：一木	匹：匚儿	重：丿一日土	亥：亠乙丿人
井：二丨	巨：匚ユコ	垂：丿一卝土	州：、丿丨
耒：三小	瓦：一乙、乙	夭：丿大	北：扌匕
非：三丨三	牙：匚丨丿	生：丿丰	酋：丷西一
考：二丿一乙	戒：戈卝	我：丿扌乙丿	义：、乂
才：十丿	歹：一夕	升：丿卝	户：、尸
亚：一卝一	死：一夕匕	毛：丿七	良：、彐
事：一口彐丨	爽：大乂乂乂	秉：丿一彐小	**折起笔类**
吏：一口乂	于：一十	舌：丿古	尺：尸、
再：一冂土	与：一乙一	毛：丿二乙	丑：乙土
市：亠冂丨	屯：一凵乙	午：𠂉十	刃：乙丨乛
丙：一冂人	夷：一弓人	长：丿七、	尹：彐丿
本：木一	严：一卝厂	片：丿丨一乙	隶：彐水
束：一口小	丌：一丨	卤：丿口夕	弗：弓丨
术：木、	**竖起笔类**	丘：斤一	乜：乙一
来：一米	卤：卜口乂	斥：斤、	臧：厂乙乛丿
巫：一人人一	甩：月乙	瓜：厂厶、	卫：卩一
世：廿乙	且：月一	爪：厂丨、	出：凵山
甘：卝二	县：月一厶	币：丿冂丨	亟：了口又一
辰：厂二	丹：冂一	自：丿目	疋：乙止
灭：一火	册：冂冂一	身：丿冂三丿	飞：乙乙
太：大、	史：口乂	禹：丿口冂、	予：乛卩
丈：ナ丿	里：日土	乏：丿之	发：乙丿又、
兀：一儿	冉：冂土	臾：白人	刃：刀、
万：ア乙	巾：冂丨	免：⺈口儿	幽：幺幺山
页：ア贝	见：冂儿	风：风乂	书：乙乙丨
成：厂乙乙丿	央：冂大	犭：乂丿	也：乙乙
	果：日木	乌：⺈乙一	又：又、
	电：日乙		

（2）汉字录入的取码原则

按照拆分原则，将汉字拆分成基本字根，依据基本字根数目的多少按不同方法对汉字进行编码。

1）汉字的取码原则。按照拆分原则，将汉字拆分后取码应遵循如下原则。

刚好四字根，依次取该四个字根的编码录入。例如："照"字拆分成"日、刀、口、灬"，则其编码为 GVKO。

超过四字根，取一、二、三、末四个字根的编码录入。例如："赢"字拆分后取"亠、乙、口、、"，则其编码为 YNKY。

不足四字根，依次取完字根码，加打一个末笔字型交叉识别码，如仍不足四码，再加一个空格键。例如："未"字拆分后"二、小"，则编码为 FI + 识别码 + 空格。

2）末笔字型交叉识别码。键外字录入时，拆分汉字不足四个字根，取码时要加打末笔字型交叉识别码，简称为"识别码"。识别码是由汉字的末笔笔画和字型信息共同构成的编码，末笔笔画决定该码的区号，字型决定该码的位号，形成的区位码即为该汉字的末笔字型交叉识别码。末笔字型交叉识别码确定如表4-4所示。例如："框"字，末笔笔画为横（笔画代号为1），字型为左右型（1型字），则末笔字型交叉识别码为1区1位，即 11（G）。因此，"未、框"字的编码分别为 GSI + 空格和 SAGG。

关于末笔画有如下约定：

末字根为"力、九、乃、匕、乃"等时，一律认为末笔画为折。

对于"过、因"等半包围和全包围结构汉字，被包围部分的末笔为该汉字的末笔。

对于"我、戈、成、戋"等字一律认为末笔为"撇"，而不是"点"。

表4-4　末笔字型交叉识别码

末笔画 ＼ 字型	左右型 1	上下型 2	杂合型 3
横 1	11G	12F	13D
竖 2	21H	22J	23K
撇 3	31T	32R	33E
捺 4	41Y	42U	43I
折 5	51N	52B	53V

（3）五笔录入方法小结

以五笔字型编码口诀及流程图的形式，对五笔录入方法进行总结，方便学习训练，如图4-15所示。

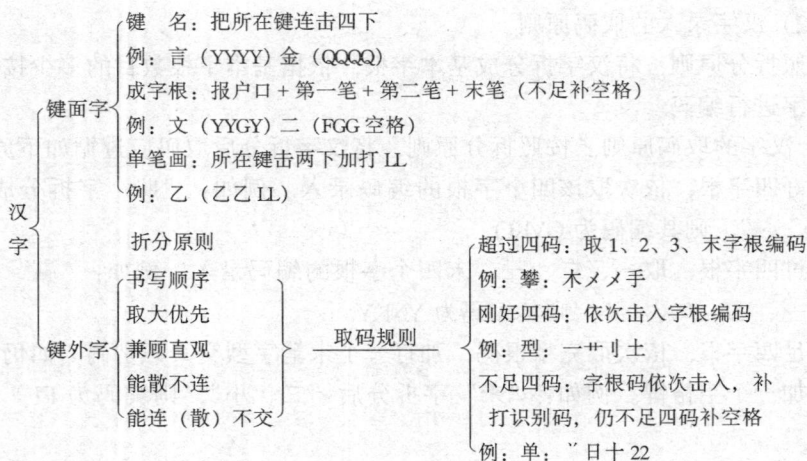

键面字
　　键　名：把所在键连击四下
　　　例：言（YYYY）金（QQQQ）
　　成字根：报户口＋第一笔＋第二笔＋末笔（不足补空格）
　　　例：文（YYGY）二（FGG空格）
　　单笔画：所在键击两下加打 LL
　　　例：乙（乙乙LL）

汉字

键外字
　折分原则
　书写顺序
　取大优先
　兼顾直观　　取码规则
　能散不连
　能连（散）不交

超过四码：取1、2、3、末字根编码
　例：攀：木乂乂手
刚好四码：依次击入字根编码
　例：型：一廾刂土
不足四码：字根码依次击入，补
　打识别码，仍不足四码补空格
　例：单：丷日十22

图 4-15

（4）键外汉字录入训练

单汉字录入训练时间为 8 小时，训练目的在于熟练掌握汉字拆分方法和编码方法，是掌握汉字录入技术的重要方面。

训练 1（字根键位训练）

空豹想代余信东睛和亨角衫部张兵翻爱画财鲁孙说服芯般爸光皮作鸭顺辞刘泰蔡经兆滑思登可轮现对虎乡放走美过泗展世纸益风功芝朝矿他汉通杰临学行恭攀豆育她协家阶流么肆丰粼着笔打国业妈边划记地狗具饮带贞齐承会交启奶眉同气叫树看艺粉舍要且尤高取革的厌叔铁勿谁怀顷条共分导志杂建军突旦反午右冷间社毁紧设峰这病及青线新羊云鉴李秋页必罗交庆赴商巢毅区寻然肯蚊幼此黄雷冰故达赤增每芳师岁衣冒巨北却仓语段养春瓦单群流令今

训练 2（汉字拆分训练）

跃端蹲躲牌蚱撇甜养州型贵勤摸纂酶牲循捶韩寡韭槽街雅善献熬抓猜道船彪弊袋姿鬟揍留铸嘱骡郅制啬律斟贼越塑柿盛燃饶裙暖啤蒲凄翘禽渠暇黔卿热资

训练 3（打识别码汉字训练）

艾凹扒叭笆把坝柏败备泵卞铂仑草厕叉岔场倡扯尘驰尺斥愁仇臭触床闯辞囱囟歹待丹单旦悼笛刁翟钓冬斗杜肚妒兑讹尔佴饵伐今犯坊肪仿访飞吠奋封伏乎弗付父讣改甘杆竿赶秆冈杠皋告汞钩勾苟辜咕沽蛊故固刮挂圭闺旱汗夯亨弘户幻皇回卉汇荤昏霍击讥伎剂忌佳贾钾笺肩奸茧贱见秸劫戒巾仅京惊井竞炯酒巨句卷抉诀钧君卡刊看扛抗元孔哭苦库匡框矿旷亏奎坤垃兰雷泪厘里礼栗利粒隶连凉暸疗吝漏芦庐虏掠仓玛码蚂吗买麦忙冒枚眉美闷孟苗庙灭闽牡亩尿捏聂涅牛农弄奴疟呕拍判刨匹票迫粕扑仆奇齐乞企气泣迄扦仟浅情羌巧茄怯芹忮青琼丘囚蛆去雀泉冉壬仁仕刃戎茸冗汝腮杀晒汕扇尚勺舌申声升圣什矢屎市谁私宋诵酥粟岁她坍叹

讨套汀廷童头秃徒吐推驮洼丸万亡枉旺忘妄唯未位蚊纹紊问沃芜吾毋捂午伍勿悟
昔硒矽汐虾匣闲香乡翔享泄屑芯锌忻刑杏兄汹朽玄穴血训丫岩阎厌喑秧佯羊仵舀
妥耶页曳沂艺邑异翌茔尹应拥佣痈蛹尤铀油酉幼余鱼予吁誉驭元圆钥云孕宰皂责
扎札轧闸债盏栈章丈仗瘴正汁仔自走足阻植值址置痔钟忡谄谄肘住爪庄壮状椎坠
谆卓啄孜

训练4（难字录入训练）

人八入田甲由申枭电重　干于午牛年知失朱未末　大犬太尤龙万夭夫无元
平半夹与片专义毛才书　出来世身事长垂重曲面　州为发严承永离禹凹凸
民切越印乐段予鸟追报　北敝决恭苏曳鬼就考貌　我成或栽武钱食低派辰
非飞左着每酒抓其官制　离曹霞殷编舞兼都率型　啊薄渤稠餐鳝瀛鳍鼗爨

（三）简码汉字的录入

从前面学习可见，录入一个汉字一般需要4位编码。为了提高录入速度，五笔字型编码方案中设计了简码录入方法。所谓简码录入，就是对部分常用汉字，可以通过取其前一码（规定码）、前两码或前三码，再加打空格来完成该汉字的录入。使用简码录入减少了击键次数，同时省去"识别码"的判别、编码，大幅度地提高了汉字的录入速度。根据对汉字的录入简化程度，把简码分为一级简码、二级简码和三级简码。

1．简码的录入

（1）一级简码

一级简码即高频字码。对11到55这25个键位，每键安排一个最常用的高频汉字，击键后再击空格键即可录入该汉字。25个高频字的编码如表4-5所示。

表4-5

一 11（G）	地 12（F）	在 13（D）	要 14（S）	工 15（A）
上 21（H）	是 22（J）	中 23（K）	国 24（L）	同 25（M）
和 31（T）	的 32（R）	有 33（E）	人 34（W）	我 35（Q）
主 41（Y）	产 42（U）	不 43（I）	为 44（O）	这 45（P）
民 51（N）	了 52（B）	发 53（V）	以 54（C）	经 55（X）

例如："民"字的一级简码为"N"，击"N"再击空格键，录入成功。

25个高频字在汉语中使用频度极高，学习者要熟记熟打，这是提高五笔字型录入的速度的关键之一。

（2）二级简码

二级简码是由单字全码的前两个字根代码再加一个空格键组成。具有二级简码的汉字，在录入只要击入其前两个编码再加上空格键。如："录"字，依次击入ヨ（V）、水（I）键，再击入空格键，则"录"字录入成功。二级简码汉字编码如表4-6所示。

表4-6

	11--------15	21--------25	31--------35	41--------45	51--------55
11	五于天未开	下理事画现	玫珠表珍列	玉平不来	与屯妻到互
12	二寺城霜载	丰百吉协南	才垢圾夫无	坟增示赤过	志地雪支
13	三夯大厅左	直进右历面	帮原胡春克	太磁砂灰达	成顾肆友龙
14	本村枯林械	相查可楞机	格析极检构	术样档杰棕	杨李要权楷
15	七革基苛式	牙划或功贡	攻匠菜共区	芳燕东 芝	世节切芭药
21	睛睦 盯虎	止旧占卤贞	睡 肯具餐	眩瞳步眯瞎	卢 眼皮此
22	量时晨果虹	早昌蝇曙遇	昨蝗明蛤晚	景暗晃显晕	电最归紧昆
23	呈叶顺呆呀	中虽吕另员	呼听吸只史	嘛啼吵 喧	叫啊哪吧哟
24	车轩因困	四辊加男轴	力斩胃办罗	罚较 边	思 轨轻累
25	同财央朵曲	由则 崭册	几贩骨内风	凡赠峭 迪	岂邮 凤
31	生行知条长	处得各务向	笔物秀答称	入科秒秋管	秘季委么第
32	后持拓打找	年提扣押抽	手折扔失换	扩拉朱搂近	所报扫反批
33	且肝 采肛	胆肿肋肌	用遥朋脸胸	及胶腔 爱	甩服妥肥脂
34	全会估休代	个介保佃仙	作伯仍从你	信们偿伙	亿他分公化
35	钱针然钉氏	外旬名甸负	儿铁角欠多	久匀乐炙锭	包凶争色
41	主计庆订度	让刘训为高	放诉衣认义	方说就变这	记离良充率
42	闰半关亲并	站间部曾商	产瓣前闪交	六立冰普帝	决闻妆冯北
43	汪法尖洒江	小浊澡渐没	少泊肖兴光	注洋水淡学	沁池当汉涨
44	业灶类灯煤	粘烛炽烟灿	烽煌粗粉炮	米料炒炎迷	断籽娄烃
45	定守害宁宽	寂审宫军宙	客宾家空宛	社实宵灾之	官字安 它
51	怀导居 民	收慢避惭届	必怕 愉懈	心习悄屡忧	忆敢恨怪尼
52	卫际承阿陈	耻阳职阵出	降孤阴队隐	防联孙耿辽	也子限取陛
53	姨寻姑杂毁	旭如舅	九 奶 婚	妨嫌录灵巡	刀好妇妈姆
54	对参 戏	台劝观	矣牟能难允	驻 驼	马邓艰双
55	线结顷 红	引旨强细纲	张绵级给约	纺弱纱继综	纪驰绿经比

对于二级简码汉字的记忆，可以采取多种形式进行强化。可采取归类法，如：按伟人、历史人物、英雄人物的姓名归类：邓小平、刘少七（奇）、刘伯承、孙科、孙子、高玉保等，按人体部分归类：肝、脸、手、皮、眼、牙、胃、肌、胆、胸、肋、肛、骨、心等，按人称归类：你、他、它、奶、公、妈、妻、妇、伯、舅、姑、姨、儿子等。可采取二级简码汉字编辑故事的方法强化记忆，如：

一天早晨，东方天空呈现火红色……

（3）三级简码

三级简码是由汉字前三个字根代码再加一个空格键组成。在五笔字型编码方案中，三级简码汉字约有4400个。如："宝"字，依次击入宀（P）、王（G）、丶（Y）键，再击空格，则录入成功。三级简码汉字录入的第四码用空格代替了字根判定或"识别码"，极大地提高了录入速度。除一级、二级简码汉字外，绝大部分常用汉字具有三级简码。

在"五笔字型"编码方案中，有的汉字具有几种简码，如"经"字是高频字、二级简码、三级简码。因此，在汉字录入过程中，尽量使用"低"级简码，以提高录入速度。学习者应本着"一级简码要死记，二级简码试一试，三级简码基本是"原则，熟记、熟用高频汉字，强化记忆二级简码汉字，其他常用汉字绝大部分都具有三级简码。掌握这个原则是提高五笔字型汉字录入速度又一关键。

2．简码训练

简码训练时间为6小时，训练目的在于熟记高频字、习惯使用二级、三级简码，以提高录入速度。

训练1（高频字录入训练）

一主在中要人为国工民了经要这了工为不国我有人和主以一上要有不了民同以经发的有在要工不为这发是人一上人民的民同以在地人不为上一经以人要工主了民发同这为人不主有人不人一上人工国中要工一不有人同以了民一为我工这

练2（二级简码录入训练）

马没就杰定区呆失为听方节笔五菜成军思互达立第九信们风给来社手百四凤管说画吉渐邓六科多力肯只导立卤训米级内商支欠慢最张然七社霜线良汪个示客卫之业胸眼义肥燕比时式柜休持让争向显平为居提行入双间负审收让强能能秘归三志录空景家显作部心工姐极划术离光年耿官离烽帝答呈餐机心名红阿生爱避色职中提法保参难承量秒关吧怕打珍也电报实与罚安冯攻服闻变刘良止你归叫克化东兴线眼旧及阳世二皮占水反匠观北久各子必半成它现联分近吕孙哪杨绵尼李秋认好妻格生委现春朋秀同引字出无阴引间后顺各高限共敢阴记愉划放旭达代注限因胃辽汉小用忆所睡龙夫你面公枯作降到少然怀如管功法佃光取持才安学虽列队洋习断轩啊牙亿防恨检甬

训练3（三级简码录入训练）

写银副急帆族技雄悟横秒路桌至填布段罩辐换项帅汽坦吊促瑞盂般贺碍意蚌奔苯购别柄布蚕曹唱串烧而贰赴副噶柑哥柱蛔集惠架数碱桔政禁晶规距咖柯蝽眶勒磊快荔品辆周霖帽环莫某观囊喷图品差器拆若森珊苦师德硕嘶嗣坦碳凸吞德吴武器厦咸易厢醒象党需勋择芽焉贸盐椅容茵英优硬映境越哉馆再震书罪癌班而

闭材操插些病象调带指质席首意转任复夏更党底敌伟越测许解令沉斥破消派施

（四）词汇码的录入

五笔字型方案提供了词汇码录入法，以词语为录入单位。输入四码录入两字词、三字词、四字词，甚至七、八个汉字的多字词汇，极大地提高了汉字录入效率。在不同五笔字型录入系统下，字库中包含的词汇有所差异，下面以极品五笔输入法 6.0 版为例介绍词汇录入方法。词汇录入码是等长四码输入。

1．词组的录入

（1）两字词

两字词编码是分别取每个字的前两个输入码构成词汇码。例如：

$$汉字：氵 \quad 又 \quad 宀 \quad 子 \quad\quad (ICPB)$$
$$编码：纟 \quad 、 \quad 石 \quad 马 \quad\quad (XYDC)$$

（2）三字词

三字词编码是分别取前两个字的首码，再取末字的前两个输入码构成词汇码。例如：

$$计算机：言 \quad 竹 \quad 木 \quad 几 \quad\quad (YTSM)$$
$$操作员：扌 \quad 亻 \quad 口 \quad 贝 \quad\quad (RWKM)$$

（3）四字词

四字词编码是分别取各个汉字的首码构成词汇码。例如：

$$科学技术：禾 \quad ⅳ \quad 扌 \quad 木 \quad\quad (TIRS)$$
$$操作系统：扌 \quad 亻 \quad 丿 \quad 纟 \quad\quad (RWTX)$$

（4）多字词

多字词为四个汉字以上组成的词汇。多字词的编码是分别取第一、第二、第三及最后一个汉字的首码构成词汇码。例如：

$$中华人民共和国：口 \quad 人 \quad 人 \quad 囗 \quad\quad (KWWL)$$
$$中国共产党：口 \quad 囗 \quad 廿 \quad ⅳ \quad\quad (KLAI)$$
$$中央人民广播电台：口 \quad 冂 \quad 人 \quad 厶 \quad\quad (KMWC)$$

2．词汇训练

词汇训练时间为 6 小时，训练目的在于掌握词汇录入方法，记忆常用词汇，养成录入词汇的良好习惯，以提高录入速度。

训练 1（二字词录入训练）

如果	编码	对应	几个	汉字	称谓	输入	要求	自然	不是	容易
用户	屏幕	编号	显示	提高	速度	安排	顺序	报警	只要	继续
下面	应付	自动	光标	数码	操作	定义	常用	改正	含义	各种
产生	合理	保留	这样	简化	科学	过程	出现	个别	标准	前者

统一	确定	认为	软件	版本	设计	变更	笔画	后续	减少	作为
发现	键盘	提示	同时	位置	数字	数据	后边	正确	此时	可以
字根	根据	帮助	检索	符合	书籍	贺喜	程序	看出	范围	条件
特点	一般	识别	功能	指定	其他	方式	进入	方法	管理	万能
系统	运行	模块	格式	必须	表示	目录	内容	长度	重新	仍然
应该	进行	假如	它们	天气	当前	信息	普通	矛盾	简单	专门
相比	往往	不管	连续	随时	响应	影响	自己	列出	例如	字母
法规	其实	复杂	联系	诗意	因为	人民	技术	入门	网络	规划
安装	测试	诊断	微机	保护	手册	硬盘	硬件	备注	应用	资源
函数	文件	加密	错误	报表	输出	大写	服从	添加	静止	青年
充分	女儿	作业	市场	文艺	方面	神奇	议题	假日	结束	提出
外表	发挥	分析								

训练2（三字词录入训练）

工作上	大体上	事实上	实际上	大会上	基本上	不至于	有助于
甚至于	之所以	近年来	几年来	了不起	对不起	看样子	看起来
反过来	看上去	看不惯	大学生	小学生	一体化	扩大化	专业化
知识化	现代化	机械化	工业化	标准化	年轻化	可行性	可靠性
通用性	可能性	规律性	偶然性	必然性	实用性	研究生	研究室
工学院	研究员	研究院	科学院	大多数	大规模	一口气	一部分
一系列	一方面	多方面	几方面	进一步	下一步	接下来	要不然
想当然	也不过	越来越	为什么	那么样	这么样	怎么样	并不是
有没有	不能不	用不着	没关系	也就是	就是说	工程师	工作者
老一辈	劳动者	劳动力	说服力	打印机	计算机	传真机	复印机
办公室	北京市	河北省	天津市	电子学	存储器	电视机	总书记
马克思	毛泽东	责任制	所有制	所有权	操作员	保管员	公务员
本世纪	本报讯	本单位	本年度	辩证法	自然界	自然力	生产力
劳动力	生命力	工艺品	新产品	千百万	平均数	团支部	代表团
团体赛	按规定	按计划	标志着	出发点	阅览室	向前看	人民币
突破口	座右铭	各单位	个体户	自信心	得人心	科学家	军事家
思想家	政治家						

训练3（四字词录入训练）

综上所述	舍己为人	目中无人	具体地说	主要成员	兴利除弊	举世闻名
深入浅出	主要原因	始终如一	留有余地	集思广益	因人而异	主要人员
望而生畏	信息处理	人才济济	戒骄戒躁	误入歧途	若有所思	忘乎所以
诸如此类	若无其事	说不过去	任人为贤	因地制宜	由此可见	充分发挥

体育运动	力不从心	同心同德	见多识广	切实可行	惊天动地	大有作为
百折不挠	因势利导	恰到好处	万事大吉	盛气凌人	发明创造	勤俭节约
欢天喜地	后顾之忧	有目共睹	三番五次	接二连三	微不足道	大显身手
针锋相对	随时随地	迫不急待	聚精会神	随机应变	能说会道	一概而论
取长补短	奋发图强	脑力劳动	迎刃而解	手忙脚乱	妥善处理	不求甚解
无所作为	干劲冲天	无可非议	天南地北	天灾人祸	按劳取酬	年富力强
适可而止	截然不同	妙手回春	一国两制	两极分化	刮目相看	各行各业
朝气蓬勃	不了了之	不同凡响	平等互利	各自为政	互帮互助	不由自主
一般地说	各尽所能	待人接物	不谋而合	光明磊落	坚定不移	明辨是非
中央全会	全心全意	坚强不屈	听之任之	口若悬河	中外合资	精益求精
各级领导	别有天地	标点符号	前所未有	总的说来	家用电器	挑拨离间
可想而知	程序设计	恰恰相反	资产阶级	心安理得	标新立异	以身作则
突飞猛进	气壮山河	想方设法	善始善终	尽善尽美	相对而言	美中不足
新华书店	数不胜数	社会主义	后继有人	竭尽全力	如此而已	这就是说
勇于进取	科学技术					

训练4（多字词录入训练）

发展中国家	四个现代化	常务委员会	中国共产党
人民代表大会	股份有限公司	据不完全统计	少数服从多数
英雄无用武之地	工夫不负有心人	在大多数情况下	有其名而无其实
取之不尽用之不竭	中央人民广播电台	事不关己高高挂起	

具有特别重要的意义　　　党的十一届三中全会　　　深入持久地开展下去
中国人民对外友好协会　　　中国人民政治协商会议
国防科学技术工业委员会　　　国家经济体制改革委员会
不以人们的主观意志为转移

许多汉字系统都提供上万多条双字词，几千条三字词和四字词，还有上千条多字词，词汇量十分庞大，这里训练内容只是起到抛砖引玉的作用，学习者不能局限于此，在录入练习中要敢于使用和积累词汇。

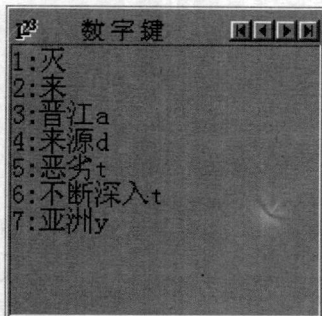

（五）重码的录入

在五笔字型方案中，有一个输入码对应几个汉字的情况，称做重码。具有重码的汉字叫重码字。录入时，重码字进行了提示编号显示，用户击入汉字的对应数字键即可。如：输入"灭"时，输入码为"GOI"。此时，提示信息如

图4-16

图 4-16 所示。根据提示，可击数字"1"键。为提高录入速度，五笔字型方案中提供了一些方便处理方法：

① 按重码字（词）使用频度由高到低顺序将其分别安排在 1、2、3……备选号上，常用汉字（词）排在前面，其后为不常用的。

② 重码字出现时，系统响铃报警，以提示操作员。

③ 选用重码的首字（词）时，只需击打空格，则该字（词）便自动选中，出现在屏幕光标处；如已录入四码，则只要继续录入下面的内容（除标点、数字等间隔符外），首选字（词）就会自动出现在屏幕光标处。

五笔字型方案中对重码字顺序安排及首选字简便处理，使五笔输入成为汉字盲打输入的首选方法，受到人们的青睐。

（六）训练要领

汉字的录入必须在扎实的英文录入功底基础上进行训练。在学习和训练过程中，要把握以下几点要领：背字根、会拆分、记简码、用词汇、重阅读、分阶段、定目标、重复打、打错误；要循序渐进地进行，首先，进行基本功训练，包括字根、高频字、二级简码、常用一千字、词组训练；然后，进行文章打练的速度及准确性训练，要对每个训练内容进行控制速度与准确性、提高速度、强求速度、控制速度与准确性的强化训练。这些是学习和快速提高中文录入水平的关键。

1．背字根

字根是五笔字型录入汉字的灵魂，五笔字型字根掌握的熟练程度是影响录入速度的重要方面之一。

① 首先领会字根键盘的分区划位原则，记忆键名字。

② 据键名字背住字根键盘助记词。

③ 通过常见汉字偏旁部首字根拆分示例表，加强字根键位训练。

2．会拆分

按五笔字型的编码规则，能否做到汉字的熟练拆分，是制约录入速度的另一方面。对于熟练的录入操作员，拆分汉字近乎是一种条件反射的机械工作，而没有思考汉字拆分的过程。

① 深刻领会拆分原则，掌握拆分汉字规律。

② 通过常见汉字偏旁部首字根拆分示例表，加强汉字拆分训练。

③ 要熟练拆分数量如此庞大的汉字家族，最主要的是多拆，做到见字就拆，见字就打，不断积累拆分经验。

3．记简码

使用简码对于提高录入速度及准确性有着极大的作用。

① 学习者应记住全部的高频字及二级简码汉字，并应用于录入训练过程中。

② 除高频字及二级简码汉字之外的常用汉字几乎都是三码或三级简码汉字。因此，学习者录入单个汉字时，只管使用三码录入，记忆个别的四码汉字。

4. 用词汇

使用词汇对提高录入速度及准确性起着举足轻重的作用。

① 记忆多字词。文稿录入过程中一定要使用他们。

② 通过看、打、用熟悉三字词及四字词。"看、打"是指多看、多打三、四字词组，"用"是指在录入文稿过程中，要善于搜索使用三、四字词，以强化记忆。

③ 大胆使用二字词。为数上万条的二字词是词汇家族中最庞大的一支，我们录入的文稿中，几乎每一句话都是词汇和简码汉字的罗列，而且二字词居多。因此，学习者训练过程中，要大胆地尝试二字词，从中积累二字词的词汇量。

5. 重阅读

影响汉字录入速度和准确性的因素还有录入人员的阅读水平。文稿录入水平是录入人员"看、映、打"的综合水平。"看"是阅读原稿的水平；"映"是大脑把"看"的内容反映键位的水平；"打"是指法击键速度、准确的水平。这三方面一定要衔接好。由于录入人员阅读能力的差距，有的以单字作"视"单元，有的以三两个字作"视"单元，有的则以话作"视"单元，对于同一句话就有单字录入、二三字词录入与四字词、多字词录入的区别，速度差别也就不言而喻了。因此，录入人员要训练自己有一个较高的阅读能力，以适应快速的文字录入。

6. 分阶段、定目标

录入训练根据个人的录入水平情况分阶段进行训练，对每个阶段提出切合实际的训练目标，使得训练人员的录入水平逐个台阶地平稳前进。

7. 重复打、打错误

由于中文汉字间字根差别很大，几乎每个汉字（词组）都有唯一的一个录入码。因此，在训练过程中，应重复训练同一内容，大约200字左右，直至熟练，不要一味求新、求奇。当一个训练内容达到预期目标后，再更换训练内容。否则，不容易形成指感和词汇的积累，影响速度的提高。在训练过程中，训练者要检查录入内容的正确性，对于出错的地方进行分析，找出错误的原因后，再打练若干遍，提高录入准确性。

（七）综合训练

训练时间为 10 小时，内容安排由简到难，由政论性文章到叙述性或其他类型的文章。训练时，每篇文章应练到很熟为止。本教材给出一篇文章。

电子计算机是一种能按照人的意志自动、高速、精确地进行数值运算和数据处理的现代化电子设备。电子计算机的出现、发展和应用是二十世纪科学技术卓越的成就之一，是科学技术发展的主要标志。同时计算机也大大地促进了科学技术的进一步发展。如今的计算机已日益深入到现代社会的各个领域，成为现代化建设必不可少的工具。（148字）

电子计算机是通用电子数字计算机的简称。早期的计算机主要用于数值计算，如解一个方程式计算复杂的函数值等。那时，计算机录入和处理的对象是数值，处理的算法是数值计算方法，输出的结果也是数值。计算机诞生没有多久，就突破了数值计算的狭义范围，在非数值计算方面发挥着越来越大的作用。事实上，今天的计算机可以进行各种各样的数据处理，这些数据可以是文字、图形或通过专用设备录入计算机的声、光、电、热机械等运动形式的物理量，这些量经数字化后都可由计算机进行处理。从这种意义上讲，计算机是能够对录入的数据进行自动化加工自理并录入结果的电子设备。（268字）

第一代电子计算机以电子管为特征。1946年美国研制出第一台数字式电子计算机ENIAC（电子数字计算机的英文缩写），这台计算机占地170多平方米，重达130吨，它的计算速变为每秒5000次加法。从今天的眼光来看，其功能是微不足道的，但它却是对日的计算工具的一次革命，是现代科学技术史上一次意义重大创举。（153字）

第二单元 常用办公设备使用

打印机、复印机和传真机等是财务工作不可或缺的常用办公设备。熟练掌握各种打印机及复印机、传真机的使用维护已经成为现代会计人员的基本素质。

一、打印机的操作技能

（一）针式打印机的操作技能

本书以EPSON LQ-1600K4＋为例介绍针式打印机的操作技术。EPSON LQ-1600K4＋24针式点阵打印机能够通过各种进纸通道进行打印，处理多种类型的打印纸，包括连续纸、一份原件加四份拷贝的多层拷贝纸、标签、单页纸、信封及明信片。高速打印，在10cpi下打印速度达每秒400字符。

1. 针式打印机的结构

图4-17、图4-18标明了LQ-1600K4＋打印机的正面和后面结构。

2. 针式打印机的使用

LQ-1600K4＋包括控制面板的操作、设置DIP开关、页长、跳过页边接缝、调整装纸位置、切纸归位、撕纸回位、选择打印方式、选择字符集等功能。

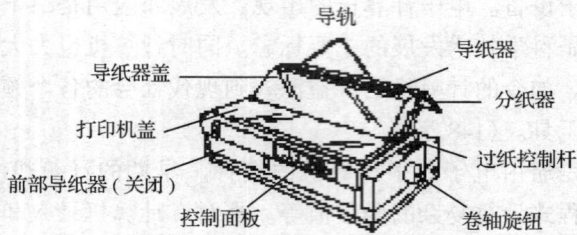

图 4-17

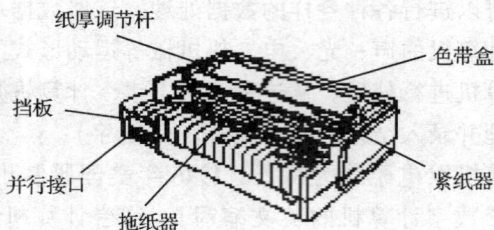

图 4-18

（1）进纸通道

LQ-1600K4＋打印机具有各种进纸通道，可在连续纸上和单页纸上打印，打印纸可以从顶部、前部、底部、后部进纸，用户可以选择最适于当前打印需求的进纸通道。

1）在连续纸上打印。用连续纸打印可选择三个拖纸器位置（前部推动式、后部推动式和牵引式）和三个进纸槽（前部、后部、底部）。

使用一个推动式拖纸器，适合于从连续纸上切下打印好的页。推动式拖纸器有前部和后部两个。拖纸器只能在后部推动式位置做标准件使用。要在前部推动式位置使用拖纸器，用户需要购买拖纸器装置选件。

使用牵引式拖纸器，适于在多层拷贝纸或带标签的连续纸之类的厚连续纸或重连续纸上打印，就要在牵引式位置使用拖纸器。它可以最大限度地防止卡纸，并使用户可以从打印机的前部、后部、底部装入连续纸。有三个进纸槽可以使用牵引式拖纸器：前槽、底槽和后槽。

2）在单页纸上打印。LQ-1600K4＋有两个进纸槽用于打单页纸：顶槽和前槽。

顶槽中装纸：在顶槽中装入普通单页纸、单页多层拷贝纸、信封或名信片。

前槽中装纸：在前槽中装入普通单页纸、单页多层拷贝纸或明信片。

（2）安装更换色带

1）确保打印机关闭。电源键表面与按键保护角持平时打印机处于关机状态。

2）抓住打印机盖的后边将其抬起，然后上提并将其取下。

3）要确保打印头不烫。然后用手将打印头移到安装色带位置，如图4-19所示。

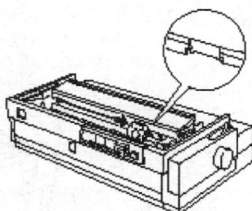

4）将旧色带盒向前轻拉向上提起，色带导轨从打印头后面的金属销钉上弹开，如图4-20所示。

图 4-19

5）从包装中取出新色带盒，从色带盒中间取下分隔片扔掉。然后按箭头方向转动色带张紧旋钮使色带绷紧，如图4-21所示。

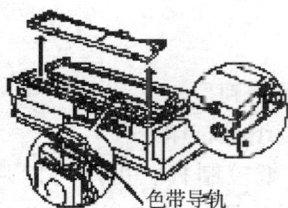

色带导轨

图 4-20

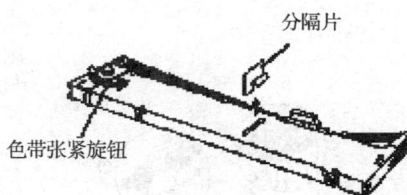

分隔片

色带张紧旋钮

图 4-21

6）使色带张紧旋钮冲上握住色带盒如图4-22所示，使色带盒的两个前凹槽对准打印机两边的小锉钉，然后将色带盒放平。

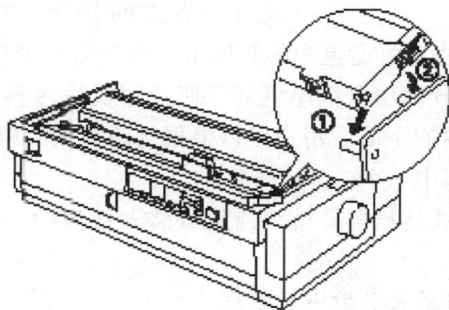

图 4-22

7）确保色带盒的两个后凹槽装入打印机两边的小销钉，如图4-23所示。然后轻轻地按下色带盒直到两端都锁定到位。

8）提起色带的色带导轨（①）并将其稳稳地从上面插入打印头后面的金属销钉（②），如图4-24所示。要确保色带不卷曲不褶皱并位于打印头的后面。然后向下按压导轨直到其"唯"的一声到位。

9）按箭头方向转动色带张紧旋钮使色带张紧。滑动打印头确保其移动自如。

10）将打印机盖放回原位：先将前边的锁舌插入打印机的槽中，然后下放打

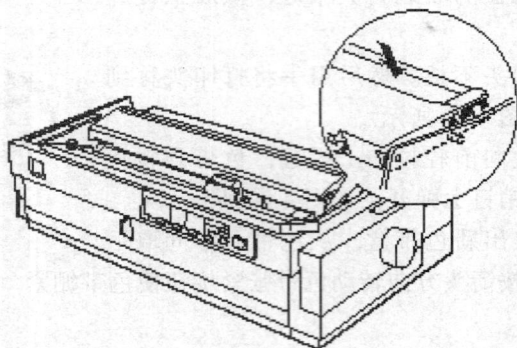

图 4-23

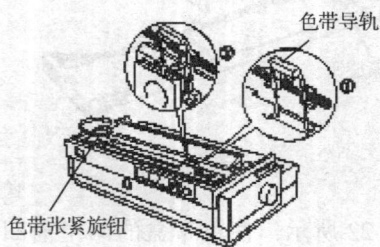

色带导轨

色带张紧旋钮

图 4-24

印机盖直到其锁定到位。

（3）在连续纸上打印

1）设置过纸控制杆。用户可以从各种纸源装纸，通过设置过纸控制杆来指示想使用的纸源。

通过在前式位置安装选件拖纸器，用户可以把两种不同类型的连续纸装到前部和后部推动式拖纸器上，并使用过纸控制杆方便地在两者之间切换。在移动过纸控制杆之前，要按进纸/退纸键将进纸通道中的打印纸反向进纸到等待位置。

2）设置纸厚调节杆。设置纸厚调节杆使打印机适应各种厚度的打印纸。纸厚调节杆位于打印机盖的下面。用户可以根据打印纸张的厚度按控制杆旁边的刻度从 9 个位置中选择其中一个。

3）使用后部推动式拖纸器，就将连续纸装入后槽中。按以下步骤在后部推动式拖器上装纸：

第 1 步，打开导纸器盖并取下导纸器。

第 2 步，将过纸控制杆置于后部推动式拖纸器位置，如图 4-25 所示。将纸厚调节杆置于适合打印纸厚度的位置。

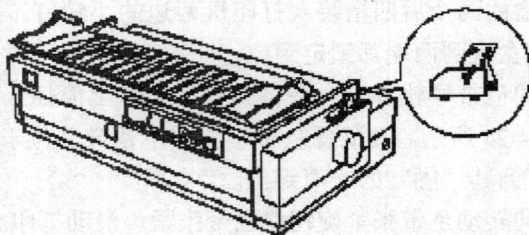

图 4-25

第3步，拉动链齿锁定杆，松开左链齿和右链齿，如图4-26所示。

第4步，按打印机上的刻度滑动左链齿至打印纸的左边界（打印从"0"刻度处开始），然后将链齿锁定杆推回并锁定到位。

第5步，滑动右链齿以适应打印纸的宽度，但不要将其锁定。拖纸架移到两个链齿之间。

第6步，将两个链齿盖都打开，保证所用的打印纸边缘清洁整齐。使打印面朝上，打印纸的前四个孔套在拖纸器链齿上，两个链齿盖关闭，如图4-27所示。

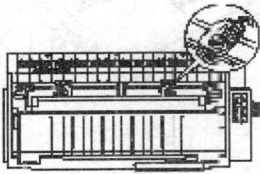

图 4-26

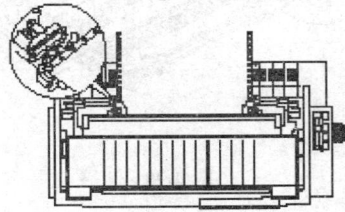

图 4-27

第7步，滑动右链齿以将打印纸拉平，并将链齿锁定杆按下将其锁定到位，装好导纸器。

第8步，把侧导轨滑到导纸器的中间，然后关上导纸器盖。

第9步，确保打印机处于开机状态。打印机收到数据时，自动装纸并开始打印。打印好的页越过导纸器向打印机后边延伸。

第10步，打印结束后，切下打印好的文件。如果打印页面上的第一打印行太高或太低，可以用微调整特性来处理。从后部推动拖纸器上取下打印好的文件。

4) 使用前部推动式拖纸器，取下打印好的文件的具体操作按以下步骤完成。

第1步，确保切纸/纸槽灯闪烁，表明打印纸目前处于切纸位置。通过按切纸/纸槽键将打印纸进到切纸位置。

第2步，打开导纸器盖，并用切纸器切下打印好的文件。

第3步，关上导纸器盖。恢复打印时，打印机自动将打印纸进回到页顶位置并开始打印。从打印机上取下剩余的打印纸，按进纸/退纸键将打印纸进回到等待位置，然后打开链齿盖并取下打印纸。

按以下步骤取下前部主动式拖纸器：

第1步，从拖纸器上取下打印纸。

第2步，关闭打印机。

第3步，拉动前部导纸器中部的小把手将其打开，然后抓住该导纸器的两边将其从打印机中拽出来。

第4步，按住拖纸器的锁舌，使拖纸器向上倾斜，如图4-28所示。并将其从打印机中提出来。

第5步，把前部导纸器重新装上，将前部导纸器在打印机的安装槽中滑动，直到其锁定到位，如图4-29所示。关上前部导纸器。

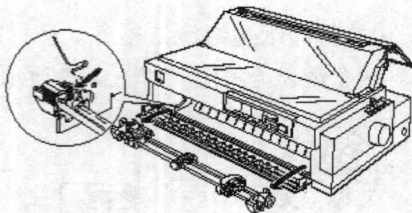 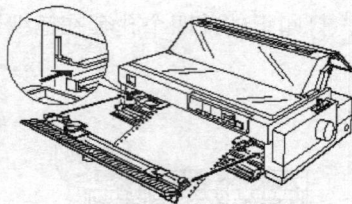

图 4-28　　　　　　　　　　　　　　　　　　图 4-29

5）在牵引式位置使用拖纸器对于多层拷贝纸和带标签的连续纸之类的厚重连续纸上打印最理想。用牵引式拖纸器不能使用切纸特性。由于厚纸需要直的通道避免卡纸，最好将打印纸装在前槽或底槽。

在牵引式位置安装拖纸器必须安装牵引式拖纸器选件（C80032＊）。

第1步，确保打印机关机，将打印机盖抬起并取下。

第2步，将紧纸器两边小把手推起，将紧纸器向上提起取下，如图4-30所示。

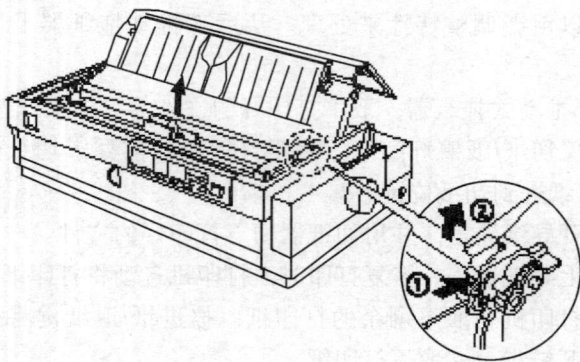

图 4-30

第3步，将拖纸器放到打印机的安装槽中，并将拖纸器的两端按下，确保其稳固就位，把连续纸装入拖纸器。

在牵引式拖纸器上装纸时，尽量在前槽或底槽装入连续纸，具体步骤如下：

第 1 步，关闭打印机，取下打印机盖，核实安装了拖纸器，如图 4-31 所示。

第 2 步，将侧导轨滑到导纸器的中间。

第 3 步，将过纸控制杆置于牵引式拖纸器的位置，调整纸厚调节杆的位置。

第 4 步，将链齿锁定杆向前拉，分别松开左右两个链齿。

第 5 步，按导纸器上的刻度将左链齿滑到打印纸的左边界（打印从箭头处开始），然后将链齿锁定杆推回去直到其锁定到位，如图 4-32 所示。

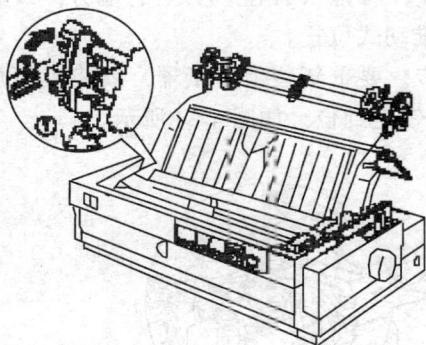 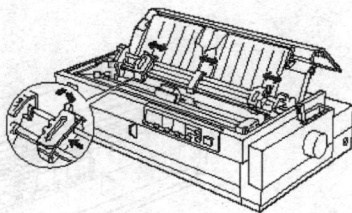

图 4-31   图 4-32

第 6 步，滑动右链齿适应纸宽，但不要将其锁定。将托纸架如上所述移到两个链齿中间，然后打开两个链齿盖。

第 7 步，确保打印纸边缘干净、整齐。

第 8 步，在前槽、底槽或后槽中插入打印纸直至其插入滚筒与色带导轨之间。然后，向上拉打印纸直到第一页和第二页之间的穿孔缝与打印机的色带持平。

第 9 步，将打印纸两边的前四个孔分别扣在两个链齿的拖纸器销钉上，然后关闭链齿盖。

第 10 步，滑动右链齿把打印纸拉平，然后把链齿锁向下推从而将其锁定。

第 11 步，如果使用前槽，就安装前部导纸器和连续纸，然后将其关闭。

第 12 步，打印机开机。

第 13 步，将纸拉平并按换行/换页键或用微调整特性调整页顶位置（打印机开始打印的位置）。打印机将不进纸而在当前位置开始打印。

第 14 步，将打印机盖安上并盖上导纸器盖。

第 15 步，向打印机发送一个打印任务。打印机从当前位置开始打印。打印好的页越过导纸器向打印机后部走纸。

第 16 步，打印结束，打开导纸器盖，就纸槽最近的页缝将打印好的文件切下。

第 17 步，按住换行/换页键将打印纸从打印机中退出。

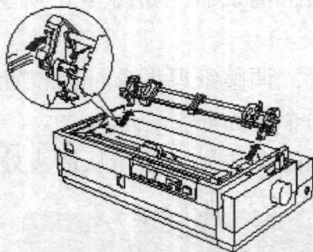

取下牵引式拖纸器按如下步骤完成：

第 1 步，取下拖纸器上的所有打印纸。

第 2 步，关闭打印机，然后取下打印机盖，并将导纸器抬起取下。

第 3 步，压住拖纸器锁舌，将拖纸器向内倾斜，上提取下，如图 4-33 所示。

第 4 步，将拖纸器存于安全的地方，或者安装在前部推动式位置。

图 4-33

第 5 步，要重新装上紧纸器，就将其下放至打印机销钉上，然后将其两端压下直到其锁定到位，如图 4-34 所示。

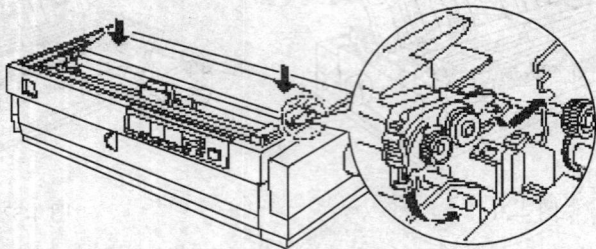

图 4-34

第 6 步，将导纸器和打印机盖重新装上，然后盖上导纸器盖。

6）装入多层打印纸。用户可以使用多达 5 层的无碳多层打印纸（4 份打印加 1 份原件）。一定要将纸厚调节杆按多层打印纸的层数置于适当位置。此时，为了达到最佳效果，应该选择一个直的或接近直的进纸通道，如前槽、前部推动式拖纸器或前槽、底槽和牵引式拖纸器。

7）装入带标签的连续纸。在标签上进行打印时，只使用装在带齿孔的连续衬纸上的那种标签，齿孔用于拖纸器进纸器。不要试图在单页标签纸上打印，因为打印机对光泽衬纸上的标签会不能适当进纸。再者，必须将纸厚调节杆置于"2"以外，装入标签的方法与装入普通连续纸的方法一样。不要装入损坏、卷曲、褶皱的带标签的连续打印纸。

取下带标签的连续纸时，为避免标签从衬纸上脱落并造成卡纸，请按以下步骤操作：

首先，打印结束，在距进纸槽近的页缝处将带标签的连续纸扯下；

其次，按下换行/换页键从打印机上退下残留的标签纸。

注意，不要按进纸/退纸键或切纸/纸槽键，反向进纸时，标签会很容易地从衬纸上脱落造成卡纸。

8）使用推动式拖纸器在连续纸上打印和在单页纸上打印，两者之间可以很方便地切换，而不需要取下或重装打印纸。

从使用后部或前部推动式拖纸器在连续纸上打印切换到在单页纸上打印，请按以下步骤进行：

第1步，如果在打印好的连续纸留在打印机中，则按切纸/纸槽键将打印好的页进纸到切纸位置，并将其切下。

第2步，按进纸/退纸键将连续纸反向进到等待位置。打印纸仍装在推动式拖纸器上，但不在进纸通道中。

第3步，在顶部或前部导纸器中装入单页纸。

从在单页纸上打印切换到用前部或后部推动式拖纸器在连续纸上打印，请按以下步骤进行：

第1步，如果单页纸存留在打印机中，按进纸/退纸键将其退出。

第2步，一定要把拖纸器装在准备使用的前部或后部推动式位置。

第3步，将连续纸装到前部或后部推动式拖纸器上。

9）调整页顶位置。页顶位置是打印机开始打印的位置。如果页面上打印得太高或太低，可以按以下方法利用微调整特性调整页顶位置。

第1步，确保打印机开机。

第2步，如果必要的话，按前面所述装纸。如果把纸装到一个推动式拖纸器上，按进纸/退纸键将纸进到当前的页顶位置。

第3步，将打印机盖抬起并将其取下。

第4步，将暂停键按住约3秒钟，暂停灯开始闪烁且打印机进入微调整状态。

第5步，按换行/换页键将页面上的页顶位置上移，或按进纸/退纸键将页面上的页顶位置下移，如图 4-35 所示。

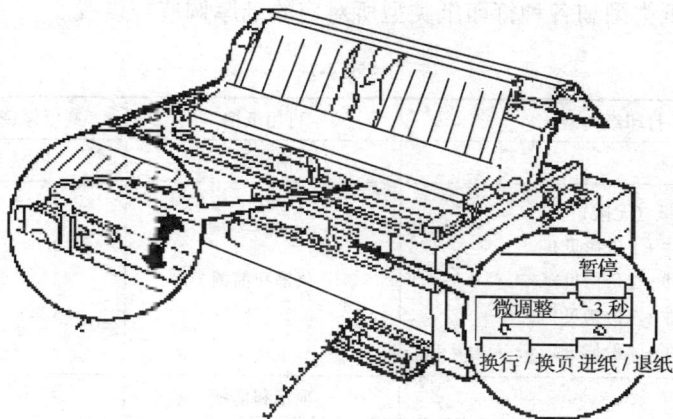

图 4-35

第6步，设定页顶位置之后，按暂停键退出微调整模式。

10）进纸到切纸器处。使用切纸特性将连续纸进到打印机的切纸刀处。然后可以方便地切下打印好的文件。恢复打印时，打印机将打印纸自动退回页顶位置，可以节省通常两个文件之间浪费的打印纸。可以使用两种方式的切纸特性：按打印机的切纸/纸槽键手动使用；或打开自动切纸模式自动使用。如果两页之间的页缝与切纸刀没有对准，可以使用微调整特性调整页缝位置。

使用切纸/纸槽键：打印机打印完文件之后，检查切纸/纸槽灯不闪烁，然后按切纸/纸槽键，打印机将打印纸进到下一个页顶位置。

自动进纸到切纸处：使印好的文件自动进到切纸位置，需要打开切纸模式并选择缺省设置状态下连续纸的适当页长。自动切纸模式打开时，打印机在收到一整页数据或收到后边不跟其它数据的换行命令时，自动将打印纸进到切纸位置。

调整切纸位置：如果打印纸的页缝与切纸器没对齐，可以使用微调整特性将页缝移至切纸位置。按以下步骤进行。

第1步，确保切纸/纸槽灯闪烁（打印纸处于当前切纸位置）。或许需要按切纸/纸槽键将打印纸进到切纸位置。

第2步，打开导纸器盖。

第3步，将暂停键按住3秒钟。暂停灯开始闪烁，打印机进入微调整模式。

第4步，按换行/换页（进纸/退纸）键反（正）向进纸到页缝与切纸器对齐。

第5步，设定切纸位置之后，按暂停键关闭微调整模式。

第6步，切下打印好的页。恢复打印时，打印机自动将打印纸进到页顶位置并开始打印。

（4）在单页纸上打印

1）使用单页纸。可用的纸张类型和纸槽：表4-7列出了顶槽和前槽中可以装入的打印纸类型和各种打印纸类型所对应的纸厚调节杆设置。

表 4-7

打印纸类型	可用纸槽	纸厚调节杆位置
普通单页纸	顶槽和前槽	−1 或 0
多层打印纸（无碳） 2 份（原件＋1 份拷贝） 3 份（原件＋2 份拷贝） 4 份（原件＋3 份拷贝） 5 份（原件＋4 份拷贝）	顶槽和前槽	1 2 3 5
明信片	顶槽和前槽	2
信封	顶槽	2 至 6

　　装入单页多层打印纸：顶槽或前槽中装入单页多层拷贝纸，要遵守以下原则：

　　只能用图 4-36 所示的无碳多层拷贝纸。使用顶槽或前槽装入顶部粘贴的单页多层拷贝纸。顶（前）槽装入时，粘贴边先进，打印面朝下，如图 4-37 所示。侧粘贴的单页多层拷贝纸只能装入前槽中。在前槽插入这种纸时顶边先进，打印面朝上，如图 4-38 所示。在打印之前，将纸厚调节杆（位于打印机盖的下面）置于适合所用打印纸的位置，并保证多层拷贝纸的厚度不超过 0.39 毫米。

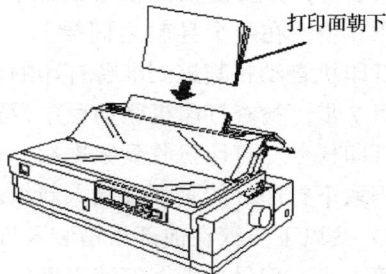

打印面朝下

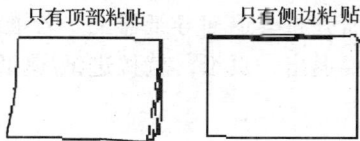

只有顶部粘贴　　只有侧边粘贴

图 4-36　　　　　　　　　　　　　　　　　图 4-37

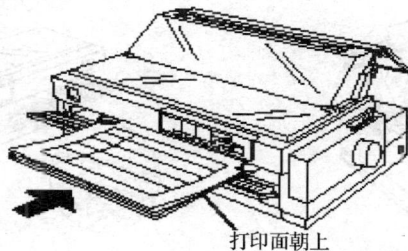

打印面朝上

图 4-38

　　装入信封：只能在顶槽中装入信封，要遵守以下原则：

　　在顶槽中一次装入一个信封，信封的盖边先进，盖口朝上。将纸厚调节杆按信封的厚度置于 2 至 6。打印之前，按切纸/纸槽键直到两个切纸/纸槽灯闪烁，从而打开卡片模式。结束信封打印之后，按一次切纸/纸槽键退出卡片模式。不要使用卷曲或折叠了的信封，还要避免使用太薄的信封，这样的信封在打印中会卷曲并卡纸。如果使用 6 号信封，将信封的左边与打印机上的箭头标志对齐。只能正常温度和湿度条件下使用信封。

　　装入明信片：在顶槽或前槽中一次装入一张明信片，并遵守以下原则：

　　如果要使明信片的长边先进，则总要在顶槽装入。将纸厚调节杆置于 2 的位置。打印之前，按切纸/纸槽键直到两个切纸/纸槽灯闪烁，从而打开卡片模式。

结束明信片打印之后，按一次切纸/纸槽键退出卡片模式。

2）按以下步骤在顶槽中装入单页纸：

第1步，确保导纸器安装正确。

第2步，打开导纸器盖。滑动左侧导轨直到其锁定在靠近导纸器上箭头标志的地方，然后调整右侧导轨适应纸宽。

第3步，将过纸控制杆置于单页纸位置，调整纸厚调节杆置于相应位置。

第4步，盖上导纸器盖。

第5步，必要的话，按电源键打开打印机。

第6步，在两个导轨之间插入一页纸，可打印面朝下，直到其遇到阻力为止。打印机自动将其进到准备打印的位置，如图4-39所示。

第7步，检查打印机驱动程序设置，必要的话进行更改，然后向打印机发送一个打印任务。打印机收到数据后，打印好页面并将其退回导纸器上。若继续打印，则取下打印好的页面并插入新纸。如果需要退出一页纸，就按进纸/退纸键。

3）按以下步骤在前部纸槽装入打印纸。

第1步，确保导纸器安装正确。

第2步，一定要盖上导纸器盖。

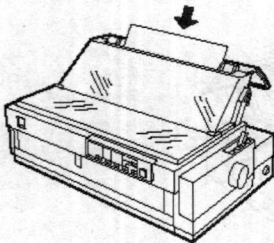 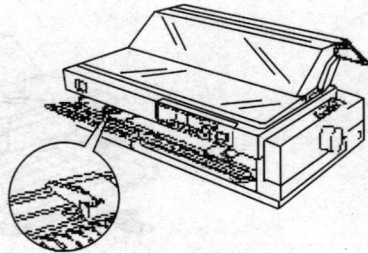

图 4-39　　　　　　　　　　　　　　　图 4-40

第3步，抓住前部导纸器中心的把手向外拉，将前部导纸器打开。如图4-40所示滑动左导轨。（打印从箭头处开始）然后调整右导轨使其适应纸宽。

第4步，过纸控制杆置于单页纸的位置。还要将纸厚调节杆置于与所用打印纸厚度相应的适当位置。

第5步，必要的话，按电源键打开打印机。

第6步，将一页打印纸印面朝上，插入两个侧导轨之间，直到其遇到阻力。打印机自动将纸进到准备打印的位置。

第7步，检查并改变打印机的驱动程序设置，然后向打印机发送一个任务。打印机收到数据后，打印好页面并将其退到打印机顶部的导纸器上。要继续打印文件，在前部导纸器中插入一张新纸。要退出一页纸，按进纸/退纸键。

（5）使用打印机软件

1）在应用程序软件中文件菜单中选择打印设置或打印。打印设置对话框出现，如图 4-41 所示。

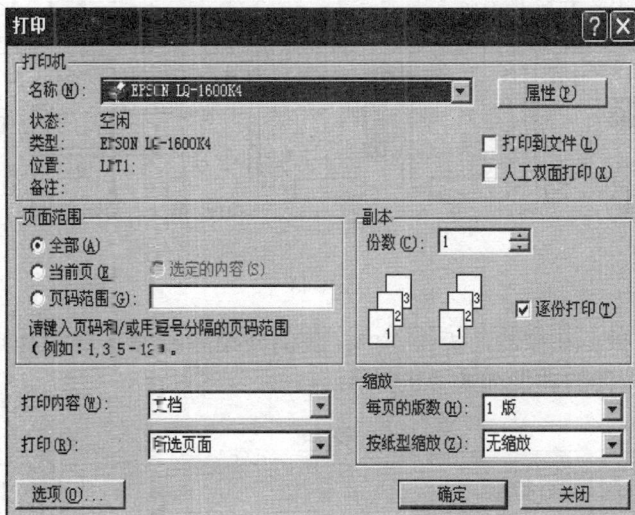

图 4-41

2）确保了相应的打印孔，然后单击打印机、设置、属性或选项。属性窗口出现，如图 4-42 所示。可看到纸张和图形菜单。菜单包含打印机的驱动程序设置。

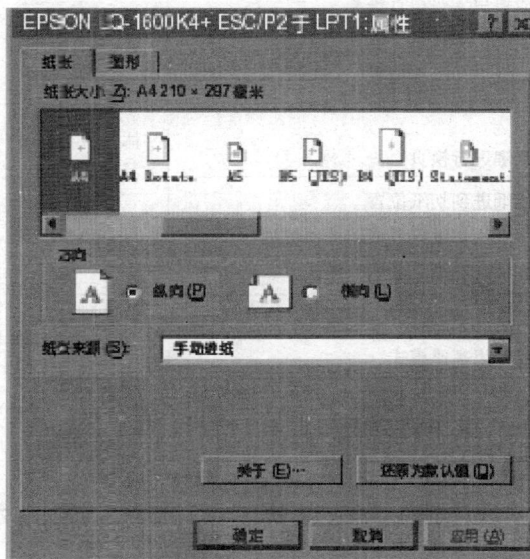

图 4-42

3）要查看一个菜单，单击窗口顶部相应的标签。

（6）控制面板操作

控制面板如图 4-43 所示。

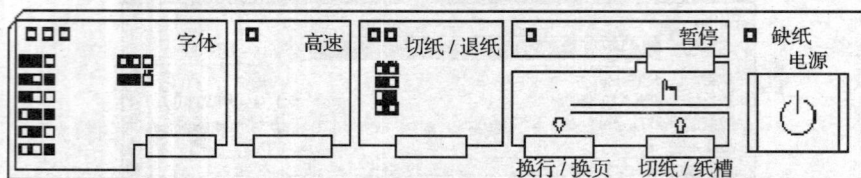

图 4-43

1）控制面板。在控制面板操作中，我们介绍各种操作键的作用及部分常规操作。各个操作键的功能如表 4-8 所示。

表 4-8

正常模式		打开打印机时	
操作键	功能	操作键	功能
电源	打开或关闭打印机	换行/换页	汉字自检
暂停	临时停止打印，再按时恢复打印 按 3 秒钟打开打印微调整功能	高速	缺省设置
进纸/退纸	装入或退出一张单页纸 将连续纸从等待位置装入 将连续纸退回等待位置	进纸/退纸 & 换行/换页	数据转储
换行/换页	换行 按住此键进行换页	字体 & 切纸/纸槽	消除 EEPROM
切纸/纸槽	将连续纸进到切纸位置 将连续纸从切纸位置退回页顶位置 选择前槽、后槽、名信片模式	暂停	双向调整
字体	选择字体		
高速	打开或关闭高速模式		

缺省设置模式下，操作键功能如表 4-9 所示。

表 4-9

操作键	功能
字体	选择菜单
切纸/纸槽	改变设置

各种指示灯的意义，如表 4-10 所示。

表 4-10

指示灯 打印机状态	暂停	缺纸	切纸/纸槽	高速	切纸
暂停	亮	……	……	……	……
缺纸错误	亮	亮	……	……	……
退纸警告	亮	闪烁	……	……	……
打印头过热	闪烁	……	……	……	……
微调整	闪烁	……	……	……	……
切纸	……	……	*1	……	……
选槽	……	……	*1	……	……
高速	……	……	……	亮	……
字体选择	……	……	……	……	见后面
致命错误	闪烁	闪烁	闪烁	闪烁	闪烁

*1：用单页纸时这两个灯指示所选择槽。

　□　□　切纸

　■　□　前槽

　□　■　后槽

　□　□　明信片

2）选择内置字体。使用打印机控制面板上的字体按键来选择一种内置字体。三个字体灯的状态对立着不同的字体，参考随打印机带的使用手册。

3）打印机的缺省设置。打印机的缺省设置控制着打印机的许多功能，可通过软件或打印驱动程序设置这些功能。但是，或许需要使用缺省设置模式从打印机的控制面板上改变一个缺省设置。表 4-11 列出了缺省设置及可以在缺省设置模式下选择的选项。

表 4-11

选项	设置
用于前部拖纸器的纸长 *	3，3.5，4.5，5，6，7，8，8.5，11，70/6，12，14，17 英寸
用于后部拖纸器的纸长 *	3，3.5，4.5，5，6，7，8，8.5，11，70/6，12，14，17 英寸
跳过页缝	开，关
自动切纸	开，关

续表

选项	设置
自动换行	开，关
打印方向	自动，双向，单向
接口方式	自动，并行，接口选件
自动接口等待时间	10 秒，30 秒
软件	ESC/PK，IBM 2391 Plus
字符表	Italic，PC 437，PC850，PC860，PC863，PC865，PC858
斜体表国际字符集	Italic U.S.A，Italic France，Italic Germany，Italic U.K，Italic DenmarK，Italic Sweden，Italic Italy
带斜线 0	开，关
高速草体	开，关
输入缓冲区	开，关
蜂鸣器	开，关
自动回车＊＊	开，关
A.G.M＊＊	开，关
可打印列数	138，106，80
卷纸	开，关

＊这一选项在有些国家/地区有。

＊＊这一选项在选择了 IBM 2391 Plus 仿真时生效。

（7）故障查找

1）使用错误指示灯。打印机的许多普通问题，可以通过控制面板上的指示灯来确认。表 4-12 给出打印机故障诊断问题及解决方案。

表 4-12

面板指示灯状态	蜂鸣	问题及解决方法
□暂停	-	打印机暂停
		按暂停键恢复打印
		来自另一个纸源的打印纸正在进纸通道中
	……	将过纸控制杆移回适当位置并按进纸/退纸键将纸走出进纸通道，然后将该控制杆置于想使用的位置，必要的话按暂停键关闭暂停灯

续表

面板指示灯状态	蜂鸣	问题及解决方法
□缺纸 □暂停	..	在选定的纸源中无打印纸
		在打印机中装上打印纸，然后必要的话按暂停键关闭暂停灯
	..	打印纸安装不正确
		将打印纸取下重装。关于装纸的说明前面所述。然后必要的话按暂停键关闭暂停灯
	..	打印纸在打印机中夹纸
		如前述清除夹纸
⊡缺纸 □暂停	..	连续纸没有进到等待位置
		在页缝处切下打印好的文件；然后按进纸/退纸键。打印机将纸进到等待位置。按暂停键关闭暂停灯
	..	一张单页纸没有完全退出
		按进纸/退纸键退出单页纸，然后必要的话按暂停键关闭暂停灯
	..	打印纸在打印机中夹纸
		如前述清除夹纸
⊡暂停		打印头过热
		等几分钟，打印头冷却后打印机会自动恢复打印
⊡缺纸 ⊡暂停 ⊡⊡切纸/纸槽 ⊡⊡字体		出现未知打印机错误
		关闭打印机并等几分钟，然后再打开打印机。如果还出现错误，请与经销商联系

注：□—亮 ⊡—闪烁；..—短促蜂鸣声（3声）；.....—长蜂鸣声（5声）。

2）问题和解决方法。打印机的多数问题都很容易解决，下面给出电源（表4-13所示）、单页纸装纸或进纸（表4-14所示）、连续纸装纸或进纸（表4-15所示）、页顶位置错误（表4-16所示）、切纸位置错误（表4-17所示）、打印或结果质量（表4-18所示）等问题及解决方案。

表 4-13

现象	原因	如何解决
控制面板灯亮一下然后熄灭	打印机的额定电压与电源插座的电压不匹配	检查打印机和插座的额定电压，如果两个电压不匹配，则立即拔下打印机插头并与经销商联系
打印机不工作控制面板灯不亮，即使打开打印机也是如此	电线没有正确地插入电源插座或打印机	按电源键关闭打印机，确保电源线稳稳地插入电源插座和打印机，然后按电源键打开打印机
	电源插座故障	换一个电源插座

表 4-14

现象	原因	如何解决
打印机不装入单页纸或不能正确进纸	过纸控制杆被置于拖纸器位置	将过纸控制杆置于单页纸位置
	连续纸位于进纸通道中	将过纸控制杆置于适当的拖纸器位置并按进纸/退纸键将连续纸进到等待位置，然后将过纸控制杆置于单页纸位置
	导纸器上的纸位置太右以至于打印机察觉不到已经装纸	将打印纸向左移动一点
	单页纸未能正确装入	按正确的方法重装单页纸
	纸厚调节杆设置不正确	使纸厚调节杆适应打印纸厚度
	打印纸有皱、太旧、太薄或太厚	使用符合规格的打印清洁打印纸
打印机不能完全退出一张单页纸	纸太长	按进纸/退纸键退出该页，确保所用打印纸的长度不超过规定范围，并在应用程序或打印驱动程序中检查并调整纸张尺寸设置
单页纸进纸器选件不能正确进单页纸	单页纸进纸器安装不正确	重新安装
	单页纸进纸器中装纸太多	在高容量单页纸进纸器中装纸不要超过 150 页
	单页纸进纸器侧导轨位置不正确	按箭头标志调整左侧导轨，然后移动右侧导轨适应纸宽
	纸槽中只能一页纸	在单页纸进纸器中多装些纸

表 4-15

现象	原因	如何解决
打印机没装连续纸或不正确进纸	过纸控制杆设置不正确	将过纸控制杆置于想使用的纸源的拖纸器位置
	单页纸位于进纸通道中	将过纸控制杆置于单页纸位置并按进纸/退纸键将单页纸退出，然后将过纸控制杆重新置于合适的拖纸器位置
	连续纸未能正确装入	使用正确的方法在想使用的拖纸器上装入连续纸
	纸厚调节杆设置不正确	使纸厚调节杆适应打印纸厚度
打印机不能将连续纸进纸到等待位置	在按进纸/退纸键之前没有切下打印好的页面	在页缝切下已打印好的页面，然后按进纸/退纸键将纸反向进到等待位置

表 4-16

现象	原因	如何解决
在页面上开始打印的位置太高或太低	在应用程序软件或打印机驱动程序中的纸张大小设置与正在使用的打印纸尺寸不一致	检查应用程序或打印机驱动程序中的纸张大小设置
	为前部或后部拖纸器设定的打印机页面长度设置与正在使用的连续纸尺寸不一致	用打印机的缺省设置模式或 EPSON Remotel 应用工具检查为前部或后部拖纸器设定的页面长度设置
	顶部空白或页位置设置不正确	在应用程序软件中检查顶部空白或页顶位置设置，在微调整模式下调整页顶位置
	想使用的打印机在软件中没有选中	在打印之前从 Windows 桌面上应用程序中选择正确的打印机
	打印机开机状态下用旋钮移动了打印纸	使用微调整性调整页顶位置

表 4-17

现象	原因	如何解决
打印机在连续纸上打印到页缝上（或距页缝太远）	切纸位置设置不正确	使用微调整特性调整切纸位置
	在打印机开机状态下用旋钮移动过打印纸	使用微调整特性调整切纸位置
	想使用的打印机在软件中没有选中	在打印之前从 Windows 桌面或应用程序中选择正确的打印机
	为前部或后部拖纸器设定的页面长度与所使用的连续纸尺寸不匹配	用打印机的缺省设置模式或 EPSON Romotel 应用工具检查为前部或后部拖纸器设定的页面长度设置

表 4-18

现象	原因	如何解决
计算机输送数据时打印机不打印	打印机被暂停	按暂停键
	接口缆线没有安全插入	检查打印机和计算机之间的缆线两端是否安全插紧，如果缆线连接正确，则按需要运行一次自检
	接口缆线与打印机或计算机规格不相符	使用既符合计算机要求也符合打印机要求的接口缆线
	软件没有正确安装打印机	在打印之前从 Windows 桌面工应用程序中选择正确的打印机
打印机发出噪音，但没有打印出东西或打印突然停止	纸厚调节杆设置不正确	让纸厚调节杆设置与打印纸厚度相适应
	色带褶皱太多，色带松了，色带盒安装不正确	旋转色带张紧旋钮将色带拉直，或重新安装色带盒
打印效果浅淡	纸厚调节杆设置对于打印纸不正确	将纸厚调节杆向上扳一个位置
	色带用坏了	更换色带盒
打印结果有缝隙	纸厚调节杆设置不正确	设置纸厚调节杆使其与打印纸相适应，连续纸和单页纸使用相应的方法
打印结果部分丢失，或者在随机位置丢点	色带褶皱太多，色带松了，色带安装不正确	旋转色带张紧旋钮色带拉直，或重新安装色带盒
	色带用坏了	更换色带盒
在打印结果中丢失一行一行的点	打印头损坏	停止打印，并与经销商联系更换打印头
所有文本都打印在同一行上	文本的每一行末尾没有发送换行命令	用打印机的缺省设置模式或 EPSON Romotel 应用工具打开自动换行设置，这样打印机自动给每一个回车加一个换行命令
在文本的两行之间打印结果有额外的空白	文本的每一行末尾都送出两个换行命令	用打印机的缺省设置模式或 EPSON Remotel 应用工具关闭自动换行设置
	应用程序软件中的行间距设置不正确	在应用程序软件中调整行间距
	跳过页缝设置打开	用打印机的缺省设置模式或 EPSON Remotel 应用工具关闭跳过页缝设置

续表

现象	原因	如何解决
打印机打印出奇异符号、不正确的字体或其它不适当的字符	打印机和计算机之间通讯出现故障	确保使用的是正确的接口缆线，确保通讯协议是正确的
	在软件中选择了错误的字符表	用软件、缺省设置模式或 EPSON Remotel 应用工具选择正确的字符表。软件中的字符表设置覆盖缺省设置模式下或 EPSON Remotel 中所设定的设置
	使用的打印机在软件中没有选中	打印前从 Windows 桌面或应用程序中选择正确的打印机
	应用程序软件没有为打印机正确设置	确保应用程序软件安装正确，或重新安装打印机驱动程序
	软件设置覆盖用缺省设置模式、EPSON Remotel 和控制面板按键所设定的设置	使用应用程序软件选择字体
垂直打印线不对齐	双向打印无法校准。双向打印是打印机的标准打印模式	使用打印机双向调整模式解决问题

3）清除夹纸。按以下步骤清除夹纸：

第1步，按电源键关闭打印机。

第2步，如果单页纸卡在导纸器上，轻轻将其取下。

第3步，取下打印机盖。如果从后槽装入的打印纸仍装在打印机中，则将导纸器取下。

第4步，如果连续纸卡在打印机中，在距进纸槽最近的页缝处切下新进的纸。

第5步，向外转动右边的旋钮以退出打印机中的打印纸。取出残留的纸片。注意在打印机关机状态下才可以用右边的旋钮清除夹纸，否则会损坏打印机或使其丢失页顶位置或切纸位置。

第6步，必要的话将导纸器重新装上，并将打印机盖重新装上，然后盖上导纸器盖。

第7步，按电源键打开打印机。确保缺纸灯和暂停灯灭。

4）校准打印结果中的垂直线。当打印结果中垂直线不能准确对齐，可以用打印机的双向调整模式解决这一问题。按以下步骤进行双向调整：

第1步，确保装好打印纸且打印机关机。

第 2 步，按住暂停键的同时，按电源键打开打印机。打印机进入双向调整模式然后打印说明及第一套调整模式。

第 3 步，按说明中所述，将调整模式进行比较，并选择最佳调整的模式。

第 4 步，按说明打印其他调整模式，并选择各套模式中最佳调整的模式。

第 5 步，在最后一套调整模式中选好最佳模式后，按电源键关闭打印机，并退出双向调整模式，这种选择自动保存。

5）打印自检。运行打印机自检可以确定是打印机出了问题还是计算机出了问题。如果自检结果令人满意，则打印机工作正常，而问题很可能是由打印机驱动程序设置、应用程序设置、计算机或接口缆线所引起的。如果自检结果不好，说明打印机有问题。按以下步骤进入自检：

第 1 步，确保已经装纸且打印机已关闭。

第 2 步，要使用草体进行自检，就在按下电源键打开打印机的同时按下换行/换页键。使用打印机的信函质量字体进行自检，就在打开打印机的同时按下进纸/退纸键。两种自检都能帮助用户确定打印问题的根源，但草体自检比信函质量自检要快一些。几秒钟之后，打印机自动装纸并开始打印自检。打印机会打印出一串字符。

第 3 步，结束自检，则按暂停键停止打印，并按进纸/退纸键退出打印好的页。然后关闭打印机。

6）打印 Hex Dump。在 hex dump 模式下，打印机打印出从计算机收到的所有数据的十六进制值。利用十六进制转储来检查打印机与软件程序之间的通讯问题。按以下步骤打印 hex dump：

第 1 步，确保装好打印纸且打印机关机。

第 2 步，要进入 hex dump 模式，按电源键打开打印机的同时按下换行/换页键和进纸/退纸键。

第 3 步，打开一个软件程序并向打印机发送一个打印作业。打印机以十六进制形式打印其收到的所有代码，如图 4-44 所示。

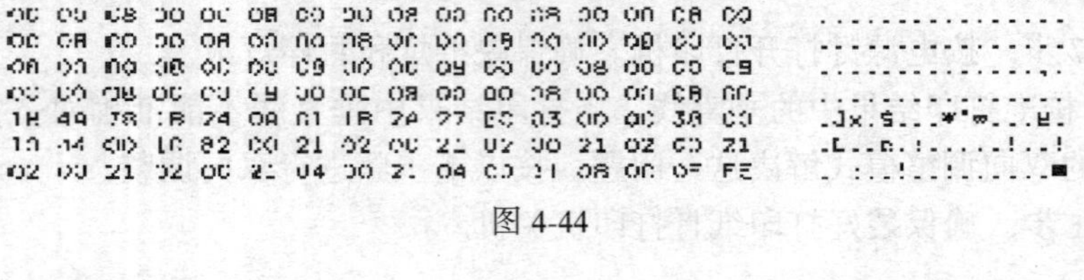

图 4-44

如果字符是可打印的，则他们以 ASCII 码的形式出现在右栏里。不可打印的代码由点代替。通过比较方栏中打印出的字符与十六进制代码的打印结果，可以核查打印机收到的代码。

第 4 步，要退出 hex dump 模式，就按暂停键停止打印，并按进纸/退纸键退出打印的页面，然后关闭打印机。

（二）喷墨打印机的操作技能

喷墨打印机是计算机系统中的重要输出设备之一。下面以佳能 ip6000D 为例介绍喷墨打印机的操作技能。

1. Pixma iP6000D 打印机的结构及使用

Pixma iP6000D 采用了佳能独有的 FINE（全平版照像喷墨打印机喷嘴工艺）高性能打印头喷嘴制造过程中保证亚微米级精度，使打印头在单程内就可以完成高速大幅面输出任务。

（1）结构外观

Pixma iP6000D 采用传统的灰色和银色外观，其前端送纸和前端出纸的独特设计使其可以紧贴墙角放置，如图 4-45 所示。随机附带的安装说明十分详尽，平均只需 15 分钟就可以完成打印机的安装、设置并开始第一次打印。

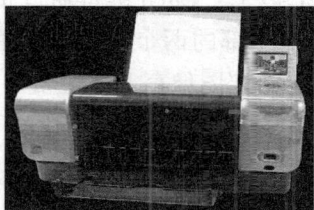

图 4-45

图 4-46

（2）送纸方式

该款打印机送纸机构不仅在顶部设置了一个自动送纸器，在底部也设置了一个盒式送纸器。底部送纸器将打印纸与灰尘隔绝，尤其适合高质量照片打印。用户可以通过打印机前端控制面板上的按钮或打印驱动程序在两个送纸机构间切换，当其中一个送纸机构缺纸时，还可以自动切换到另一个送纸机构。

（3）双面打印

Pixma iP6000D 内置的双面打印机构可以在普通纸张和照像纸（建议尺寸不小于 5″×7″）上进行双面打印，从而大大节省了打印成本。

（4）无计算机打印

Pixma iP6000D 前端有两个 flash 卡插槽（如图 4-46 所示），可以直接从 CompactFlash、SmartMedia、Secure Digital、MultiMediaCard、Memory Stick 和 Memory Stick PRO 中读取文件，直接打印上述存储器中的 JPEG 和 TIFF 格式图像，也可以作为读卡器与 PC 连接。

通过 Pixma iP6000D 上的控制面板（如图 4-47 所示）和 2.5 英寸 LCD（如图 4-48 所示），用户可以像使用 DC 一般预览、编辑和选择图像文件。

图 4-47　　　　　　　　　　　　　　　　　　图 4-48

通过这个 4 向选择器，用户可以轻松浏览图像。Print 键可实现快速打印；而 Settings 键用来设置打印选项；右上部的按键用来选择送纸机构；Trimming 键可用于裁剪图像；"＋"和"－"按键分别用于放大和缩小；Search 键可通过拍摄时间顺序进行查找；而 Menu 键则用于进入主菜单；左下部的两个按键分别用于启动 Easy-PhotoPrint 浏览存储器上的图像文件和自动将指定图像存入硬盘相应目录。

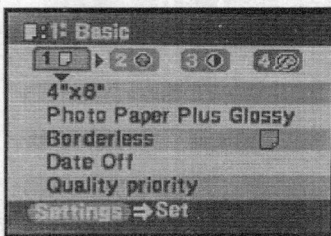

图 4-49

(5) 设置菜单说明

通过 Menu 键进入主菜单（如图 4-49 所示）可以完成以下方面的设置功能。

Basic——选择纸张尺寸、介质类型、打印类型、打印质量和日戳。

Optimizer——通过 Photo Optimizer PRO 自动调整像度和色调；通过 Vivid Photo 增强蓝色和绿色；通过 Noise Reduction 消除蓝色和黑色区域的噪声；通过 Face Brightener 增强强光背景下部的亮度。

Color Adjust——调整亮度、对比度和色调。

Effects——应用色彩效果。

(6) 连接端口

通过前端的 PictBridge USB 口，可以直接打印大多数 DC 和 DV 中的图像。PictBridge 口下方是一个红外口，可以与手机连接打印其中的 JPEG 图像。

（7）墨盒

Pixma iP6000D 采用 Canon Think Tank System 智能墨水管理系统。这一系统采用分立墨盒。某色墨水耗尽时毋须更换整个墨盒，只需更换相应分立墨盒即可，从而节省开销。其中不仅包括常用的黄、黑、青和品红，还包括照片级青和照片级品红两色，为还原照片效果提供了更为广阔的色域。

iP6000D 中墨盒安装了光学墨水传感器，可以监测墨水余量，当余量低于某一域值后，就会弹出消息，提示用户哪种颜色耗尽。用户也可以使用状态监控器观察各墨盒的状况。佳能光学墨水监测系统通过状态监控器向用户通报各墨盒的状况，避免了在打印任务中出现某种颜色耗尽而造成的浪费。

（8）驱动程序

Pixma iP6000D 的驱动程序也为用户使用提供了极大的便利。通过选择介质类型、纸张来源和打印质量，打印机就自动根据介质类型进行配置获得最佳输出效果。

2. 故障维护

由于在平时的办公系统中，喷墨打印机被使用的频率比较高，因此喷墨打印机出现故障的机会也比较多。

（1）装纸故障

1）故障现象：打印机不装纸；装纸后出现缺纸报警声；装一张纸胶辊不拉纸，需要装两张以上的纸胶辊才可以拉纸。

2）解决方法：拔掉电源，打开机盖。拿掉上盖板后，把打印头推至这中间，卸掉打印机周边的螺丝，慢慢活动将外壳拆开，然后卸下黑色的进纸胶辊，要注意进纸辊两边是由一个切槽通过两个铁片卡住，只要用力推它，使它绕纸辊旋转，就可以拿下纸辊。此时能看见纸辊下有一小光电传感器，清除周围灰尘，用酒精棉轻拭光头，擦掉脏污，重新安装好纸辊、机盖等，通电开机，问题解决。

（2）字迹不清

1）故障现象：打印时字迹一边清晰，而另一边不清晰。

2）解决方法：调节打印头导轨与打印辊的间距，使其平行。具体做法是：分别拧松打印头导轨两边的螺母，移动左右两边螺母下的调节片，逆时针转动调节片使间隙减小，顺时针可使间隙增大，最后把打印头导轨与打印辊调节平行就可解决问题。要注意调节时找准方向，可以逐渐调节，多试打几次。

（3）打印头动力故障

1）打印时感觉打印头受阻力，打印一会就停下发出长鸣或在原处震动。

2）解决方法：在打印导轨上涂几滴仪表油，来回移动打印头，使其均匀。重新开机，如果还有此现象，那有可能是驱动电路烧坏，需要拿到维修部了。

（4）打印字符残缺

1）故障现象：打印字符残缺不全，并且字符不清晰。

2）解决方法：换新墨盒或注墨水。如果墨盒未用完，可以断定是墨嘴堵塞：拿下墨盒（对于墨盒喷嘴非一体的打印机，需要拿下喷嘴，但需要仔细），把喷嘴放在温水中浸泡一会，注意，一定不要把电路板部分也浸在水中，否则后果不堪设想，用吸水纸吸走沾有的水滴，装上后再清洗几次喷嘴就可以了。

（5）开机不正常

1）故障现象：打印机开机后没有任何反应，根本就不通电。

2）解决方法：打开机壳，在打印机内部电源部分找到保险管（内部电源部分在打印机的外接电源附近可以找到），看其是否发黑，或用万用表测量一下是否烧坏，如果烧坏，换一个与其基本相符的保险管就可以了。

（6）不联机

1）故障现象：打印机不联机，发生通讯错误。

2）解决方法：删除原驱动程序，重新安装驱动。如不能解决，则关掉计算机和打印机（注意不要热插拔，否则有可能损坏端口），把打印电缆线重新拔插一下。如果还是不能解决，就换根好的打印数据线，或换根 USB 的打印线连接电脑。如果还不能解决，则可能是主板上的打印端口或打印机内部出了问题，进行维修。

（7）夹纸

1）故障现象：打印时，经常出现卡纸问题。

2）解决方法：避免使用不整齐、不平整、不符合规格的纸张。机械故障发生，需要与厂商联系，将打印机送专业维修站维修。

二、多功能一体机操作技术

现代办公的工作中，经常要进行激光打印和办公复印、传真等项业务，掌握激光打印、复印和传真已经成为现代办公人员的基本能力。SF-560 三星系列多功能一体机提供了激光打印、复印、传真和扫描等项功能。现以三星多功能一体为例介绍激光打印、复印、传真等项操作技术。

（一）多功能一体机的结构

1. 正视图（如图 4-50 所示）

2. 后视图（如图 4-51 所示）

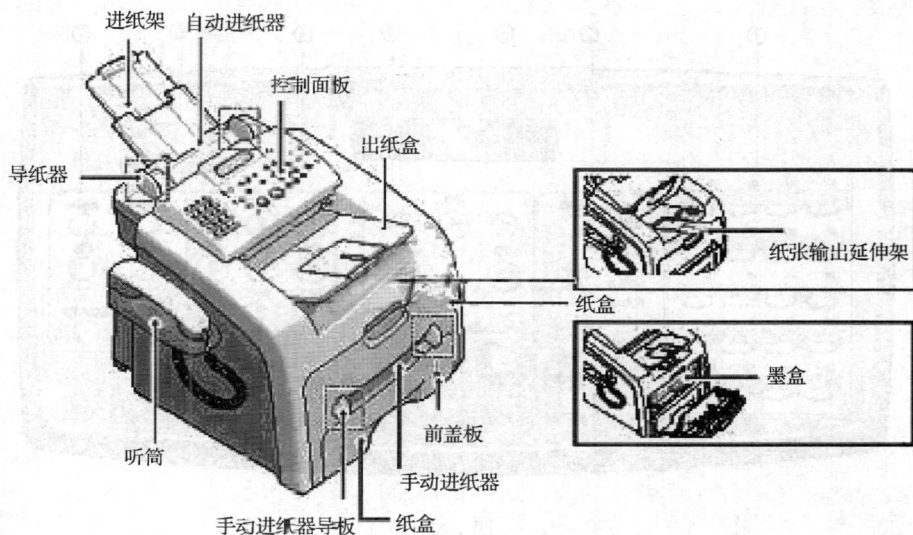

图 4-50

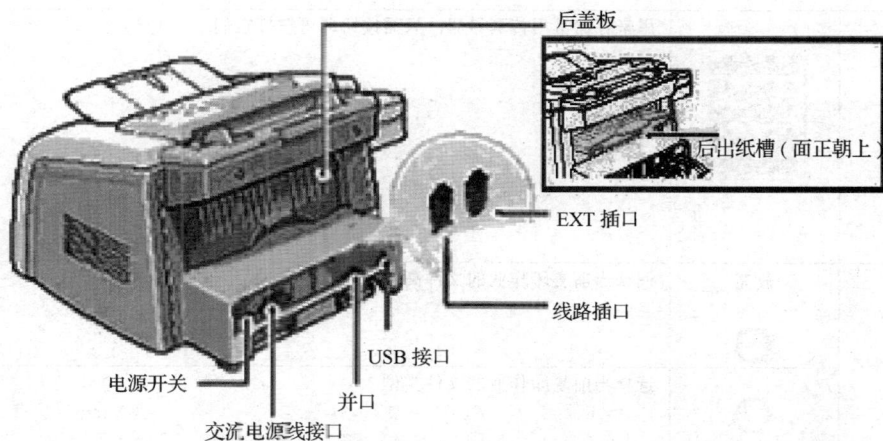

图 4-51

3．控制面板功能

（1）控制面板键位布局

多功能一体的控制面板如图 4-52 所示。

（2）控制面板功能介绍

通过多功能一体的控制面板能完成许多操作控制，表 4-19 给出各个键的操作功能。

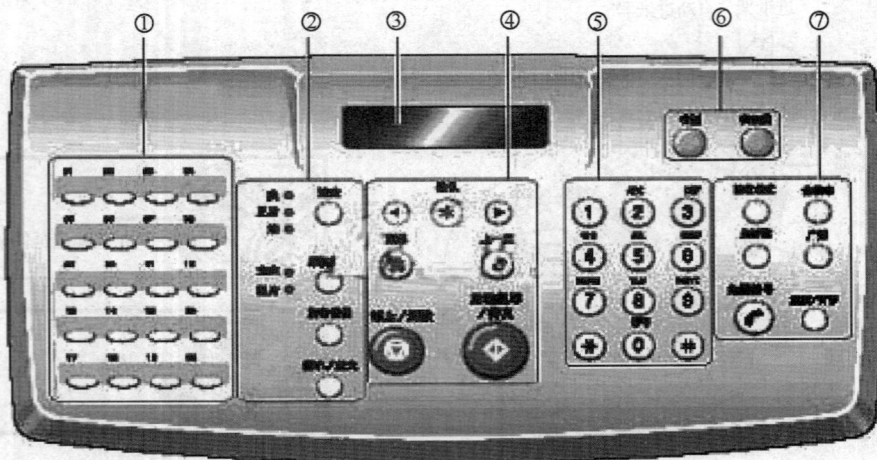

图 4-52

表 4-19

控制键区	状态	功能
1		用来存储常用传真号码，只需按钮即可拨打它们
2 复印	放亮	调整当前复印作业的文件高度
		选择当前复印作业的文件类型
	缩小/放大	缩小或放大原件
	复印份数	选择复印数量
3		在操作过程中显示当前状态和提示

续表

控制键区	状态	功能
4	◀ ▶	在选定菜单项的可选项间滚动
	确认 ✳	确认显示的选项
	菜单	进入菜单模式，在可选菜单间滚动
	上一级	返回上一级菜单
	停止/暂停	随时中止操作 在待机模式下，清除/取消复印选项，例如墒度、文件类型设置、复印件大小和复印数量
		开始作业
5	拨号键盘	拨号码或输入字母数字字符
6 省	节省	通过减少打印文件的墨粉用量来节省墨粉
		通过在预设的优惠话费时段发送传真，节省话费。使用此功能，可以利用夜间长途话费降低的时段
7 传真	接收模式	选择专真接收模式
	电话簿	用来存储常用传真号码或一组自动拨号号码 打印电话簿列表
	分辨率	调整当前传真作业的文件分辨率
	广播	将一分传真发给多个目标
		与用电话线路
	重拨/暂停	在待机模式下重拨上次拨打号码，或编辑模式下在传真号码间插入暂停

（二）功能一体机的使用

1. 安装出纸纸盒

1）将附带出纸架上的两个舌片插入到出纸盒两侧的槽孔内，如图 4-53 所示。

2）拉开扩展器，如图 4-54 所示。

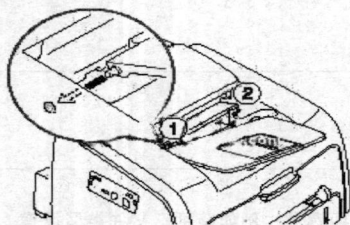 

图 4-53   图 4-54

3）当需要使用纸张输出延伸架时，应先轻轻向上提起文件输出延伸架，然后展开它。

2. 安装听筒和叉簧

1）将听筒卷线的一端插接到机器左侧的插口。必须安装听筒和底座，机器才能正常工作。

2）拿住叉簧，将听筒叉簧装到机器上，如图 4-55 所示。

首先，将叉簧的两个舌片插入到机器左侧的槽内，再向机器方向推叉簧，直到其就位。

3）卸下叉簧，请朝下推，按住叉簧底部的卡扣。如图 4-56 所示。

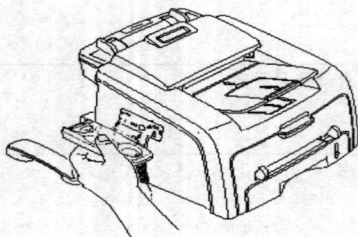 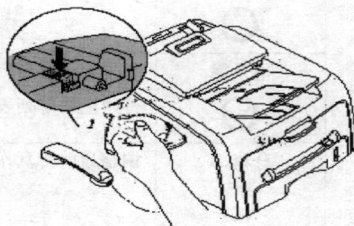

图 4-55   图 4-56

3. 安装墨盒

1）打开前盖板。

2）拿起墨盒轻轻晃动 5、6 次，使墨粉在墨盒内均匀分布。摇匀墨盒以确保达到最大打印量。

注意：为了防止损坏硒鼓，不要让硒鼓长时间暴露在光线之下。

3）将墨盒插入机器，直至完全锁定，如图 4-57 所示。

4）关闭前盖板，并确保关紧上盖。

4．装纸

可以放入约 250 张纸。要装入一叠 letter 型号的纸，请执行以下操作：

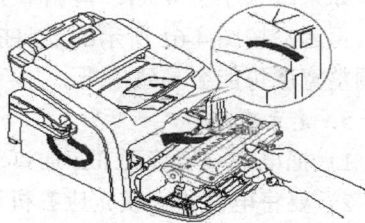

图 4-57

1）拉开纸盒，然后从机器中取出。

2）向下推压板直至锁定位置，如图 4-58 所示。

3）使纸张呈扇形散开，让纸张分离。然后将这叠纸放在平面上对齐。

4）将纸摞装入进纸盒中，打印面朝上。如果使用其他大小的纸张，调整纸张导板。

5）请注意进纸盒内部左侧的纸厚度限制标记，如图 4-59 所示。进纸过多会导致卡纸。

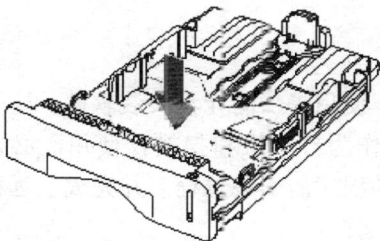

图 4-58

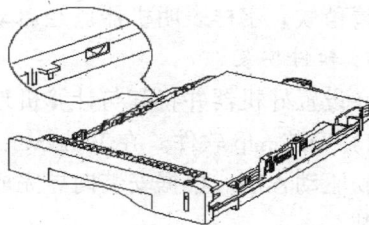

图 4-59

6）将纸盒插回到机器中。

7）更改纸盒中纸张大小。例如，调整纸张导板以扩展进纸盒的大小。

首先，按住打开导板锁定，把纸张长度导板完全推开，使纸盒完全展开，如图 4-60 所示。

其次，在纸盒装入纸张之后，滑动导板轻轻地贴着纸摞的边。

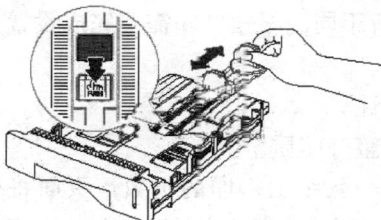

图 4-60

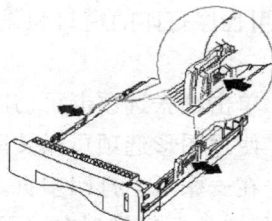

图 4-61

如果纸张小于 letter，请调节前纸张长度导板。

再者，按图 4-61 所示的方向挤压纸张宽度导板，直至与纸张边缘轻微接触。不调整宽度可能会导致卡纸。

5. 建立连接

1）把电话线连接到 line 插口，并把另一端接到墙上插口上。

2）要将电话和（或）应答机连接到本机器，请把分机或应答机的电线插入 ext（分机）插口。

3）将附带的 usb 电缆连接到机器的 usb 接口。必须使用长度不超过 3 米的 usb 1.1 兼容电缆。

如果使用并口打印机电缆，请只购买 ieee-1284 兼容并口电缆，并将其连接到机器的并口上。将金属夹子向下压，卡入电缆插头上的凹口。

6. 开机

1）将三相电源线的一端插入机器的 ac 交流电插口，另一端插入接地良好的交流电源插座。

2）按电源开关开机。出现在机器显示屏上的 "warming up please wait"（预热中，请稍候）字样表明机器已经启动。

7. 软件安装

在设置好机器并将其与计算机连接以后，使用提供的光盘安装软件。

1）安装 mfp 软件。在 Windows 下将机器作为打印机和扫描仪使用，必须安装 mfp 驱动程序。根据安装向导完成 mfp 驱动程序的安装过程，并完成了远程控制安装。

2）安装 samsung 软件。放入光盘到光驱中，自动运行并显示安装窗口。如果没有出现安装窗口，则通过资源管理器运行 "setup.exe" 程序，启动安装窗口。

将打印机连接到计算机，然后打开它，遵照安装向导提示完成常用软件安装，如打印机驱动程序、扫描驱动程序、远程控制面板软件等。

8. 打印

1）在 windows 中打印文件。打开要打印的文件，从文件菜单选择打印。不同的应用程序打印的窗口和设置选项会有所不同，根据打印需要完成设置并打印文件。

2）单击纸张选项卡可访问各种纸张属性。

3）使用图形选项可以按照打印需求调整打印质量。

4）在一张纸上打印多页。可以选择在一张纸上打印的页数，页面将被缩小并按照指定的顺序排列在页面之上，在一张纸最多可以打印 16 页。从应用程序中更改打印设置，访问打印机属性。在布局选项卡类型下拉框中选择单面打印多页。在单面的页数下拉列表中选择希望每张纸打印的页数（1、2、4、9 或 16）。如果需要，在页面顺序下拉列表中选择页面顺序。选择纸张来源、大小和类型。单击确定打印完成。

5）打印缩小或放大的文件。可以在一页上缩放打印任务。从应用程序中更改打印设置，请访问打印机属性。在布局选项卡中，从类型下拉列表选择缩小/放大。在百分比输入框中输入缩放比例。单击纸张选项卡选择纸张来源、大小和类型。单击确定打印完成。

6）将文件调整为选定的纸张大小。可以把打印作业缩放到任一纸张尺寸。从应用程序中更改打印设置。在布局选项卡中，从类型下拉列表选择适合页面。在目标纸张下拉列表选择正确的大小。单击纸张选项卡，选择纸张来源和类型。单击确定打印完成。

7）打印海报。可以将单页文件打印到 4、9 或 16 页纸上，再将纸张粘贴到一起形成海报大小的文件。从应用程序中更改打印设置。在布局选项卡中，从类型下拉列表选择海报。配置海报选项：可以把页面面布局选择为 2×2、3×3 或 4×4。如选择 2×2 则图像会被自动打印在 4 个物理页面上。按毫米或英寸指定交迭，从而使生成海报更容易。单击纸张选项卡选择纸张来源、大小、类型。单击确定打印文件。把打印约页再粘贴在一起就可以组成一个海报。

8）使用水印。水印选项使用可以在现有文件上打印文本。从应用程序中更改打印设置。单击其他功毛选项卡，在水印下拉列表中选择水印。

9）使用覆盖。覆盖是储存在电脑硬盘中的文字或图像，作为一种特殊文件格式，它可以被打印在任何文件上。覆盖常用于代替预打印形式和信头纸。不使用预打印的信头，用户也可以创建与信头包含相同信息的覆盖。要打印有公司信头的信函，只需要告诉打印机在文件上打印信头覆盖。

创建一个包含标志或图像的新页面覆盖：

① 创建或打开包含要在新页面覆盖中使用的文本或图像的文件。按覆盖打印后所需调整条目的位置。如果需要，请保存文件以备后用。

② 要从应用程序中更改打印设置，请访问打印机属性。

③ 单击其他功能选项卡，然后单击覆盖部分中的编辑。

④ 在编辑覆盖窗口中单击创建覆盖。

⑤ 在创建覆盖窗口的文件名框中键入最多 8 个字母的名称。如果需要，选择目标路径。（默认路径是 c：\ formover）。

⑥ 单击保存。该名称会出现在覆盖列表框。

⑦ 单击确定或是完成创建。

使用页面覆盖：

① 创建或打开要打印的文件。

② 要从应用程序中更改打印设置，请访问打印机属性。

③ 单击其他功能选项卡。

④ 从覆盖下拉列表框中选择希望打印的覆盖。

⑤ 如果需要的覆盖文件没在覆盖列表中，单击编辑和加载覆盖，然后选择覆盖文件。

如果要使用的覆盖文件保存在外部目录中，可以在访问"加载覆盖"窗口时加载此文件。

选择文件后，单击打开。该文件会出现在覆盖列表框，可供打印。从覆盖列表框中选择此覆盖。

① 如果需要，单击打印时确认页面覆盖。如果是选中状态，每次提交打印文件时，会出现一个消息窗口，让用户确认是否希望在文件上打印覆盖。回答是则选定的覆盖会打印到文件。在窗口中回答否，则取消打印覆盖。

② 如果此框为空而且已经选择了覆盖，则覆盖会自动打印到文件。单击确定或是直到打印开始。

覆盖会与打印作业一起下载，打印在文件上。

删除不再使用的覆盖：

① 在打印机属性窗口中单击其他功能选项卡。

② 在覆盖区段单击编辑覆盖。

③ 从覆盖列表框中选择要删除的覆盖。

④ 单击删除覆盖。

⑤ 确认消息窗口出现时，单击是。

⑥ 单击确定直到退出打印窗口。

10）本地共享打印机。

将打印机直接连接到选定的计算机，称之为网络上的"主机"。打印机可以通过 Windows 9x、me、2000、xp 或 NT4.0 的网络打印机连接共享给网络上的其他用户。下面以 Windows 为例。

设置主机：

① 启动 Windows。

② 从开始菜单中选择控制面板，然后双击网络图标。

③ 选中文件和打印共享框并单击确定。

④ 单击开始，并从设置中选择打印机，双击打印机图标。

⑤ 在打印机菜单中选择属性。

⑥ 单击共享选项卡并选中共享，填写共享名字段并单击确定。

设置客户机：

① 右键单击开始，并选择资源管理器。

② 在左栏中打开网络文件夹。

③ 右击共享名称，并选择捕捉打印机端口。

④ 选择所需端口，选中登录时重新连接，并单击确定。

⑤ 从开始菜单选择设置，然后单击打印机。

⑥ 双击打印机图标。

⑦ 从打印机菜单中选择属性。

⑧ 在详细信息选项卡中选择打印端口并单击确定。

9．复印

（1）装入纸张

①往纸盒中加纸。出纸盒上的纸张用量指示器（如图 4-62 所示）显示纸盒中当前剩余纸张数量。纸盒用空时，指示器条降低。

装纸时，拉开纸盒将纸张打印面向下装入。

将带信头的纸张设计面朝下装入。带图标的纸张上边应当放在纸盒前部。

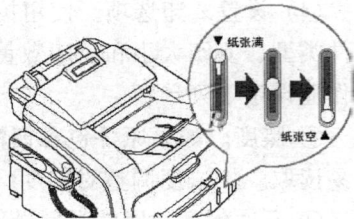

图 4-62

② 使用手动进纸器。设置手动进纸器的纸张类型和大小。打印透明胶片、标签、信封或明信片使用手动进纸器。

第 1 步，将打印材料的打印面朝上平放到手动进纸器的中央。

对于信封，将信封边面朝下，邮戳区域在左上边。

如果是透明胶片，请拿住它们的边缘，避免触摸打印面。手指上的油脂会造成打印质量问题。

第 2 步，将纸张设置调整为打印材料的宽度。

第 3 步，打开后盖使用后出纸槽。

第 4 步，打印后，关闭后盖。

（2）准备文件

使用 adf（自动进纸器）时，一次最多可装入 20 张。

使用 adf 时：

① 装入的纸张尺寸不要小于 142 mm×148 mm，也不要大于 216 mm×356 mm。

② 不要试图装入下列纸张类型：

复写纸或背面可复写的纸、涂层纸、葱皮纸或薄纸、皱或折过的纸、卷曲或包有金箔的纸、破损的纸。

③ 装入文件前取掉订书钉和回形针。

④ 确定装入文件前纸张上的胶水、墨水或修改液已干。

⑤ 不要装入大小或重量不同的纸张。

⑥ 不要装入包含其他不常用字符的小册子、透明胶片或文件。

（3）复印。径直拉开文件架。如果需要可拉开扩展器。

① 在 adf 中最多装入 20 页正面朝下的文件。

② 将文件导板调整至文件大小。

③ 通过使用控制面板按钮定制复印设置，包括复印数量、复印大小、黑度和原件类型。例如，如果复印两份 3 页的文档，一份完整的 3 页文档复印完毕后，才开始复印第二份完整的文档。要清除设置，请使用停止/清除按钮。

④ 按启动复印/传真。

（4）设置复印选项。使用控制面板按钮可以设置所有基本复印选项、黑度、文件类型、复印大小和复印数量。在按启动复印/传真启动复印之前，为当前复印作业设定下列选项。

① 黑度。如果原件包含模糊的标记和深色的图像，可以调整亮度使复印时容易读取。按浓度调整对比度。每次按此按钮时，会打开标有选定模式的 led。

② 原件类型。原件类型设置通过为当前复印作业选择文件，来提高复印的质量。选择文件类型，请按原稿类型。每次按此按钮时，会打开标有选定模式的 led。可以从下列图像模式中选择：文本，适用于主要是文本的文件；照片，适用于原件是照片的情况。

③ 复印份数。使用复印份数按钮可以选择复印 1 到 99 份。按复印份数。

按住滚动按钮（◀或▶）可以快速增加或减少 5 份。也可以使用数字键盘输入选择值。按确认保存选择。

④ 缩小/放大复印。使用缩小/放大按钮，用户可以在 50％到 150％之间缩小或放大复印的图像。从预定义的复印大小中选择：按缩小/放大或滚动按钮（◀或▶）选择想要大小设置。默认设置显示在显示面板的底部。

按确认保存选择。调整复印大小：按缩小/放大或滚动按钮（◀或▶），直到底部出现"自定义：50％～150％"，按确认。

按滚动按钮（◀或▶），直到显示屏幕显示需要的复印尺寸。

（5）更改默认设置。复印选项包括黑度、原件类型、复印大小和复印份数，都可以设置为常用的模式。复印文件时，如果不使用控制面板上的相应按钮更改设置，将使用默认设置。按如下操作创建自己的默认设置：

① 按控制面板上的菜单，直到您看到显示屏的上面一行出现"Copy Setup"。第一个菜单项"Default-change"出现在底部。

② 按确认进入菜单项。第一个设置选项"Darkness"出现在底部。

③ 按滚动按钮 (◀或▶) 浏览设置选项。

④ 当所需的选项出现时，按确认进入此选项。

⑤ 使用滚动按钮 (◀或▶) 更改设置，或使用数字键盘输入所需的值。

⑥ 按确认保存选择。

⑦ 如果需要，重复步骤③至⑥。

⑧ 要返回待机模式，按停止/清除。

(6) 设置超时选项。如果在控制面板上更改设置后不开始复印，可以设置恢复到默认复印设置前的打印机等待时间。

① 按控制面板上的菜单，直到您看到显示屏的上面一行出现"Copy Setup"。

② 按滚动按钮 (◀或▶) 看到显示屏底部显示"Timeout"。

③ 按确认进入菜单项。

④ 按滚动按钮 (◀或▶) 直到所需的状态出现在显示屏上。

可以选择 15、30、60 和 180 秒。选择"Off"表示机器直到按启动复印/传真开始复印或按停止/清除取消时才恢复默认设置。

① 按确认保存选择。

② 要返回待机模式，按停止/清除。

(7) 逐份复印。只有当在 adf 中放置文档时，才能使用逐份复印 (Collation Copying) 功能。

① 按控制面板上的菜单，直到您看到显示屏的上面一行出现"Copy Setup"。

② 按滚动按钮 (◀或▶) 看到显示屏底部显示"Copy Collated"。

③ 按确认进入菜单项。

④ 如果复印多份，并想逐份复印，请按滚动按钮 (◀或▶) 设定 Copy Collated 为"On"，然后按确认。

⑤ 按启或启动复印/传真开始复印。

10．传真

(1) 设置传真系统

1) 更改传真设置的选项。按菜单直到显示屏的上面一行显示"Fax Setup"；按下滚动按钮 (◀或▶) 直到底部看到想要的菜单项，然后按确认；使用滚动按钮 (◀或▶) 为选定的选项寻找所需要的状态或使用数字键盘输入所需要的值；按确认保存选择；要返回待机模式，按停止/清除。

2) 可使用传真设置选项，如表 4-20 所示。

3) 装入文件。径直拉开文件输入架。如果需要可拉开扩展器。

自动进纸器中最多装入 20 页正面朝下的文件，将文件导板调整至文件大小。

调整文件的分辨率，调整分辨率以获得高质量的传真。按分辨率或滚动按钮

（◀ 或 ▶）可以选择标准、精细、超精细和照片。

表 4-21 将说明对各文件类型所建议的分辨率设置。

表 4-20

选项	概述
Ring To Answer	指定在应答来电之前机器铃声响的次数，从 1 到 7
Darkness	选择默认的黑度模式，以把文件发送得浅些或深些 ＊淡：适用于深色打印文件 ＊正常：适用于标准的打字或印刷文件 ＊浓：适用于浅色打印可模糊的铅笔标记
Redial Term	如果远程传真机忙音，此款机器可以自动重拨此远程传真机。可以输入从 1 到 15 分钟的间隔
Redials	指定机器尝试重拨的次数，从 0 到 13。如果输入 0，机器将不会重拨
MSG Confirm	设定机器打印报告，显示发送是否成功、发送的页数等。选择的选项为 0n、Off 和只有在发送失败时才打印报告的 On-Error
Auto Report	打印前 50 个通讯操作的详细信息包括时间和时期的报告。可用的选项为 On 或 Off
Auto Reduction	当接收的文件与纸盒中装的纸张一样长或比其长时，机器可以缩小文件的尺寸，使其适合机器中所装纸的尺寸。如果您要机器自动缩小进来的传真，选择 On。如果此功能设为 Off，机器将不会把文件缩小到一个页面上，文件会被分割并以实际大小打印在两个或更多的页面上
Discard Size	如果接收的文件与机器中装的纸张一样长或比其长时，可以设置机器截去页面底部多余的部分。如果接收的页面超出了设定的边距，机器会按照实际的大小打印在两张纸上。如果文件在设定的边距范围之内，同时自动缩小功能也被打开，文件将会被缩小适合选定尺寸的纸张，而且不会发生弃置。如果自动缩小功能被关闭或失败，边距范围内的数据将被丢弃。设置范围从 0 到 30mm
Receive Code	通过远程接收代码可心从插入本机背面分机插口的电话分机上开始接收传真。如果拿起电话分机并听到传真音，输入接收代码。接收代码在工厂预设为＊9＊。设置范围从 0 到 9
DRPD Mode	使用"特色振铃模式检测"（DRPD）功能接收呼叫，该功能使用户可以使用一根电话线来应答来自多个不同电话号码的呼叫。在此菜单是，可对传真机进行设置，以识别要应答的振铃模式

表 4-21

模式	建议的文件类型
Standard	字符为正常大小的文件
Fine	含有较小字符或细线的文件，或使用点阵式打印机打印的文件
Super Fine	含有非常详细内容的文件。只有在远程传真机也支持超精细分辨率时，才可以用超精细模式
Photo	含有灰色阴影或照片的文件

（2）发送传真

1）自动发送传真。正面朝下将文件装入 adf。调整文件的分辨率，以适合传真需要。使用数字键盘输入远程传真机的号码。可以使用单按、速拨或组拨号码。按"启动复印/传真"键，机器开始拨号，在远程传真机准备就绪时发送传真。

2）手动发送传真。正面朝下将文件装入 adf。调整文件的分辨率，以适合传真需要，按免提拨号或拿起听筒。可以听到拨号音，使用数字键盘输入远程传真机的号码。可以使用单按、速拨或组拨号码。听到远程传真机发出声调高的传真信号时，按"启动复印/传真"键。如果想要取消传真作业，随时按"停止/清除"键即可。

3）重拨上次拨打号码。按重拨/暂停。如果文件被装在 adf（自动文件进稿器）中，机器自动开始发送。

4）确认发送。文件的最后一页被成功发送之后，机器会发出嘟嘟声，然后返回待机模式。如果在发送传真的过程中出错，显示屏上会显示错误信息。如果您收到错误信息，按'停止/清除'键清除信息，然后尝试再次发送。可以设定机器在每次完成发送传真时自动打印确认报告。

5）自动重拨。如果拨的号码为忙音或在发送传真没有应答，根据工厂的默认设置，机器会每隔 3 分钟自动重拨此号码，最多可重拨 7 次。在显示屏显示"retry redial ?"时，按确认重拨此号码，不需等待。要取消自动重拨，按"停止/清除"键。要改变重拨的时间间隔或尝试重拨的次数。

（3）接收传真

1）为接收传真装入纸张。除了传真只能打印在信纸、A4 或法律纸等尺寸的纸张上，无论是要打印、发送传真，还是要复印，在纸盒中装纸的指南都是一样的。

2）在 fax 模式中，机器应答发过来的传真呼叫，并立即进入传真接收模式。在传真模式中自动接收。按住接收模式直到"fax"显示在底部。需要重复此操作一次或两次，具体视当前模式而定。在接收传真时，机器以指定的铃声次数应答来电，并自动接收传真。

3）在 tel 模式，可以提起听筒或按下免提拨号（可从远程机听到话音或传真音），然后按下本机控制面板上的启动复印/传真来接收传真。也可以拿起电话分机的听筒，然后按下远程接收代码。在电话模式中手动接收。按住接收模式直到"tel"显示在底部。在接收传真时，拿起听筒或按免提拨号。从远程机听到传真音或话音。按启动复印/传真接收传真，机器开始接收传真。

4）在 ans/fax 模式，应答机应答来电，呼叫者可在应答机上留下信息。如果传真机在话路上检测到传真音，来电自动转换到传真。在应答/传真模式下自动接收。按住接收模式直到"ans/fax"显示在底部。接收传真时，应答机会应答。

如果本机在话路上听到传真音，则自动开始接收传真。

5）在 drpd 模式下，可以使用"特色振铃模式检测"（drpd）功能接收呼叫。"特色振铃"是电话公司提供的一种服务，它使用户可以使用一根电话线来应答来自多个不同电话号码的呼叫。当传真机处在待机模式时，当前接收模式会显示。如果内存已满，接收模式会自动切换为 tel。

6）使用电话分机手动接收。可在分机上从通话对方处接收传真，无需转到传真机。在分机上接到电话并听到传真音时，在分机上按下 ＊9＊ 按钮，本机接收文件。依次缓慢按下按钮。如果仍然从远程机上听到传真音，再次按下 ＊9＊。＊9＊ 为在工厂预设的远程接收码。第一个和最后一个星号固定不变，但可以把中间的数字改变为选定的数字。

7）使用 DRPD 模式接收传真。不同的"铃声"是一种电话公司服务，通过该服务用户能够使用单根电话线接听几个不同的电话号码。本功能经常用于代客接听电话服务，该服务接听许多不同客户的电话，需要了解有人正在拨入哪个号码，以便恰当地接听电话。使用"不同响铃方式检测（drpd）"功能，传真机可以"获悉"指定由传真机应答的响铃方式。除非进行了修改，否则可继续识别出这种响铃方式并按传真电话应答，而所有其他响铃方式则转到电话分机上或插入分机插口的应答机上。可以随时方便地停止或修改 drpd 功能。使用 drpd 选项前，必须由电话公司在电话线上安装"不同的铃声"服务。设置 drpd 模式的方法如下：按下菜单按钮，直到"fax setup"显示在显示屏的顶部；第一个可用的菜单项"receive mode"显示在底部；按滚动按钮（◀ 或 ▶）直到底部出现"DRPD Mode"，然后按"确认"键；当显示屏底部显示"set"时，按下"确认"键；lcd 显示"waiting ring"；从另一部电话拨打传真号。没有必要从传真机进行呼叫；当传真机的振铃开始响时，不要应答呼叫。传真机需要多种振铃来熟习模式；传真机完成熟习后，lcd 将显示"end drpd［setup］"；如果 drpd 设置失败，将显示"drpd ring error"。显示"drpd mode"时按下"确认"键，从步骤 3 重试；要返回到"standby mode"，请按"停止/清除"键；drpd 功能设置完成后，可在"receive mode"菜单中找到 drpd 选项。要在 drpd 模式下接收传真，需要将菜单设置为 drpd。

8）把传真接收到内存中。此款机器是多任务设备，在复印或打印的同时也可以接收传真。如果在复印或打印时接收到传真，机器会把发进来的传真保存在内存之中。完成复印或打印后，机器会自动打印传真。

（4）单按拨号

控制面板上的 20 个单按按钮可以储存常用的传真号码，只需按一下按钮就能拨打一个号码。

1）储存单按号码。按住一个单按号码按钮约 2 秒钟。显示屏要求输入传真号码。"t"表示正在使用的单按按钮。如果选择的位置已经储存有号码，显示屏会显示号码，并允许更改它。要以另一个单按号码开始，按"停止/清除"键；使用数字键盘输入想要储存的号码，然后按"确认"键。要在号码之间插入暂停，按重拨/暂停符号"-"会出现在显示屏上。如果输入号码错误，可按◀按钮，重新输入正确号码：要为号码指定名字，输入所需要的名字，如果不想指定名字，跳过这一步；显示屏正确显示名字或不输入名字时，按"确认"键；要返回待机模式，按"停止/清除"键。

2）使用单按号码发送传真。正面朝下将文件装入 adf。调整文件的分辨率，以适合传真需要。按下存储号码的单按按钮，文件被扫描到内存之中。机器会拨打单按拨号位置储存的传真号码，当远程传真机应答时文件会发送出去。

(5) 发送传真的其他方式

传真发送时，可使用速拨方式、组拨方式、搜索内存号码等功能发送传真。具体方法这里不再赘述，随产品携带有使用手册。

(三) 维护与维修

1. 维护

(1) 清除存储信息

1）按控制面板上的菜单，直到看到显示屏的上面一行出现"Maintenance"。

2）按滚动按钮（◀或▶）当显示屏下面出现"Clear Memory"，然后按"确认"键。

3）按滚动按钮（◀或▶）直到显示屏出现要清除的项目。

4）按"确认"键。

5）要清除其他项目，可重复以上操作完成。

(2) 调整阴影

当扫描设备变脏时，它可以变更阴影值。如果复印件上有黑线或模糊，请调整阴影设置。

1）将一张白纸装入到 adf 中。

2）按控制面板上的菜单，直到看到显示屏的上面一行出现"Maintenance"。

3）按滚动按钮（◀或▶）当显示屏下面显示"Adjust Shading"，按"确认"键。

4）按滚动按钮（◀或▶）选择"On"，然后按"确认"键。

机器会拾取纸张并调整阴影值。

(3) 清洁机器

要保持打印质量，在更换墨盒或出现打印质量问题的时候，按以下步骤清洁机器：

1）清洁外部。使用软的无绒布清洁机器的外壳。可以用略微蘸湿的布，但小心不要让水滴到机器上或机器内部。

2）清洁内部。在打印过程中，纸张、墨粉和灰尘颗粒会堆积在机器内部。

这种累积会引发打印质量问题，例如墨粉斑点或污点。清洁机器内部能够清除或减小这类问题。关闭机器，拔掉电源线。等待机器冷却；打开前盖板，拔出墨盒，将其轻轻放下。

用干燥、不起毛的布，将墨盒位置和墨盒腔内的灰尘和撒出的墨粉擦掉；将硒鼓装好，关上机器；插上电源线，打开机器。

（4）维护硒鼓

1）在使用前方可将硒鼓从包装中取出。

2）请勿重新灌粉。此机器质保不包括由于使用重新灌粉硒鼓而引起的损坏。

3）将硒鼓存放在与机器相同的环境中。

4）为避免损坏硒鼓，请勿将其长时间置于光亮处。

2．故障排除

（1）清除文件卡纸

如果通过 adf（自动文件送纸器）送纸时卡纸，显示屏上将出现 "docum ent jam"。

1）送纸故障。将 adf 中剩余文件取出；将卡住的纸抽出；将文件重新装入 adf。

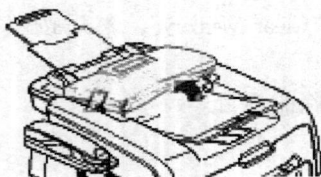

2）出纸馈送故障。将 adf 中剩余的文件取出；抓住控制面板的底部向上拉，以打开控制面板，如图 4-63 所示；小心从 adf 中取出文件；合上控制面板，将文件重新装入 adf。

（2）清除卡纸

出现卡纸情况时，显示屏上出现 "Paper Jam" 字样。

图 4-63

1）在纸盒中卡纸。打开并关闭前盖板，卡住的纸张自动退出机器。如无纸退出，则打开进纸盒，小心地将纸张向外笔直拉出。打开并关闭前盖板继续打印。

2）出纸区域卡纸。打开并关闭前盖板，卡住的纸张自动退出机器。如无纸退出，则将纸张轻轻地从前出纸盒抽出。若不成功，则打开后盖，小心地将纸张向外笔直拉出，关闭后盖板。打开并关闭前盖板继续打印。

3）热熔区或墨盒附近卡纸。打开前盖板，拨出墨盒，将其轻轻放下。小心地将纸张向外笔直拉出。将墨盒装好，关上机器。打印自动继续。

4）在手动进纸器中卡纸。将纸张从机器内抽出。

（3）清除 lcd 错误信息

在控制面板上显示屏出现的信息指示机器的状态或错误。具体情况如表 4-22 所示。

表 4-22

显 示	含 义	建议的解决方法
Cancel? 1：Yes 2：No	机器向内存中存储文件时内存已满	要取消传真作业，按按钮 1 选择 "Yes"。如果希望发送已存储页面。按按钮 2 选择 "No"。在有存储空间时发送剩余页面
[Comm. Error]	机器出现通信问题	请求发送人重试一遍
CRU Fuse Error	机器无法正确识别新的墨盒	请联系服务代表
[Document Jam]	装入的文件在 ADF（自动文件送纸器）处卡纸	清除文件卡纸
[Door Open]	前盖板或后盖板未安全锁定	关闭盖板，直至锁定
Grop Not Available	在只有一个位置号码可用时试图选择组位置号码，例如为一个广播操作添加位置	使用单按或速拨号码，或使用数字键盘手动拨号
[Incompatible]	远程机器不具备所需功能，如延时传送。此情况也在远程机器没有足够的内存空间完成所需操作时发生	重新确认远程机器功能
[Jam 1] or [No Cartridge]	没有安装墨盒	请安装墨盒
[Line Busy]	远程没有应答或线路已经被占用	请稍候再试
[Line Error]	机器无法连接远程机器，或由于电话线路的问题失去连接	重试，重试如果问题依然存在，请等待约 1 小时让线路开通，然后重试。或打开 ECM 模式
Load Document	在没能装入文件的时候试图建立一个复印或传真操作	装入文件后重试
Low Heat Error Open Heat Error [Over Heat]	热熔器单元存在问题	拔掉电源线重新插入。如果问题依然存在，联系服务代表
[LSU Error]	LSU（激光扫描单元）出现问题	拔掉电源线重新插入。如果问题依然存在，拨打服务电话
Memory Full	内存用完	删除不需要的文件。在有更多可用内存的情况下重新传输，或将传输拆分为多个操作
[No Answer]	在多次重拨尝试后远程传真仍然没有应答	重试，重试确认远程机器在运作
No. Not Assigned	尝试使用的单按或速拨按钮位置没有指定号码	使用数字键盘手动拨号或分配电话号码。完成储存号码

续表

显示	含义	建议的解决方法
[No Paper]	纸盒中的纸已用完	向纸盒中装纸
Operation Not Assigned	在使用添加/取消操作, 但是没有等待的作业	检查显示屏, 是否存在计划作业。显示屏应该在待机模式指示计划作业。如延时传真
[Paper Jam 0] Open/Close Door	纸盒内的送纸区域发生卡纸	清除文件卡纸
[Paper Jam 1] Open/Close Door	*出纸区域发生卡纸 *手动进纸器中发生卡纸或机器检测到手动进纸器中没有进纸	清除文件卡纸
[Paper Jam 2] Check Inside	热熔区发生卡纸	清除文件卡纸
[Power Failure]	电源曾关闭又打开, 机器存储信息没被保存	需要重新开始电源发生故障前的作业内容
[Retry Redial?]	机器等待指定的时间间隔, 然后重新拨打先前繁忙的号码	可以立即按确认, 或停止/清除取消重拨操作
[Stop Pressed]	在复印或传真操作过程中按下停止/清除按钮	重试
[Toner Empty]	墨盒耗尽, 机器停止打印	更换新墨盒
[Toner Low]	墨盒中墨粉已快用完	取出墨盒, 轻轻的晃动。执行此操作, 可以暂时恢复打印

　　本单元通过一些办公设备实例, 讲述了各种办公设备的操作技术及维护维修的一些常识, 这里只起到抛砖引玉的作用, 其他型号的办公设备的具体操作技术和维护维修方法与此有着相通之处。在今后使用到这类设备时, 还要认真参阅产品使用手册, 以便更科学、更准确、更便捷的使用。

实 训 六

　　1) 利用打字练习软件及 Word 文档, 练习相关文章的汉字录入。
　　2) 利用相关设备练习针式打印机的使用。
　　3) 利用相关设备练习喷墨打印机使用。

第五模块 电子收款机的操作技能

第一单元 电子收款机的基本结构及主要功能

一、收款机的基本结构

(一) 电子收款机的结构

电子收款机（Electron c Cash Register，简称 ECR）主要由电子器件和机械部分构成，主要有七个基本部分。其结构如图 5-1 所示。

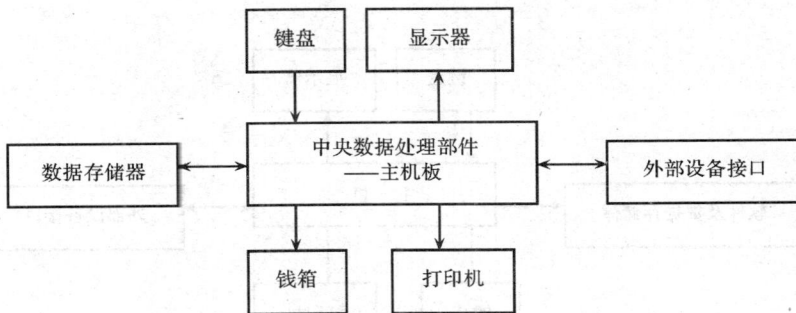

图 5-1

1．中央数据处理部件

中央数据处理部件即主机板，它用于处理、计算由键盘送入的商品件数、金额等各种收款数据，控制收款机的各种设备和部件。收款机的主机板一般为专用，简洁方便，安全可靠. 但用户不易再开发。

2．数据存储器

数据存储器用于存储孔器的程序和销售商品的数量、金额、税和各类报表等数据，主要有只读存储器（ROM）、电子擦除只读存储器（EPROM）、静态随机存储器（SROM），磁盘（DISK）是外部存储器。

3．键盘

用于输入销售数据。有机械式、电容式、及薄膜式键盘。前两种输入速度高，适用于商业零售。薄膜式键盘防水防尘，适用于餐饮业。

4．打印机

是 ECR 输出的关键部件。对于商业企业，一般要求双程存根或双层打印。

打印机的主要类型有字轮打印、针式打印、热敏打印、压感打印机。

5. 显示器

ECR 一般有两个显示器，一个是收银员用的显示器，一个是提供给顾客用的显示器。多采用荧光数码或液晶数码显示。

6. 钱箱

用于存储现金。带有电子控制的开关装置。

7. ECR 外部接口

用于连接条码阅读器、发票打印机、或厨房打印机、磁卡阅读器、电子秤及通信联网等。不同的收款机采用不同的外部设备接口。

（二）基于 PC 的电子收款机基本结构

基于 PC 的电子收款机（PC-based ECR，即 POS 机）具有 PC 机的特点。其基本结构如图 5-2 所示。

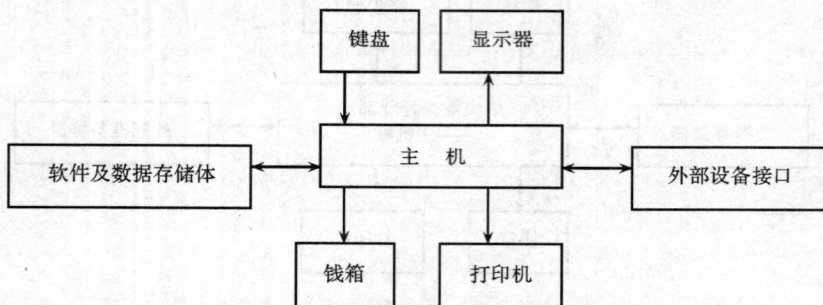

图 5-2

1. 主机

一般为 386 以上的产品，现已有 586 档次的产品，内存基本为 2MB，现已有 8MB 产品。

主板基本上采用 PC 机专用主板，较好的收款机采用自行设计的 POS 专用的主板，以在恶劣的环境下有较强的工作能力。

2. POS 的软件及数据存储器

大多数使用微机上的硬盘机或软盘驱动器作为收款机软件及数据的存储体，其存储量大，使用方便，与普通微机硬件兼容性好，适合微机上的软件开发。

3. 显示器

基本上采用阴极射线管式显示器为主操作显示器，辅助显示器常用的有液晶的、带有背景光的、半导体发光管的、荧光管的。显示方式为点阵式和数字式两种。

4．键盘

一般 POS 配备专月键盘。键盘输出与普通 PC 键盘是相互兼容的。

5．打印机和票据订印机

基本上配有双站或单站击打式专用打印机。打印的行字符数一般为 40 个字符，比 ECR 上用的打印机要多。

6．外部设备接口和外部设备

POS 带有与微机相同标准的串行通信口，并行通信口及扩展槽。POS 的外设扩展能力比 ECR 收款机强得多。配备外部设备有：

(1) 条形码阅读器

有激光的、光笔式的条形码阅读器。分手持式、卧式两种。

(2) 电子秤

对一些零售称重的商品由电子秤向收款机发送重量信息。

(3) 条码电子秤

对一些分包装重量不等的商品，使用条码电子秤，除称重量外，还可打印该种商品带有的价格条码。

(4) 票据打印机

一些 ECR 或 POS 机上配备票据打印机，完成定制票据或账单打印。

(5) 磁卡阅读器

读取信用卡信息，用于各种银行卡、优惠卡、会员磁卡等。

二、收款机的主要功能

收款机作为商业零售业的前台销售终端，它的功能是紧密围绕着前台销售业务的。因此在了解收款机的主要功能之前，有必要首先知道收款机上使用的与前台销售业务有关的基本概念，其涉及前台销售业务的基本概念如下：

(一) 有关收款机销售业务的概念

1．部门

是指商品按销售所划分的大类。部门在实际应用中可能代表卖场中的部门、小组、柜台、摊位等，并且是商品销售统计的最基本单位。

2．PLU

商品编号或商品信息文件。PLU 是英文 Price-Look-Up 的缩写。

3．报表

收款机可以产生各种各样的销售报表，从时间上看有日报表、周报表、月报表或阶段报表；从数据的可否清零、复位角度来看有 X 报表和 Y 报表，X 报表是对数据读出而不复位，Y 报表是对数据读出并对其清零复位；从报表统计的内容来看有财务、部门、PLU、收银员、营业员、时间段、商品滞销、畅销情况、顾客购买情况分析等报表。

4. 交易和交易项

顾客购买商品从第一件商品的录入到全部商品结算的全部过程称之为一笔交易，在收款机中一笔交易的概念除顾客购买商品外，还包括换钱、借、贷等非销售的内容。对每一种销售商品的处理为一个交易项。

5. 更正

对操作收款机所发生的错误的解决。更正分为清除、即时更正、作废和全部作废。即时更正是取消当前这笔交易项，作废是对当前这笔交易项的某一笔交易项取消，全部作废是对整个交易的取消。

6. 折扣、加成和减价

它们都是商品促销的手段。折扣是对于销售金额减去其百分比数，加成是对销售金额加上其百分比数，减价是对于销售金额直接减去某一金额数。折扣和加成可以对单项商品进行，也可以对累计商品进行。有的收款机对于折扣和加成的百分率可以预置，更好一点的折扣和加成还可以预置为对某项商品或是某一累计金额进行。

7. 支付方式

顾客对于所购买的商品的付款形式，有现金、支票、信用卡、购物券、外币、转账等其他多种方式。

(二) 收款机的主要功能

由于收款机的种类、档次、型号等的差异，某些功能特别是排在后面的功能，低档机是不具备的，有些功能虽然具备，但是受各商户的管理水平、应用环境等条件的限制，可能实现不了。收款机所具有的主要功能有：

1) 各种折扣的处理。临时折扣，即收银员手工给顾客折扣；优惠，由后台发出优惠单，前台在指定时间内自动折扣处理，收银员只需按正常收银流程收银即可；卡处理，对于持有会员卡或贵宾卡的顾客进行优惠处理。

2) 正常销售、退货及红冲。

3) 支持多种付款方式并用。

4) 盘点表的输入。在盘点时，前台收款机将作为录入机使用将盘点表输入电脑，为后台分析做准备。

5) 对账功能。提供各种当日的对账报表。

6) 简单的维护功能。

7) 交接班功能。包括早晚班交班、缴款及密码修改等功能。

以上各种功能均由权限控制，各收银员只能操作被赋予权限的功能。

三、收款机的基本分类与特性

收款机从产生到现在已形成了多种机型并存的局面，其类型大致可分为以下三种：

（一）一类机

金额管理被称为一类机。一般情况下，一类机不具备通信能力，这也是一类机的标志之一，因此一类机不能作为信息系统的数据采集终端。一类机的功能虽简单，但使用方便，价格低廉，适用于中小型的专卖店、杂货店、饭馆、连锁店等。

其特点为部门少于 10 个，PLU 少于 100 个，一、二种结算方式，一个或两个收银员，累计金额 8 位，小数点后两位，累计件数 5 位，小数点两位，还有顾客流量统计、计算税收功能、非营业收入和支付等扩展功能；提供 X/Z 四种基本报表；金额表，收银员经营表，部门销售表和 PLU 销售表；打印机机是双程打印或双层打印的；钱箱配置电子开关和机械开关；双面显示器。

（二）二类机

报表二类机收款机是具备单品管理能力和联网通信能力的收款机，也称 on-Line ECR。一类机具有的功能二类机都具有，它的功能更强，部门在 20、30 个以上，PLU 多于 3000 个，4 种以上结算方式，4 个以上收银员，60 个以上营业员；累计金额 10 位，小数点后两位；累计金额数 5 位，小数点后两位；销售中的辅助处理功能，像清除功能、错误操作更正功能、退货功能、折扣功能、加减功能、乘法功能、掉电保护功能、保密及安全控制功能、数据暂存及调出功能；顾客流量统计、计算税收功能、非营业收入和支付、定义班组累计功能、与上位机联、网通信等功能，都是它的基本功能。二类机的报表功能比一类机的更强，即可从前台打印出各种报表又可从后台打印出多种分析报表，既有日报表又有阶段报表。

二类机型的最大特点是多台联网功能，也可将其网络系统与通用计算机相连，有后者统一管理，因而可对大型商业企业进行全面管理，通常一个收款机网络中能连接 32 台，它们可统一可个别地将销售的汇总数据上传给计算机，或接受计算机的控制信息和设定的数据等，通常这种通信是批作业处理，也有较少实时处理。

（三）三类机

三类机是基于 PC 的电子收款机，也称为 POS 终端，是新一代收款机。它是计算机技术、通信技术和机械技术的综合应用，使收款机由早期单纯的信息采集工具进化为多功能的信息处理工具。它可以为后台管理软件提供一套很完整的销售管理基础数据。其软件的主要特点为：

1．具备较完善的销售功能

在销售功能方面，PC-based ECR 软件相对于 ECR 收款机软件更加灵活，数据容量更大，销售功能基本包括：

1）可以按货品码、店内码、类码等信息进行销售，同时也可以按部门、柜组、营业员等信息进行销售；某些软件的销售功能还可以支持非整数数量销售（如布匹）。

2）它的 PLU 数可以做到几十万条，具备支持同层（通层）销售方式。

3）对所售商品进行打折销售（折扣率、折扣额），并且对打折商品记录备案。

4）使用键盘的键数多，可以允许使用者对键值进行定义，将使用率高的商品（或将商品大类）定义在键盘上，实现某些商品的快速键销售。

5）具备多种结算方式，例如现金、支票、信用卡、会员卡、礼券、签单（在实时联网情况下）等付款方式，并且可以进行价格查询。

6）销售辅助功能，例如：存取备用金和支取现金或票据的操作，输入有误时的更新操作；销售时顾客显示器随时显示当前销售数据或显示简单的广告信息以及对特定交易销售商品的种类实行授权等。

2．良好的操作界面

1）其采用显示器作为操作显示屏，一般屏幕基本画面包括时间信息、收银员信息、销售信息以及种种提示信息，并且所有显示信息均是中文，为操作人员提供一个良好的操作界面。

2）键盘使用中文标识，可以进行中文录入，一些高档键盘还有磁卡阅读功能。

3．健全的管理功能

具备较健全的管理功能是其与 ECR 的重要区别之一，它硬件环境不论是数据存储容量、信息交换能力还是软件管理功能都要比 ECR 强许多倍。因此可以做到实时传送信息、实时提供各种报告、及时反映商品有动态变化过程，使得商品管理能够进行定质、定量分析，从而使在任一时刻、任一过程了解企业的经营情况成为可能。

4．丰富的统计报表资源

它能够提供的统计报表主要包括：收款汇总统计表、部门汇总统计表、收款机汇总统计表、收款机销售明细表、销售明细统计表、日交易折扣表、退货明细统计表。

5. 可提供多样化的分析报告

可提供报告的主要类型有：营业分析报告、区段时间统计报告、时间段交易统计报告、历史数据统计报表、商品库存统计报表、畅销滞销商品的分析报告。

另外，POS 收款机对操作者也可以进行等级管理，一般通过钥匙控制和密码口令区分等级，可按普通收银员级、收银主管级、经理级（系统操作员）等。

第二单元　收款机的操作规程

通常 pos 收款机的操作规程是按软件设计的特定要求进行，不同的商业形式有着不同的操作规程。但是，无论是什么形式的卖场都应重视员工的操作水平，如不符合规范操作的要求，就必须重新进行培训或训练。为使了收银员进行规范化的操作，下面主要介绍收款机的工作流程、收款机操作前的准备工作、收款机的操作流程等内容。

一、收款机的工作流程

1. 收款机的基本工作流程

收款机在初次使用前，要根据商家的不同要求，对收款机进行初始化的设置。初始化的设置是由系统员来完成的。初始化设置的基本内容见操作归类（按照软件开发商操作说明执行）。收款机的工作流程如图 5-3 所示。图中是指一般 ECR 和 POS 的工作流程。

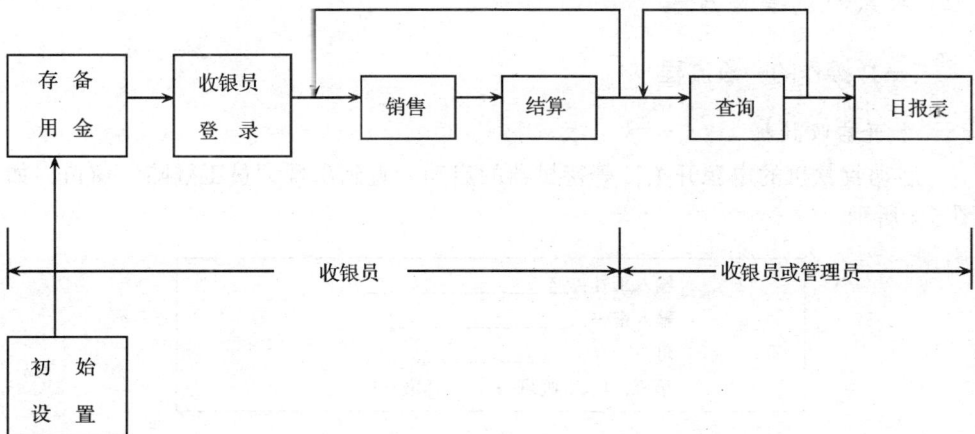

图 5-3

2. 收款机的操作归类

由于收款机的档次有高有低，而且各种不同厂家的收款机或不同公司编写的POS 软件操作顺序有所不同，所以要对其操作进行归类（只是一般意义上的）。

其收银员操作内容如下：

1）PLU 销售：输入营业员代码、输入商品编码、输入商品数量、输入折扣率或减额、输入顾客金额。

2）部门销售：输入营业员代码、输入部门代码、输入金额、输入折扣或减额、累计、输入顾客金额。

3）浮价 PLU 销售：输入营业员代码、输入商品编码、输入商品数量、商品单价、输入折扣或减额、累计、输入顾客金额。

4）挂账退货。

5）结算：收款（输入现金、支票、信用卡、外币、其他）、总额结算。

6）交接班的处理。

二、收款机操作前的准备工作

1）领取收款机钥匙并放在收银员正常的位置上。

2）检查收款机的电源是否正常。

3）检查收款机、信用卡等设备状况是否处于正常的状态。

4）查看收款机打印纸是否够用。

5）放置足够的备用金。

6）查看发票存根及收款机装置是否正确，号码是否相同。

7）了解当日调价或者促销商品情况。

8）查看系统日期是否正确。

三、收款机的操作流程

（一）操作的一般流程

1．开启收款机

启动收款机的电源开关，等待机器的启动，直到出现"员工登陆"窗口，如图 5-4 所示。

```
输入工号：_____
输入密码：_____
班　　次：_____
早班—1    晚班—2    全班—3
```

图 5-4

2．员工登录

这时收银员应该输入本人的工号、密码和班次登录，如果工号、密码正确则可进入收银系统，如不正确可重新输入，如连续三次输入错误则提示命令关机，这时收银员应该重新启动计算机。如系统未能联网，则出现以下画面，如图 5-5 所示。

```
┃青核对时间，如有错通知计算机房┃
当前日期：05-01-1
当前时间：10∶10∶10
```

图 5-5

收银员应核对时间，如有错误应通知计算机房，否则会出现不可预料的后果！如果收款机号码为非法或已停用，则出现以下画面，如图 5-6 所示。

```
正在检查收款机的合法性．
```

图 5-6

系统即停机，不能使用！如果收款机时间出错，则出现以下画面，如图 5-7 所示。

```
机器时间可能出错，通知计算机房
```

图 5-7

系统即停机，不能使用！

3．主菜单界面选择

当收银员正确登录后，进入收银系统后可看见以下窗口，如图 5-8 所示。按上下左右光标移动键，进行菜单功能选择，选中的有一条加亮条提示，按"回车键"即进入该项功能。

销售开票	查询报表	系统维护	交接班
零售开票	收银员销售统计	网上通知	收银员登录
开票练习	营业员销售统计	商品信息查询	收银员离开
批发销售	柜组销售统计	联网操作	交款单输入
商品盘点	当日小票查询	脱网操作	交款单重打
	历史小票查询	小票号设置	修改操作员密码
	当日小票列表	置日期时间	查询工作日志
	当日柜组明细	红冲小票	安全退出关机
	当日商品明细	收款机信息查询	
	当班柜组对账单		
	当班柜组退货单		
	收银员付款报表		

图 5-8

4. 交易明细的录入

在"销售"窗口中，在明细"货号"栏输入商品代码（可以采用：条码扫描、键盘输入代码、热建三种方法）。如果没有此商品，则不显示该商品的名称等信息并光标停留在"货号"栏中；如存在此商品信息，则将显示出该商品的名称、单价等信息。在"数量"栏中输入销售数量，如果不输入数量缺省为1。如要修改，则可以使用箭头键，将光标移动到需要修改的明细上，直接进行修改，如要删除此商品，按下［删除］即删除光标所在明细。如要将当前交易全部删除，则可以连续按两下［全部删除］。当交易明细输入完毕后，按下［开票］即进入交易开票。

5. 交易开票

按照交易明细的录入所述，进入交易开票后，位于屏幕右上角第二行显示了当前加以的"应收"金额，在"预付"金额中输入顾客所付的金额数，按［回车］键后显示出"应找"金额，再按下［开票］键，当前交易完成。

6. 退货（小键盘的"－"键）

退货功能主要用于顾客对商品质量不满意或收银员在收银过程中出错的校正（如将某商品多扫描一个即多卖一个，而顾客在付款后才发现，并找收银员退钱时）。

当收银员和收款机都有退货权限且符合商场规定时，操作如下：

收银员输入营业员号以及要退商品的编码后按下回车键，再按下"－"键（这时在数量项上会出现一个"－"符号），此时输入要退的数量按下回车键。输入完毕后，按下"＋"键（即付款键），屏幕上会出现应退金额，如果收银员无零钱退给顾客则按下"＊"键，再输入你给顾客的金额按下"＋"键，屏幕上会出现应找回多少钱，当顾客将钱找给你以后最后按一次"＋"键，打印机会自动打印小票，这笔退货交易完成。

同样，若对同一件商品要退多件时，可先输入退货键"－"，再输入要退商品的数量，然后再按 F1（取数量键），最后扫描或输入要退商品的编码。

7. 冲账的处理

所谓冲账，就是对已经做过的交易产生一笔新的交易使之相互冲抵。在"销售"窗口中，按下"冲账"即进入"冲账"窗口。如果屏幕中间出现"经办人登录"的窗口，选择某一笔交易，按下"开票"键后进行冲账。

8. 修改口令

在"销售"窗口状态下，按下功能 1，出现修改口令框：①先输入旧的口令，如果正确就可以输入新的口令；②输入新的口令；③将新的口令再输入一遍，前后口令必须保持一致。

9. 输入缴款单的操作

用光标键移动到"交款单输入"上按下"回车"键即可输入交款单了（这是

每个收银员下班前必须做的一件事）。收银员进入"交款单输入"功能后，将出现画面，如图 5-9 所示。

交款记录				
收银员号　时间　发生金额	100 元张数：	1	金额：	100.00
	50 元张数：	2	金额：	100.00
	20 元张数：	1	金额：	20.00
	10 元张数：		金额：	0.00
	5 元张数：		金额：	0.00
	2 元张数：		金额：	0.00
	1 元张数：		金额：	0.00
	毛票张数：		毛票金额：	0.00
	分币张数：		分币金额：	0.00
	人民币金额：		220.00	
	美元：	US $	金额：	0.00
	港币：	HK $	金额：	0.00
	信用卡张数：		张　金额：	0.00
	支票张数：		张　金额：	0.00
	转账张数：		张　金额：	0.00
	礼券张数：		张　金额：	0.00
	会员卡张数：		张　金额：	0.00
	面值卡张数：		张　金额：	0.00
	赊账次数：		次　金额：	0.00
	【按确认键认可】		其他金额：	0.00
	缴款单号：		合计金额：	220.00

图 5-9

收银员逐项输入张数和金额，最后输入缴款单号，仔细核对合计金额后，按"确认键"退出，同时自动打印交款单。屏幕左边显示已交款的清单。如不想输入交款单，按"返回键（Esc）"即可。

10．交接班的步骤

1）早班下班。为避免频繁开关机，早班收银员下班时在输入完交款单后，只需将光标移到"收银员登录"上按下［回车］键（注意：一定要在联网方式下才行，如果不在联网方式下则执行联网操作），首先出现以下界面"输入密码_____"在此输入当班收银员的密码。（此为收银员的签退，在下一班收银员登录前，前一班收银员必须进行签退）。当输入无误后，然后下一班收银员即可登录上网了，登录界面与图 5-4 相同。

2）晚班下班。当晚班收银员输入交款单后，应将光标移动到"安全退出关机"上按下［回车］键（注意：一定要在联网方式下才行，如果不在联网方式下则执行联网操作），这时屏幕上会出现提示："按确认键退出？"此时如果是收银员无意间按错则可按任意键返回主菜单，如果真是要下班关机，则按下确认键

（Home）即可按正常顺序关机了。

（二）特殊操作的处理方法

1. 顾客购买多个同一商品的操作方法

先输入购买的数量，再按下 F1 键，再扫描商品的编码即可。

2. 编码等输入项输入错误时的操作方法

可用 "←" 键盘将错误的字符删除。

3. 删除某一商品的操作方法

先按 ［DELETE］ 键，然后将光标移动到要删除的商品的记录上，再次按下 ［DELETE］ 键将其删除掉。

4. 由收款界面（界面已提示应收多少时）退回到商品输入界面时的操作方法

只用按下 ［ESC］ 键取消它即可。

5. 在交易未完成前（即顾客未付款）取消当前交易的操作方法

首先要将当前交易上的所有商品完全清除 ［DELETE］ 或按下 "/" 键取消当前的操作即可。

第三单元　收款机的操作规范

一、操作的职责与守则

（一）收款操作的职责

1）为顾客提供迅速、准确的结账服务。

2）为顾客提供热情、礼貌的咨询服务。

3）严格遵守现金管理的规章与制度。

4）做好损耗的预防工作。

（二）收银作业时必须遵守的守则

1）营业时身上不准携带现金，以避免引起不必要的误解和可能产生公款私挪的情况。

2）收银作业时，不得擅自离开收银台，以避免造成钱款损失，或引起等候结算顾客的不满与抱怨。

3）不能为自己的亲朋好友结账，以免不必要的误会和可能产生以低价登录商品的机会。

4）不可在收银台上放置私人的物品，以免与顾客退换的商品混淆。

5）不可任意打开收款机的抽屉查看和清点现金。

6）不用的收银通道必须用链条拦住。

7）在营业期间不可看报和聊天，要随时注意收银台和视线内的卖场情况。

8）不准因为结账或者点款而不理会顾客。

二、操作的每日工作流程

每日作业流程可分为营业前的准备、营业中的各项工作、营业结束后的工作三个阶段。通常收银员在营业前与营业后要填写相应的作业检查表格，该表格由收银员每次当班实事求是地填写后，在当班结束后交给店长。而该表格将纳入门店对收银员每月的考核之中。

（一）营业前的准备

1）营业前打扫收银台和责任区域。

2）认领备用金并清点确认是否正确。

3）检验营业用的收款机，整理和补充其他备用物品。

4）了解当日的变价商品和特价商品。

5）检查服饰仪容，佩带好工号牌。

某店营业前的检查、审核表（见表5-1），供参考。

表 5-1

时段	检 查 事 项		执行结果	
			是（√）	否（×）
营业前	整理收银作业区	收银作业区的地板		
		空垃圾桶		
		收银台的头柜		
		购物篮放置处		
	整理，补充必备的物品	所有尺寸购物袋、吸管、剪刀		
		各种记录本和笔		
		干净的抹布		
		空白收银纸及空白统一发票		
		【暂停结账】牌和装钱袋		
	整理，补充所售商品，核对价目牌			
	认领备用金并清点确认（包括各种币值的纸币和硬币）			
	检验营业用的收款机	发票存根联及收执联的装置是否正确，日期是否正确		
		收款机的大类键，数字键是否正确，日期是否正确		
		机内的程序设定是否正确，各项统计数值是否归零		
	检查服饰仪容，保护好工号牌			
	了解当日的变价商品和特价商品（可作适当记录便于查找）			

门店：　　　　　　收银员：　　　　　　　日期：　　年　　月　　日

(二) 营业中的各项工作

1) 遵守收银工作要点, 为顾客作好结账服务。在整个结账过程中, 收银必须做到的三点是正确、礼貌、迅速。其中迅速是以正确为基本前提的。基本的结账步骤如下:

欢迎顾客光临惠顾;

在收款机上录入商品时应读出每件商品的金额;

商品录入结束后要报出商品总金额;

收顾客钱款要唱票——"收您××钱";

找零时也要唱票——"找您××钱";

为顾客提供商品入袋服务。

2) 主动招呼顾客, 对顾客要保持亲切友好的笑容, 耐心地回答顾客提出的问题。

3) 发生顾客抱怨或由于收银结算有错误顾客有投诉时, 应立即同店长联系, 由店长将顾客带至一旁接待, 以避免影响正常的收银工作。

4) 等待顾客时, 可进行营业前各项工作的准备。

5) 不是营业高峰时, 应听从店长安排。

6) 对顾客的引导和提醒。

某店的具体结账步骤 (见表 5-2), 供参考。

表 5-2

步 骤	收银标准用语	配 合 的 标 准 动 作
1. 欢迎顾客光临惠顾	欢迎光临(惠顾)	·面带微笑, 与顾客保持目光接触 ·等待顾客将购物篮里或手上的商品放置收银台上 ·将收款机的活动荧光屏面向顾客
2. 商品录入	逐项审视每项商品的金额	·以左 (右) 手取商品, 并确定该商品的售价及类别代号是否无误 ·以右 (左) 手按键, 将商品的售价及类别代号正确的登录在收款机内 ·登录完的商品必须与未登录的商品分开放置, 避免混淆 ·检查购物篮里是否还留有商品尚未结账
3. 结算商品总金额并告知顾客	总共××元	·将空的购物篮从收银台上拿开, 叠放在一旁 ·趁顾客拿钱时先将商品入袋, 但是在顾客拿现金付账时, 应立即停止手边的工作
4. 收取顾客的钱款	收您××元	·确认顾客支付的金额, 并检查是否为伪钞 ·若顾客未付账应礼貌地重复一次, 不可表现不耐烦的态度

续表

步 骤	收银标准用语	配 合 的 标 准 动 作
5. 给顾客找钱	找您××元	·找出正确零钱 ·将大钞放下面，零钞放上面，双手将现金同收银条一并交给顾客 ·待顾客无疑问时，立即将磁盘上之现金放入收款机的抽屉内并关上
6. 商品入袋	请您拿好	·根据入袋原则，将商品依顺序放入购物袋内
7. 表示感谢	谢谢 欢迎下次光临	·一手提着购物袋交给顾客；另一手托着购物袋的底部。确定顾客拿稳后，才可将双手放开 ·确定顾客没有遗忘的购物袋 ·面带笑容，目送顾客离开

（三）营业结束后的工作

1）结算当日的账目与货款，然后填制相应的单据。

2）在他人的监督下将钱款装入钱袋，然后交给店长。

3）提醒并引导顾客离开卖场。

4）清扫、整理收银作业区域。

某店营业后作业检查表（见表 5-3），供参考。

表 5-3

时段	检 查 内 容	执行结果	
		是（√）	否（×）
营业后	对作废的收银单据进行整理		
	结算账目与货款，填制相应单据		
	在他人的监督下把钱款装入钱袋		
	清扫、整理收银作业区		
	关闭收款机电源并盖上防尘罩		
	擦拭购物篮，放于指定位置		
	协助现场人员处理善后工作		

门店： 收银员： 日期： 年 月 日

三、离开收款机的操作规定

（一）营业期间内正常离开收银台作业程序

当收银员由于种种正当的原因必须离开收银台时，其作业程序控制如下：

1）离开收银台时，要将"暂停收款"牌摆放在收银台上顾客容易看到的地方。

2）用链条将收银通道拦住。

3）将现金全部锁入收款机的抽屉里，同时将收款机上的钥匙转至锁定的位置，钥匙必须随身带走或交店长保管。

4）将离开收银台的原因和回来的时间告知邻近的收银员。

5）离开收款机前，如还有顾客等候结算，不可立即离开，应以礼貌的态度请后来的顾客到其他的收银台结账，并为现有等候的顾客结账后方可离开。

6）离岗必须得到当班经理的同意，不得擅自离岗。

（二）营业结束后需离开收款机的管理

营业结束后，收银员应将收款机里的所有现金（门店规定放置的零用金除外）、购物券、单据收回金库放入门店指定的保险箱内，收款机的抽屉必须开启，直至明日开业开始。收款机抽屉打开不上锁的理由是，为了防止万一有窃贼进入门店时，窃贼为了窃取现金等而破坏收款机抽屉，从而增加公司的修理费。

四、收银差错的作业管理

所谓差错，是指收银员操作的错误（如商品价格录入的错误），商品本身的质量问题或顾客所选购商品非质量问题的退货；顾客携带现金不足或临时退货的处理等等。

收银员在作业时发生错误是难免的，由于故障、条码清晰度、平整度不够等原因，也会发生错误，关键是当收银员作业发生错误时怎样进行纠正及管理。如果没有及时更正错误，不仅使顾客对收银员的工作品质和工作能力产生不信任感，同时也会影响到当天营业额的结算平衡。不同的收银错误，应采用相当的作业处理程序。

（一）结账错误的纠正

1）发现结账错误，应先礼貌地向顾客致歉，并立即纠正。

2）如发生结账价格多打时，应客气地询问顾客是否愿意再购买其他的商品，如顾客不愿意，应将收银结算单作废重新登录。

3）如收银结算单已经打出，应立即将打错的收银结算单收回，重新打一张正确的结算单给顾客。

4）礼貌地请顾客在作废的结算单上签名，待顾客离去之后，在一定时间内在作废结算单记录本上登录，并立即请收银主管或店长签名作证。

（二）顾客携带现金不足或临时退货的处理

1）如顾客携带现金不够，不足以支付所选商品的货款时，可建议顾客办理相当于不足部分的商品退货。此时应将已打印好的结算清单收回作废，重新打印减项的商品结算单给顾客。

2）如顾客愿意回去拿钱来补足时，必须保留与不足部分等值得商品，直至当班结束，而顾客支付的现金等值的商品可在完成结算后让顾客先行拿回。

3）顾客因现金不足，临时决定不购买时，也不可恶言相加，其作废结算单的处理程序与上项相同。

（三）结算作废的处理

此项作业管理的功能是控制收银员不良行为发生的必要手段。

1）每发生一张作废结算单，必须立即登记在作废结算单记录本上，作废结算单上必须有顾客的签名，记录本上必须有收银员和店长两人的签名。作废结算记录本格式为一式两联，一联随同作废结算单转入会计部门，另一联由收银部门留存，必须是一个收银员一本，以考核收银员的差错率等情况。

2）如作废结算记录本遗失，就不能办理结算账单，应视为收银员的收银短缺，由收银员自己负责，这样可以防止收银员以记录本遗失为由，徇私舞弊，如遇特殊情况可补办重领手续，所以作废结算单记录本最好是在收银员下班时交专人保管。

3）所有作废结算单按规定的手续办理，必须在营业总结账之前办理，不可在总结账之后补办，这是收银员可能发生不良行为的补漏手法，要予以重视。

4）如一笔收款结账有多张结算单，只要有其中一张发生错误，应将其余的结账单一起收回办理作废手续。

某超级市场作废结算单（见表5-4），供参考。

表5-4

作废结算明细： 年 月 日

作废单编号	金 额	更正结算单编号	顾客签名及联系电话
作废原因			
备注			

收款机编号：_____ 收银员签名：_____ 店长审核：_____

（四）营业收入收付错误的处理

营业收入收付错误的发生对企业，对收银人员及对顾客都是不利的。

1）收银员在下班之前，必须先核对收款机内的现金、购物券和当日收入保险箱的大钞等的营业收入总数，与收款机结出的积累总账款进行核对，若两者不一致，其差额（不管是盈余或短缺）超出一定金额时（可按各连锁企业的具体规定），应由收银员写出报告，说明盈余或短缺的原因。

2）如是营业收入短缺，应根据收银员的工作经验，收银员当日营业收入金额，分析出是人为或自然因素造成的，决定该短缺金额是由收银员全赔或部分赔偿。

3）如是营业收入盈余，不管是什么原因应由收银员支付同等的盈余金额，因为营业收入中出现了盈余款，说明收银员多收了顾客的购物款，这是有损于收银员和企业形象的，可能导致顾客不愿再度光临的后果，应让收银员吸取教训。

4）收银员对于当班收银的差错情况必须填写收银员结账作业评估表，以说明原因。

某超级市场收银员结账作业评估表（见表5-5），供参考。

表 5-5

收款机编号	交班收银员	接班收银员	实收营业额	收银台营业额	差　额	赔偿额
盈余或短缺原因						
备　注						

门店：　　　　　　店长：　　　　　　　年　月　日

第四单元　收款机的常见故障与排除方法

一、收款机的常见机械故障与排除

1. 收款机没有任何显示

由于收款机放置在货场中，环境比较恶劣，造成此现象的原因很多。如果收款机在此之前一切正常，突然出现此现象，应首先检查电源插头是否被碰掉。如果收款机是与其他设备插在同一个电源插板上，应注意插在电源插板上的其他设备是否有电，并通告有关收款机维护人员，进行相应处理。

当收款机电源正常而没有任何显示时，则有可能是主机板有故障。如由于瞬间电流过大造成主机保险管烧断等。如大头针、水、胶水等落到主机板上，会造成电路短路，烧毁收款机。所以在收款机上严禁乱放杂物，尤其是水杯、胶水等。

2．收款机显示混乱

收款机显示混乱一般是收款机由于意外造成内部程序混乱，需由指定维护人员进行相应处理。

3．打印机不打印或报警

打印机不打印时的检查步骤：首先，检查打印机是否开启（将打印机开启后如果问题仍然未解决请执行下一步）；其次，检查打印电缆是否接好（确认打印电缆接好后如果问题乃然未解决请执行下一步）；再次，是否有打印纸（确认有打印纸后如果问题仍然未解决请执行下一步）；最后，重启收款机，在输入二号登录后系统会自动打印出刚才未打印出的小票。

收款机报警常见的故障有两个：一个是由于打印机内尘土、纸屑过多，挡住传感器，造成报警，这时应打开打印机盖，用吸尘器或吹风机清理打印机内部；另一个常见原因是有物品压在收款机键盘上，造成持续报警。

4．收银箱卡住

收银员一般在每次交易后，将货币放在收银箱内，但如果放置过多，超出收银箱的容纳量，有可能造成卡住。尽管有时放置过多货币没有卡住，也容易造成将货币落入箱中抽屉后面。所以当货币量较多时，就取出一部分另外存放。

5．条码扫描器故障

当条码扫描器扫描后，信息会传送给收款机，由于各种意外，可能造成无法正常通讯。首先，可能连接扫描器和收款机的线路由于意外被碰掉或接口松脱，造成彼此无法通讯；其次，由于意外造成扫描器端口死住，不再进行数据传输。这时一般可以将扫描器电源断掉，再重新接通，对端口进行复位；再次，由于收款机端口部分死住，则需要对收款机端口复位；最后，可能条码扫描器设置意外丢失，则需要重新设定扫描器后才能继续使用。

对于不同型号的收款台机，还有一些不同的常见故障，需要依据具体情况，进行分析解决。以上是针对二类三类收款机的常见故障和排除方法。

二、收款机常见的系统故障处理

1）若在启动收款机时提示"系统硬件故障……"，这时就说明是交款流水号和商品流水号不一致造成的，在查明原因后，使交款库和商品库的最后一笔交易的流水号持平即可，但是应记录下此种情况并及时上报。

2）当一笔交易完成扫码后，进行付款打印时，系统提示"系统内部故障，本笔交易作废，请速找技术人员处理！"应请技术人员迅速赶到收银现场，记录下此笔交易的流水号，并请顾客到另一收银台重新交易。向技术人员说明此笔交易的详细操作情况，并记录在案。然后，按 Ctrl + Enter 组合键，打印出此笔交易的结账小票。退出系统，启动 Foxpro，删除本笔交易的流水号，退出 Foxpro。重新启动系统即可。

3）如果收款机不能上网，一般说来，应把其他收款机上正在使用的网线的一端拿来试试，如果能连接上，就说明是网线的问题；如果不能连接上，就说明是网卡的问题。

4）如果在做好数据的汇总后才发现有一台收款机的数据没有上传（也就是这台机器的销售金额不在汇总金额之内），应尽快处理。

如果当天汇总数据尚未传入后台进行分析，可把这台收款机数据进行上传，并且重新汇总；如果数据已经送入后台（例如：4 月 7 号，11 号台未作数据上传，导致数据汇总及资料统计没有包括 11 号台的资料），就将这台收款机当天的销售并为第二天销售。这样操作之后，11 号台收款机在 4 月 8 号就不能再做销售。

5）网络数据汇总时，系统需要对当天汇总数据进行校验。如进行汇总时，系统报告实时数据和汇总数据不平情况，此时应该及时检查是否确实有数据未上传，确认并处理后，可继续进行汇总。

6）网络数据汇总时应该注意屏幕是否提示"网络数据汇总失败"等字样。如出现后，则系统会提示哪一台收款机的数据有错误。然后，应该调出此台收款机的销售数据加以分析，并作出处理。处理完毕之后则应重新汇总，一直到准确无误为止。

7）在更换程序之前，应对老程序加以备份后，先对其中一台收款机进行实验性更换，确认无误后，再全面更新程序。

第五单元　IBM Sure One 前台作业系统操作实例

一、选择菜单、窗口和特殊键的使用

前台作业系统完全由选择菜单来执行各种功能操作，并且充分使用窗口，根据不同的操作将会有不同的窗口出现在屏幕上，这使得系统可以符合不同销售类别的需求。而特殊键功能使数据输入过程更为可靠。

借助不同的光标移动键，可以修改窗口中的输入数据。当数据输入完毕后，操作员必须确认数据正确与否。在确认前，允许收银员修改数据，该修改的动作不会被记录下来，不过一旦操作员已确认数据，欲再去作修改的动作，则修改会被记录与稽查，所以非常重要的一点是收银员在做确认动作前一定要确定数据是正确的。

二、销售人员编号与部门代号

通常每个销售人员都有一个编号，在进行每笔交易时，收银员可根据客户化的定义，选择先输入销售人员编号，而后在销售单品编号栏上，输入数量（数量＋"Q"或"＋"），或输入部门代码（部门代码＋"D"或"'"键），或直接输入单品编号。当输入单品编号按 Enter 键后，所查有价格就立即显示，若无价格就出现单品窗口，继续输入单价，数量和折扣。

三、销售选项及销售窗口

销售人员协助客户产品的挑选，当货品挑选程序完成后，销售人员必须为顾客包装好商品，而顾客需支付相对于商品价格的金额。整笔交易都将被记录下来，而交易的记录就是店内 IBM Sure One 前台收款的主要工作，这些被记录下来的信息基本上分四种类型，即发票一般信息、每个销售单品的明细数据、详细的付款数据、折扣。

（一）发票基本信息

发票一般信息包括：

1）交易流水号。店内 IBM Sure One 收款系统为辨识每位顾客交易所给予的独一无二的编号。交易流水号由工作编号加上流水号组成。

2）交易的时间和日期。

3）销售人员编号。

4）贵宾卡号——对本店来说非常重要的客户，都给予一个编号，用以了解这些贵宾喜欢去哪家分店　还有他们喜欢买些什么东西，而店内可借助这些信息给顾客提供更好的服务。

（二）销售单品的明细数据

有两种销售窗口用来记录每位顾客所购买的商品，第一种销售窗口是设计给专柜销售用的，而另一种是给店内经营单品销售的自营柜。它们之间唯一的不同在于专柜销售窗口中数据页不显示单品编号和单品售价及单品名称，因为不需要，也没有任何效用。

如果前面所述单品的销售直接由店内经营，那么对每种不同的商品也许要有不同的销售窗口。就顾客所购买的商品来说，店内 IBM Sure One 收款系统将需要或计算以下的信息：项号、部别号、单品编号、单位原价、数量、总原价、总售价、折扣率。

在单品数据文件中，对每个单品除了有零售价，有的还有批发价，若要作批发销售时，输入单品编号后先显示零售价（标有 R），然后按"W"键，将零售价变为批发价（标有 W），如图 5-10 所示。

在一笔交易中，"项号"不得超过 90 项，购物太多时可分开按多笔交易进行结算。系统在超项后会出现提示，让用户结束交易。

交易流水号：00-888888		IBⅡ—RSBU 《销售作业》				销售人员：77777	
日期：2005/01/01		时间：10:10:10			版本：2.0		

项号	部别号	单品编号	单位原价	数量	总原价	总售价	折扣率
1	010000	0000000000055	0.55R	1.00	0.55	0.55	0%
2	010000	0000000000022	8.00R	1.00	8.00	7.50	6%
3	010000	0000000000022	7.00W	1.00	7.00	7.00	0%
					15.55	15.05	
消息						状态：连线	

图 5-10

当按部门销售时，输入部门号后，单价与数量要手动输入，如图 5-11 所示。

交易流水号：888888		IBⅡ—RSBU 《销售作业》				销售人员：77777	
日期：2005/01/01		时间：10:10:10			版本：2.0		

项号	部别号	单品编号	单位原价	数量	总原价	总售价	折扣率
1	010000		0.55R	1.00	0.55	0.55	0%
2	010000		8.00R	1.00	8.00	7.50	6%
3	010000		7.00W	1.00	7.00	7.00	0%
					15.55	15.05	
消息						状态：连线	

图 5-11

当项号已超过一屏时，可按"A"键上卷一屏，并在屏幕信息处显示"卷动状态"，也可按"Z"下卷一屏，当卷到最后一行时，按"Esc"键清除"卷动状态"后，还可继续输入单品编号。

当输入单品编号后，若要对当前输入的单品进行单件或多件折让，请分别按"S"或"P"键，会弹出窗口输入折让金额。

销售作业中，如在赠送有关文件中定义，例如买 3 个 A 送 1 个 B，这时可以进行数量折让，或进行组合销售，但是送的物品不再享受打折，也不能算作积累数再享受赠送。

（三）详细的付款数据

店内的顾客拥有许多的付款方式取代现金交易。除了现金以外，还有"塑胶"货币，如信用卡、预寸卡、转账单和 IC 卡。使用信用卡购买的客户正在增加，所以使用信用卡付款逐步成为商品交易的付款方式之一。目前，不同形式的信用卡片仍不断增加，而现阶段有些卡片虽未被店内所接受，但我们确知未来一定能达到全面接受的目标。而除了现金和塑胶货币外，顾客还可使用有价券来支付购买金额，这些有价券包括：礼券、支票、抵用券等。

正因为有这么多种付款方式，所以顾客可以交错使用这些方式付款（例如：顾客买 1000 元的商品，他可使用 200 元的礼券，300 元的支票及以信用卡付款的方式付剩余的 500 元），店内 IBM Sure One 收款系统使用—付款视窗来方便收银员的输入作业。

（四）折扣

店内 IBM Sure One 收款系统允许做单品（小计前折扣和小计后折扣）。这种情况下，即可输入折扣率，也可输入金额，对单可输入单个或多个折扣率或金额。

单品折扣是店内或专柜厂商对某些特定商品所做的折扣，而其他商品可能就不享有这种优惠。小计后扣是发票上全部单品均享有折扣优惠，而非对某单项产品的折扣。举例来说，店内卡折扣，店内雇员购物时，节假日当日折扣销售、某个柜台有折扣销售，通常就属于这种折扣方式。不过也并非所有全部商品都享有折扣。收银员只需要输入折扣率，则系统将会自动计算确实的折扣金额。

（五）键盘及特殊键

虽然前台系统装有一个条码扫描器，但是多数数据仍需要由键盘输入、为了让系统使用效率提高，简易收银员的操作，在本节中，将说明键盘和许多特殊键的设定。

1. Enter 键

这是个非常重要的按键，它有两个用途：

第一个用途是提示数据结束，当收银员输入一个字符或一个数字时，电脑并不知道其是否是最后的字符或数字，所以 Enter 键用来提示一个字符串或一个数字的输入结束。

第二个用途是在屏幕出现反显亮条要确认数据输入正确。如上所述为充分发挥店内 IBM Sure One 收款系统前台工作站的处理功能，用开窗口方式来处理较繁杂的数据。由于收银员要输入很多数据，发生输入错误是不可避免的。所以在当前窗口的数据输入完后，会提供收银员修改数据的机会。待输入和修改完毕后，会要求收银员确认数据的正确性，当按下 Enter 键，确认数据输入正确；而按其他键则表示数据还有错，在这种情况下，收银员应使用光标移动键将光标移到错误的数据项上做必要的更正。一般在窗口中有确认时，按 Home 键。

2. 磁卡读出器

IBM Sure One 键盘有附加的磁卡读出器，收银员借助此设备可快速输入信用卡号以取代人工输入方式，不但效率高，而且可降低错误的发生。

3. 光标移动键

IBM Sure One 键盘和一般 PC 键盘相似，它提供以下几种光标移动键。

① ↑（上）、↓（下）：这些键可按箭头方向上下移动，只是光标的移动，而不是修改数据。

② Backspace 倒退键；可将当前位置上的字符消去，而且光标会左移一个位置。

③ Page up、page down、Home、End、Delete 这些键在 IBM Sure One POS 前台操作时，其作用如下：

Home：确认——在窗口中确认所执行的操作。

Delete：九五折。

End：九折。

PgDn：八折。

4. 特殊键

使用特殊键可以提高数据输入效率，特殊键分为以下三类：

第一类的特殊键是用单键取代一连串的按键输入，可以减少收银员敲键的次数，例如：九折特殊键，提供顾客一个百分之十的折扣，收银员只需敲一次九折特殊键，便取代敲键动作。

第二类特殊键的作用在收银员可跳过一些数据栏目，直接将光标移到想到的位置上，例如：处理顾客付款时，付款作业会先打开付款窗口提示收银员顾客可以用哪些不同的付款方式。虽然有许多不同的付款方式，但通常许多顾客是以只付现金成交，故按现金特殊键可直接将光标移到现金付款栏目上，而略去其他付款方式的栏目，完成交易。

　　最后一类特殊键是当收银员有一特殊操作时，可中断系统，例如：按开抽屉特殊键时，则有开锁及打开抽屉的动作。虽然我们定义某些特殊键，但并不表示任何时候使用它都是有效的，只有在某些特殊处理位置上才使用它，才会起作用。

　　例如，当收银员或销售人员在输入销售数据时，在这段时间内付款的特殊键就没有效用，这是因为在这段时间内，系统不准备处理任何付款的数据，故任凭你按任何付款的特殊键都是没有任何作用的。

　　（1）IBM Sure One 前台操作键盘

　　1）按键功能：F1：现金→：小计。F2：礼券←/Insert：交易取消。F3：贵宾卡 q/＝：输入数量。F4：员工卡：小数。F5：信用卡 d/'：输入部门/品类编码。F6：支票 H：价格（部门/品类销售时用）。F7：抵用券 E：重复打印销售小票。F8：小计后折让 Home：确认。F9：前项更正 Delete：九五折。F10：立即更正 End：九折。F11：浮动折扣 Pg-Dn：八折。ESC：退出，返回上一画面。S：单件单品加价销售 s：单件单品减价销售。P：多件单品加价销售 p：多件单品减价销售。A：销售作业屏幕上卷一屏 Z：销售作业屏幕下卷一屏。R：以零售价销售 W：以批发价销售。J：交易挂起 G：恢复挂起交易。

　　备注：

　　① 本键盘表为系统缺省键盘分布表，除 Enter，ESC，BKSPC，数字键，光标键以外用户可通过系统客户化功能自行配置键盘分布。

　　② 在以上键盘表中，"/"表示操作该功能有两种方式。"/"前为 PC 键盘的功能键"/"后为 POS 键盘的功能键。如对于"输入部门"，在 PC 键盘时，按"d"；在 POS 键盘时，按"'"。

　　③ 以上各键不是在所有画面均起作用，如 F1 付款键，只是在付款画面才起作用。

　　2）操作流程：

　　① 输入"销售人员"（其长度缺省 8 位，若输入不到 8 位则会自动补 0，可用客户化设置长度，但长度不可超过 16）。

　　② 输入"数量"。在单品编号栏上输入数量＋"N"键，或"＝"键，若不输入则缺省值为 1。

　　③ 输入"单品"。在单品编号栏上输入单品编号＋Enter 键，缺省长度为 13 若输入不到 13 位则会自动补 0，可用客户化设置长度或输入"部门"，在单品编号栏上输入部别号＋"D"，或"'"键，输入长度缺省为 6 位可用客户化设置长度输入价钱，光标会移到价格栏，在价格栏价格＋"H"键。

④ 折扣：输入折扣（包括浮动折扣，九折，八折，九五折）或者使用加价（s/S）、减价（p/P）键调整价格。

⑤ 小计后输入应付金额：

当输入整数价钱后若选择付款种类后，则小数自动补 0 按 Enter 键查看差多少钱，再按现金一次付清。

（2）销售更正特殊键

这些特殊键允许收银员在销售窗口数据确认前做更正的动作。有以下几种销售更正键：

① 交易取消键：按"←/Insert"键，则这笔交易就被取消挂起来。

② 交易恢复键：在销售作业中输入销售人员代码后，按"G"键。

③ 立即更正键：按 F10 键，取消最后输入的单品（部别）销售数据。

④ 前期更正键：当收银员发现销售窗口数据已经被确认，按 F9 键可修改以前项目的数据。

事实上，收银员应尽量在销售窗口内输入数据，而且在没被确认前应找出错误数据，不要在确认后再去修改。在销售窗口内更改数据并不会被记录下来。但是更改一旦被确认后，并且销售窗口已关闭，数据已经送去打票据时，这时系统才会记录此动作。而且所有的修改记录，将提供对账人员随时稽查。

（3）折扣特殊键

收银员或销售人员在给顾客价格上的折扣有下列几种：

① 按 Delete 键，设定为 95% 折（九五折）。

② 按 End 键，设定为 90% 折（九折）。

③ 按 PgDn 键，设定为 80% 折（八折）。

④ 按 F1 键，设定除了九五折，九折和八折以外的浮动折扣。

⑤ 交易折扣或小计后折扣按 F8 键，给顾客固定金额的折让，只有在付款处理时才使用，而在销售窗口内，则又有不同的数据输入方式。

（4）付款特殊键

这些特殊键允许收银员直接跳到所要的付款方式，而不必经过所有付款方式的栏目，有以下几种特殊键：

① 现金：按 F1 键；

② 礼券：按 F2 键；

③ 贵宾卡：按 F3 键；

④ 员工卡：按 F4 键；

⑤ 信用卡：按 F5 键；

⑥ 支票：按 F6 键；

⑦ 抵用券：按 F7 键；

这些特殊键从字意上就已很清楚，故不另做解释。

（5）其他特殊键

除上述类别的特殊键外，还有以下几种：

① 开抽屉。在付款作业结束时，收款机会自动打开它；但有些时候，收银员也需要用钥匙打开抽屉。例如：当顾客需要换零钱的时候，按"TAB"键就能随时开锁打开抽屉，而系统会将使用特殊键开抽屉的动作记录下来，以警告收银员不可轻易使用此特殊键，除非是有正当理由。

② 屏幕锁定。按"~"键允许操作员随时暂停作业，可执行一个较紧急的工作；按下屏幕锁定键，系统提示操作员输入锁定密码，屏幕上的数据被保留，画面被清除，键盘被锁定，工作站不能执行操作，直到输入正确的解除锁定密码，系统才恢复到锁定前的状况。

③ 回到主画面。按 PgUp 键允许收银员回到主画面。

④ 清除键（空格键）。当收银员正在输入某单项销售数据或付款数据时发现该项数据输入错误，除了可使用上述的 →、← 键和 Backspace 倒退键做修正外，也可按空格键清除整个栏目，重新输入。

实 训 七

组织学生到 POS 机房进行实际操作并进行分组指导，使其掌握收款操作的基本技能。

1）组织学生进行收款机操作前的准备工作。

2）模拟收款机操作的每日工作流程。

3）收款机差错处理的仿真训练。

4）练习营业期间内正常离开收银台作业程序。

5）制造收款机常见故障并让学生进行故障的排除。

第六模块 计算机开票及网络报税技能

第一单元 计算机的开票技能

随着计算机的广泛普及，大量的经济活动采用了计算机开票方式，如银行业务、大型商场或超市收款、企业交易以及其他服务性收费项目等的管理。这种方式具有快捷、省时、省力、便于统计和查询等优点。

计算机开票是指借助于计算机开具的各种工作票据，而狭义的计算机开票特指利用计算机完成打印发票的过程。

使用计算机开具发票主要包括普通发票和使用专门的税控机开具的专用发票两种。二者的共同特点是由防伪控管系统组成，通常包括企业端和税务端两个部分，它的推行可以最大限度地遏制涉税违法现象的发生，有效防范和打击了偷、骗税犯罪行为，提高税务机关查处发票犯罪的效率和税务执法水平。同时还可以促进企业依法申报纳税，提高税收收入的快速增长，为税收信息化建设做出了重要贡献。随着金税工程的广泛实施，专用发票的管理已经纳入规范化、电子信息化的轨道。而普通发票的使用和管理则存在着一定的混乱现象，有待于进一步规范。

由于控管发票的推行很不普遍，各地方的做法目前又不尽一致。考虑到篇幅所限和避免内容重复，与之相关的计算机软件、硬件知识以及计算机、打印机的基本操作技能在这里就不再涉及了。我们仅以实例的方式，站在企业的角度，重点介绍防伪税控机开票及网络报税的一些基本技能。

一、税控机开票技能

(一) 增值税防伪税控系统的组成与主要功能

1. 防伪税控系统的组成

增值税防伪税控系统是运用数字密码和电子信息存贮技术，强化增值税专用发票的防伪功能，实现对增值税一般纳税人监控的计算机管理系统，采用电脑开具增值税专用发票，是国家"金税工程"的重要组成部分。增值税防伪税控系统集计算机、微电子、光电技术以及数据加密技术等为一体，为发票的防伪、识伪、票源和税源控制方面提供了有力的手段。

防伪税控系统分为税务端和企业端两个部分，目前共六个子系统。其中税务端使用的是税务发行子系统、企业发行子系统、发票发售子系统、报税子系统和认证子系统，企业端使用的是开票子系统。防伪税控系统的组成关系如图 6-1 所示。

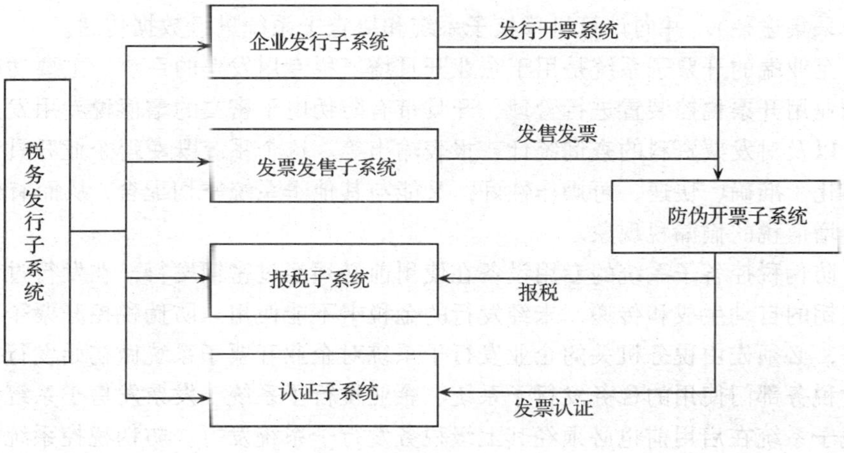

图 6-1

2. 防伪税控子系统的主要功能

税务发行子系统的主要功能是对下级税务机关所使用的税务发行子系统、企业发行子系统、发票发售子系统、认证子系统和报税子系统进行发行。税务部门使用的五个子系统，下级子系统必须经上级税务机关发行方可使用，发行时按照国家税务总局、省局、地市局和区县局逐级发行，不能越级，保证发行过程的严密性和安全性。

企业发行子系统的主要功能是用于税务机关对企业防伪开票子系统所用的税控设备进行初始发行。发行时企业的基本信息，包括纳税人登记号、企业名称、开票的最大限额、月领购发票限量、限次等信息记录在发行数据库中，同时写入被发行企业的开票金税卡和税控 IC 卡中，限定了企业的开票范围，更加有利于税务机关的管理。

发票发售子系统的主要功能是向企业开票子系统发售专用发票。发票发售子系统在向企业销售纸制发票的同时，把相应发票的电子信息写入企业税控 IC 卡中。在发票发售系统中，税务部门对企业发票的领用存情况有详细记录，从而达到了控制票源的目的。

报税子系统的主要功能是接收并审核企业的报税数据，对所辖企业进行已报税和未报税信息查询统计，并向稽核系统传出数据。利用该系统可以采集防伪税控系统的销项发票数据，作为存根联数据的唯一采集途径，为计算机稽核做准备。

认证子系统的主要功能是用于对企业取得的增值税专用发票的抵扣联进行真

伪认证。利用高速扫描仪自动采集发票上的密文和明文图像，通过字符识别技术将图像转换成数据，然后对发票密文进行解密，并与发票明文进行比对，来判别发票的真伪。利用该系统可以采集防伪税控系统的进项发票数据（抵扣联数据的唯一采集途径），并向计算机稽核子系统和协查子系统进行数据传递。

企业端的开票子系统是用于企业开具增值税专用发票的系统。主要功能包括对企业用开票税控装置进行管理、开具带有防伪电子密文的增值税专用发票、抄税，以及对发票资料的查询统计、报表输出等。这个系统既使得企业开具专用发票简化、准确、快速、可操作性好，又能与其他子系统密切配合，从而有效地杜绝了增值税的偷漏税现象。

防伪税控各子系统的专用设备在使用前必须经过密钥发行，在发行过程中完成密钥的自动生成和传递，未经发行的金税卡不能使用。防伪税控开票子系统要启用，必须先由税务机关的企业发行子系统对企业开票子系统做初始发行，与此同时税务部门使用的税务发行子系统、企业发行子系统、发票发售子系统和认证报税子系统在启用前也必须经其上级税务发行子系统发行。防伪税控系统按行政区划设计为四级：国家税务总局、省局、地市局、区县局，发行过程必须逐级进行，不能越级发行。

（二）防伪税控开票子系统

1. 防伪税控开票子系统的组成与主要功能

防伪税控开票子系统运行在企业端，它的主要功能包括对税控金税卡与 IC 卡进行管理、开具带有防伪电子密码的增值税专用发票、抄税，以及对发票资料的查询统计、报表输出等。它既简化了开票人员的工作，又能与其他子系统密切配合，从而有效地杜绝了增值税的偷漏税现象。

防伪税控开票子系统的硬件组成主要包括：开票金税卡、税控 IC 卡、打印机、鼠标；系统的软件组成主要包括：业务处理模块、系统管理功能、系统维护功能、防伪税控模拟功能、联机帮助功能等。

（1）金税卡

防伪税控系统的核心，每台机器内插一块。这是一块智能式 PC 卡，卡内含有三个功能部件：加密功能部件、税控黑匣子、IC 卡读写接口。全部功能在卡内完成。税控黑匣子是一个大容量的存储器，企业开具的发票数据逐票存储于这个存储器中。

（2）IC 卡读卡器

用于读写税控 IC 卡中的信息。

（3）税控 IC 卡

这块 IC 卡里面存放了企业的税务登记号等内容，类似于企业的"身份证"，是进入本系统的"钥匙"。

防伪开票子系统具有以下主要功能：

1）开具带有防伪电子密码的增值税专用发票（包括红字发票）；

2）企业增值税销售情况的自动抄报；

3）各种含税价与不含税价的自动换算，不必使用计算器；

4）方便灵活的客户信息库和商品库操作，最大限度减轻开票人员填写发票的麻烦，缩短开票时间；

5）各种发票库和资料库的统计查询；

6）各种报表的统计、打印。

7）自动形成存根联报表、抵扣联报表及报税数据文件。

2．系统操作

（1）基本操作程序

1）购买发票、开具发票。企业使用防伪税控开票子系统开具增值税专用发票前，首先持税控 IC 卡到税务部门购买发票，购买纸制发票的同时，税务部门将购票的电子信息写入企业的税控 IC 卡上，每张增值税专用发票上的发票代码和号码是唯一的，企业在开票子系统中读入新发票后，就可以开具发票了。开票子系统在开具发票时自来从首张流水号开始顺序使用，直至用完，若无新购发票，系统将自动关闭，不能继续开票。在此，一方面通过购买发票时对实物发票与发票电子信息一致性的控制，使企业难以使用假发票进行开票，进一步增强系统的安全性；另一方面由于税务部门对企业发票的领、用、存情况有详细记录，从而达到了控制票源的目的。

2）防伪与计税。在开票过程中，利用开票子系统提供的加密功能，将发票上的主要内容经过加密形成防伪电子密文（84 位的防伪电子密码）打印在发票上，四联或七联发票一次同时打印完成。由于任何发票的信息不可能完全相同，也就是说每张发票都是唯一的，因此系统采用了国际上先进的加密算法和密码机制，确保每台开票机开具的每张增值税专用发票的密码都是唯一的，并且与每张发票上的各项参数相对应。

防伪专用发票与普通发票不同之处是多了一个密文区，经过加密形成的 84 位密文打印在密文区。

3）识伪。当我们拿到一张外观与用防伪开票子系统开具的发票一模一样的发票时，怎样才能区别出这是一张真发票还是一张假发票呢？

企业将发票拿到税务机关，税务机关人员利用扫描仪将发票扫描到计算机内，计算机通过防伪认证子系统对此张发票进行验证，即可识别发票的真伪。认证子系统是为税务机关配备的，通过它可以判别发票的真伪。

4）纳税申报。为了达到防伪税控系统对增值税专用发票税额监控的目的，每次打印发票时，开票子系统都将发票的交易金额、税额、流水号以及发票使用情况记录在税控设备的"黑匣子"中。黑匣子类似于飞机上的黑匣子，其中的数据一旦写入，只能读取，不能修改。每月报税时，企业必须利用税控 IC 卡抄取黑匣子中的报税数据，并按时到税务机关进行报税，否则开票系统会自动锁死，不能进行开票等业务操作。

因此，企业抄税完成后应及时到税务机关报税，持 IC 卡和打印的销项报表资料到税务部门的征收大厅，由税务部门将 IC 卡数据直接读入即可。如果企业抄税后未能及时申报，在报税起始日后的 10 日内仍能发票，但过了此期限后金税卡就会锁死，无法开票，必须报税成功后方能解锁恢复正常功能。

（2）操作举例

自动生成数据信息的操作步骤：

现以广东省粤税科技有限公司防伪税控管理系统（V9806）为例，介绍防伪开票子系统的操作步骤。

打开机器电源，系统提示输入密码，输入 8 位密码后系统出现图 6-2 所示操作窗口。

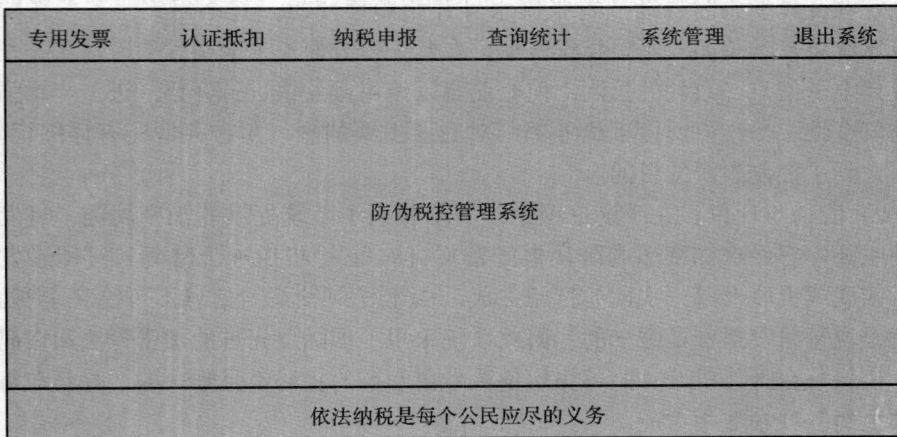

专用发票	认证抵扣	纳税申报	查询统计	系统管理	退出系统

防伪税控管理系统

依法纳税是每个公民应尽的义务

图 6-2

系统主菜单有"专用发票"、"认证抵扣"、"纳税申报"、"查询统计"、"系统管理"、"退出系统"等项。

1）系统管理。

① 口令维护：选择"系统管理—口令维护"，该功能提供输入开票员、收银员、复核员、财务员、管理员等人员的基本信息。

② 户口维护：选择"系统管理—户口维护"，该功能提供输入企业的基本信息，包括企业名称、法人代表、开户银行及账号等。操作窗口如图 6-3 所示。

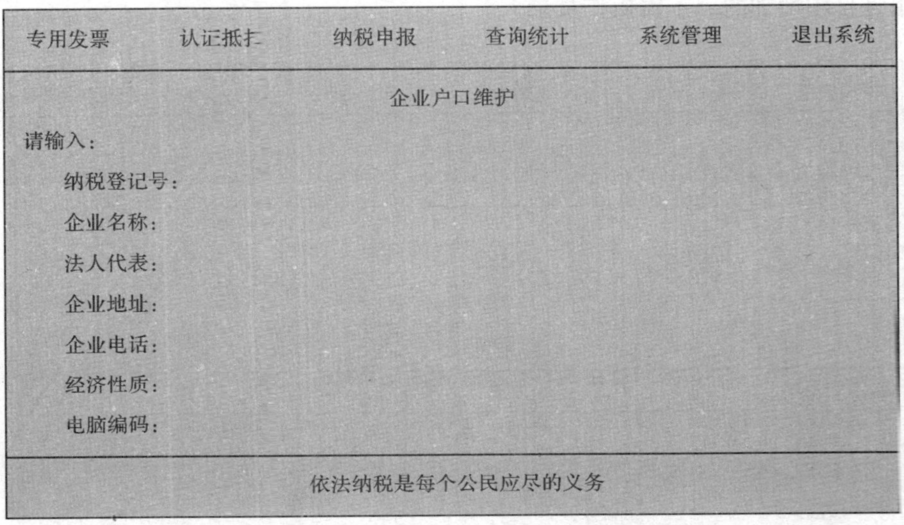

专用发票	认证抵扣	纳税申报	查询统计	系统管理	退出系统

企业户口维护

请输入：

    纳税登记号：

    企业名称：

    法人代表：

    企业地址：

    企业电话：

    经济性质：

    电脑编码：

依法纳税是每个公民应尽的义务

图 6-3

③ 产品管理：选"系统管理—产品维护"，该功能提供对产品进行编号管理，方便开票时使用。操作窗口如图 6-4 所示。

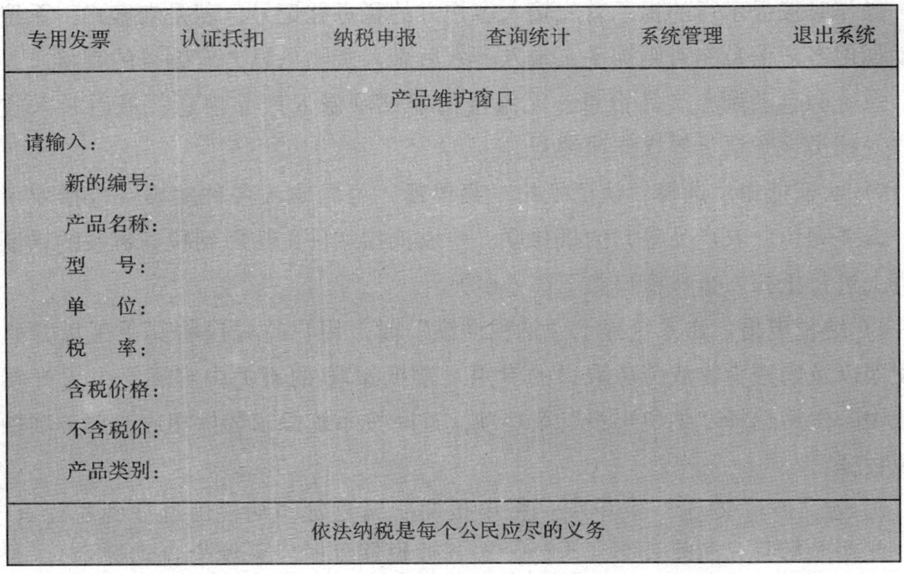

专用发票	认证抵扣	纳税申报	查询统计	系统管理	退出系统

产品维护窗口

请输入：

    新的编号：

    产品名称：

    型   号：

    单   位：

    税   率：

    含税价格：

    不含税价：

    产品类别：

依法纳税是每个公民应尽的义务

图 6-4

2）填开专用发票。选择"专用发票—填开专用发票"，根据提示输入开票员的编号与密码后，系统出现如图 6-5 所示的操作窗口。在窗口中发票号码是自动调用且自动增加的，不需操作员录入。

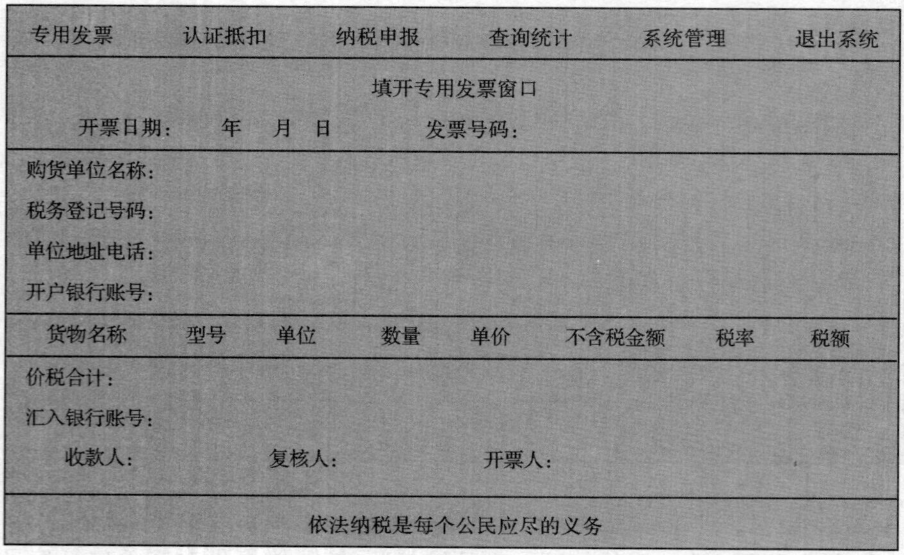

专用发票	认证抵扣	纳税申报	查询统计	系统管理	退出系统

填开专用发票窗口

开票日期： 年 月 日 发票号码：

购货单位名称：

税务登记号码：

单位地址电话：

开户银行账号：

货物名称	型号	单位	数量	单价	不含税金额	税率	税额

价税合计：

汇入银行账号：

收款人： 复核人： 开票人：

依法纳税是每个公民应尽的义务

图 6-5

操作时按提示行的提示首先输入客户方的税务登记号，若是老客户，系统会自动调用客户信息，否则需手工录入；之后录入货物信息，有编号的直接录入编号，系统会自动调出产品信息，无编号的需逐项录入产品信息；最后录入收银员、复核员、开票员等操作员编号。

3）认证抵扣。选择"认证抵扣"菜单项，可以输入各种发票（包括专用发票、海关完税、农产品等）的抵扣联，生成抵扣文件，然后到税务机关的认证报税机上进行抵扣。操作窗口如下图 6-6 所示。

4）纳税申报。当系统提示"纳税期满"时，用户首先应将其手工填开的普通发票以及购进货物或劳务取得的专用发票抵扣联 的有关内容逐笔录入开票子系统中，然后选择"纳税申报"菜单项，这时按系统提示选择相应的菜单项抄取纳税数据：

① 选"抄写 IC 卡"菜单项：将申报期所属月份的纳税信息抄到税控 IC 卡上，此功能每月只能而且必须执行一次（抄税期到时，系统会自动提示），否则系统将自动锁死开票功能。

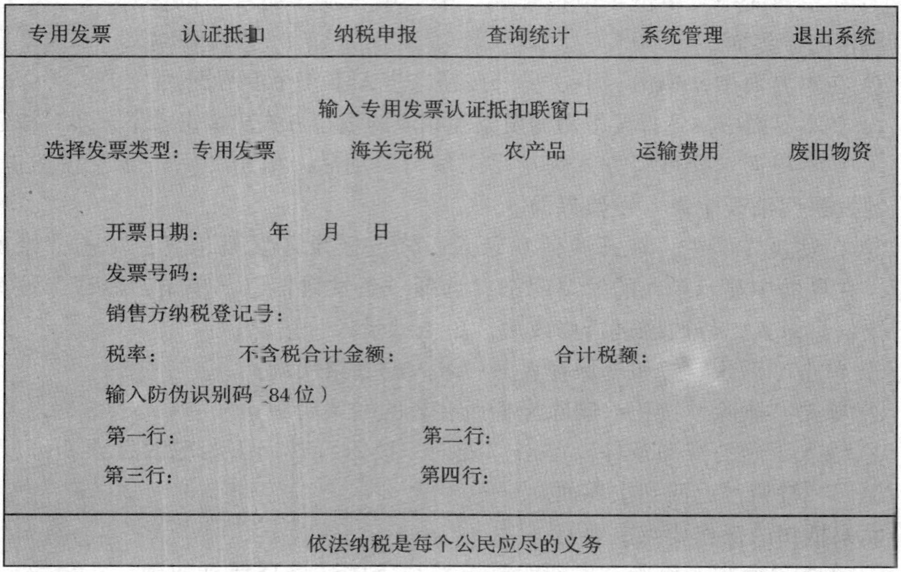

专用发票	认证抵扣	纳税申报	查询统计	系统管理	退出系统

输入专用发票认证抵扣联窗口

选择发票类型：专用发票　　　海关完税　　　农产品　　　运输费用　　　废旧物资

开票日期：　　　年　　月　　日

发票号码：

销售方纳税登记号：

税率：　　　不含税合计金额：　　　　　　合计税额：

输入防伪识别码（84位）

第一行：　　　　　　　　　　第二行：

第三行：　　　　　　　　　　第四行：

依法纳税是每个公民应尽的义务

图 6-6

② 选"生成纳税申报表"菜单项：生成打印《增值税纳税申报表》，用户应如实填报《增值税纳税申报表》的有关资料和销项资料。

③ 选"抄写黑匣子"菜单项：系统自动抄取开票机内的详细纳税信息到黑匣子中。

5）查询统计打印。选择"查询统计"菜单项，系统弹出下级菜单，用户可以选择其中的菜单项进行统计、打印发票的存根联或抵扣联，也可以完成其他的查询功能。在查询统计进程中，用户可以按发票号码或开票日期进行查询、统计。

6）关于"阴阳"票的解决办法。防伪税控系统可以有效地防止企业采取大头小尾等阴阳票的手法作案，由于每次打印发票都使用一个新的发票号码，之后号码自动加1，且每次打印的金额和税额都被开票机详细记录，只能读出不能修改。因此，如果用户企图于具"阴阳"票，这样必须打印两次，从而记录了两次的税额，这样就会重复纳税；同时税控机使用两个发票号，引起后续发票号错位，造成假发票，这是客户不能接受的。这样就可以有效地防止真票假开、大头小尾等种种现象的发生。

7）手工录入的操作步骤。防伪开票子系统除了可以利用管理系统自动生成有关数据信息外，还可录入手工开具的普通发票，以便统计纳税，还可以认证输入各种发票（包括专用发票、海关完税凭证、农产品等）的抵扣联。

手工录入的操作步骤主要有：

① 在主界面中，单击"申报管理"中"填写发票明细"的图标，进入发票填写操作向导界面。

② 在本界面中，单击"下一步"按钮，进入下一个的界面。

③ 在本界面中，选择要填写的发票和相应的填写方式，单击"下一步"按钮。

④ 在本界面选择填写方式为"手工填写"项后，单击"下一步"按钮进入相应的发票明细表中录入发票界面。

⑤ 在发票界面中，在开票信息录入、修改区录入发票信息，单击"录入"按钮，在界面中显示录入的发票明细；选择一条发票信息，单击"修改"按钮，在开票信息录入、修改区进行修改后，单击"录入"按钮；

⑥ 单击"确认"按钮，保存界面中录入的发票明细；

⑦ 单击"删除"按钮，删除光标所在行的发票明细；

⑧ 输入正确的查询条件，单击"查询"按钮可查询出相应的发票明细；单击"返回"按钮，返回到主界面。

发票抵扣的操作要点主要有：

① 在主界面中，单击"发票管理"模块下的"进项票抵扣确认"模块，进入下一界面。

② 在本界面中，分为本期抵扣联信息和期初抵扣联信息，通过鼠标或键盘进行切换。

③ 输入正确的查询条件，单击"查询"按钮可查询符合条件的抵扣联信息。

④ 在信息框中"是否抵扣"栏选中要抵扣的发票联信息；选中全选项可把列出的抵扣联信息全部选中。

⑤ 单击"确认"按钮，保存抵扣联确认情况。

二、计算机机打发票开票技能

普通发票控管系统，是一个以普通发票存根联数据库为核心的普通发票控管系统，它能够实现普通发票的防伪开具、全面报送查验、票表稽核等功能，对普通发票使用过程的各个环节进行全面有效的控制，最大限度地遏制涉税违法现象地发生。

普通发票控管系统包括企业端和税务端，企业端由软件和硬件两部分组成，即由普通发票控管开具软件、计算机和针式打印机组成。一般纳税人使用普通发票控管系统开具普通发票，并在每月报税时把发票信息报送到税务局的数据库中，通过普通发票公众查验系统（电话或上网）对发票信息进行核实，通过普通发票管理系统对报送的发票进行票表稽核比对。

关于普通发票控管系统的基本操作与防伪税控系统类似，这里不再重述。

三、商业 POS 系统

（一）商业 POS 系统的基本组成

商业 POS 系统的基本组成如图 6-7 所示。

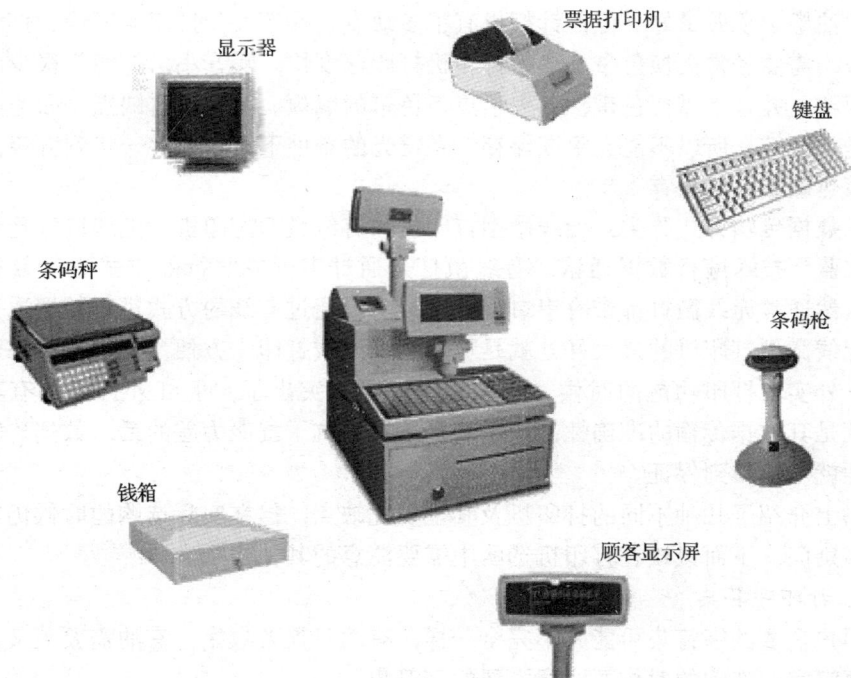

图 6-7

（二）POS 打印机的选购

微型打印机广泛使用在各个行业，比如仪器仪表、超级市场、便利店、邮政、银行、烟草专卖、公用事业抄表、移动警务系统、移动政务系统等等。现在市面上有很多种微型打印机，各自都有相应的适用范围。

下面简单介绍微型打印机的几个类别以及各种打印机的主要特点。

从用途分类：专用微型打印机，通用微型打印机。所谓专用微型打印机是指用于特殊用途的微型打印机，比如专业条码微打，专业证卡微打等等，这些微打通常需要专业的软件或驱动程序进行支持，或者只能配套一种或几种特殊的设备才能工作；通用的微型打印机使用范围比较广，可以支持很多种设备的打印输出，很多所谓的印表机其实也是通用的微型打印机。

从打印方式分类：针式微型打印机，热敏微型打印机、热转印微型打印机等。针式微打采用的打印方式是打印针撞击色带将色带的油墨印在打印纸上。热敏的方式是用加热的方式使涂在打印纸上的热敏介质变色。热转印是将碳带上的碳粉通过加热的方式将碳粉印在打印纸上，目前除了条码打印机和车票打印机，在其他领域国内使用很少。另外还有微型字模打印机，这种打印机多用在出租车上。

针式微型打印机比较常见，打印的单据可以长时间保存，当然，你选购的色带上的油墨必须质量好。但是针打也有很多缺点：噪音大，打印速度慢、打印头损耗快，需要经常更换色带。热敏打印机打印速度快，噪音小，打印头很少出现机械损耗，并且不需要色带，免去了更换色带的麻烦。但它也有缺点，因为其使用的是热敏纸，所以不能无限期保存，在避光的条件下可以保存一年到五年，也有长效热敏纸可以保存十年。

从数据传输方式分类：无线微型打印机和有线微型打印机。无线微打是利用红外或蓝牙技术进行数据通讯，有线微打是通过串行或并行的方式进行数据通讯，当然通常无线微打都带有串口或并口，可以通过有线的方式进行数据通讯。

无线微型打印机的最大好处就是可以实现无线打印，方便，特别是如果你需要在户外实现打印功能的时候，其方便性就更加突出了，但红外打印也有其缺点，就是其数据传输的准确性，如果红外接口的抗干扰能力差的话，数据传输的准确性就不能得到保证。

以上介绍了几种不同的打印机及其主要优缺点，但在实际选购的时候仍然会有很多疑问，下面谈谈在打印机选购中需要注意的其他事项。

1. 打印字符集

用户需要的字符集可能并不完全一样，有的只需要数字，有的需要英文，有的需要汉字，选购的时候要注意需要的字符集。

2. 外形尺寸及重量

如果是放在固定地方的打印机，那么只要空间足够，打印机的尺寸和重量都不必过多考虑，而如果是要求便于携带，就必须考虑外形尺寸及重量了。

3. 电源

现在微型打印机有两种供电方式，一是使用外接稳压电源，另一种是采用充电电池，如果是采用稳压电源，电源质量要高；如果是采用充电电池，要考虑到充电电池的寿命、一次充电可使用的时间及充电电池是否可以方便拆卸，特别是对于户外用户来说，如果一次充电可使用的时间太短，那么电池的寿命必定会很短。如果电池不便于拆卸，那么在户外如果电池的电量耗光，那么打印机就没有办法使用了。

4. 纸卷大小

如果用户使用频繁，那么要考虑纸卷的大小，频繁地更换纸卷是一件令人讨厌的事。

5．打印宽度及打印的数据量

打印宽度最好用每行打印的字符数来衡量，比如同样的 57mm 纸宽，多的可打印 24 个字符，少的只能打 10 个字符，这要根据用户的需求来确定该选用哪一种。

6．耗材

热敏打印机和针打用的耗材不一样，所以同样直径的一卷纸，热敏打印纸长，但贵；针打用的纸短，但便宜。如果根据打印同样的数据量来看，两者在打印纸上的消耗差不多。但针打还要消耗色带，所以，总体来说，热敏打印机消耗的耗材要便宜。

7．使用的方便性

这可能是很多选购者比较忽略的问题，使用的方便性主要表现在各种 LED 灯指示、声音提示、按键功能设计、换纸（热敏打印机在这方面可能具有优势，现在很多热敏打印机都采用蛤壳式装纸方式，可以非常简单快速地换纸，而针打由于打印机芯原理上的限制，无法做到这一点），这些都要使用者自己来体会了。

8．其他特殊要求

还有的用户会有一些特殊要求，比如能打印条码、打印图形等等，可以在不同厂商的不同产品中进行选择。

（三）条码分类常识

条码是由一组按一定编码规则排列的条、空符号，用以表示一定的字符、数字及符号组成的信息。条码系统是由条码符号设计、制作及扫描阅读组成的自动识别系统。

条码种类很多，常见的大概有二十多种码制，目前国际广泛使用的条码种类有 EAN、UPC 码（商品条码，用于在世界范围内唯一标识一种商品。我们在超市中最常见的就是这种条码）、Code39 码（可表示数字和字母，在管理领域应用最广）、ITF25 码（在物流管理中应用较多）、Codebar 码（多用于医疗、图书领域）、Code93 码、Code128 码等。其中，EAN 码是当今世界上广为使用的商品条码，已成为电子数据交换（EDI）的基础；UPC 码主要为美国和加拿大使用；在各类条码应用系统中，Code39 码因其可采用数字与字母共同组成的方式而在各行业内部管理上被广泛使用；在血库、图书馆和照相馆的业务中，Codebar 码也被广泛使用。

EAN 码是国际物品编码协会制定的一种商品用条码，通用于全世界。EAN 码符号有标准版（EAN-13）和缩短版（EAN-8）两种，我国的通用商品条码与其等效。我们日常购买的商品包装上所印的条码一般就是 EAN 码。

UPC 码是美国统一代码委员会制定的一种商品用条码，主要用于美国和加拿大地区，我们在美国进口的商品上可以看到。

　　商业 POS 系统的操作比较简单，具备基本的计算机操作技能即可完成，因此这里不再赘述。

第二单元　计算机的网络报税技能

　　网络报税即远程报税系统，它是以增值税防伪税控系统软件为基础，由企业用户使用开票金税卡或 USB 远程报税器自行完成抄报税操作，将报税数据通过网络传输到税务机关，由税务机关完成解密、比对工作，最后再取得报税处理的结果信息，并进行清卡操作，完成整个报税过程，相当方便快捷。

　　远程报税系统包括企业端和税务端两个部分。远程报税系统企业端需要一台能够接入互联网的计算机；其次，这台计算机必须安装好 USB 远程报税器或者开票金税卡；最后，这台计算机还需要安装远程报税企业端软件。远程报税系统税务端包括位于外网的公网服务器和税务内网的报税服务器以及报税工作站。

一、网络税务申报技能

　　现以航天信息股份有限公司开发研制的纳税申报软件为例，说明网络税务申报的基本操作技能。

　　双击纳税申报软件，在系统管理中重新录入企业的相应信息。当正确输入企业序列号和特征码时"完成"按钮将弹出，单出"完成"系统提示：系统成功注册，请保存好特征码单击"OK"按钮返回纳税申报的主界面。如图 6-8 所示。

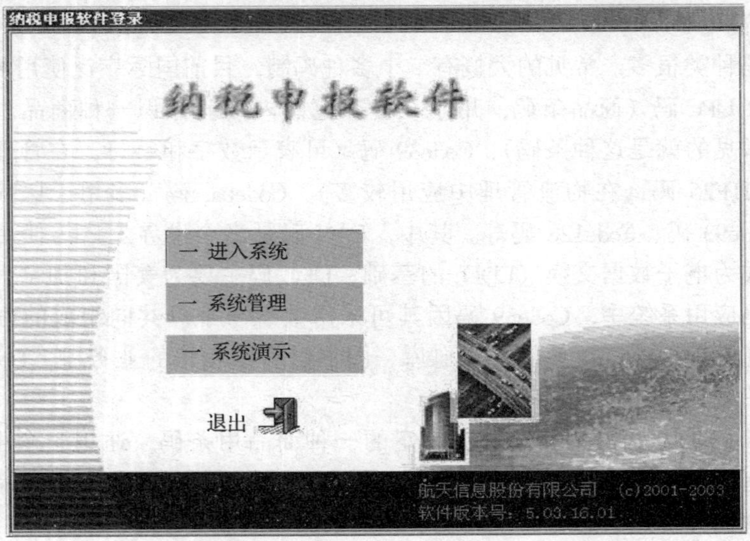

图 6-8

(一) 系统初始化

初次使用本系统，在正式进行业务处理之前必须进行初始化——即录入系统主管姓名、设定开账日期、清空所有业务数据。其操作步骤：

【第一步】以"系统主管"身份登录系统后，在系统主窗口工具条上单击"系统设置"按钮，便打开"系统设置"子窗口。

【第二步】在"系统设置"子窗口中，单击"初始化起"按钮或单击"系统初始化\开始初始化"菜单项，便打开"系统初始化"对话框；

【第三步】在"系统初始化"对话框中，正确输入系统主管姓名和开账年份/月份（申报所属月份），然后单击"确认"按钮。打开"系统设置"子窗口，然后单击子窗口中的"服务设置"快捷按钮，便打开"服务器设置"对话框。在"服务器设置"对话框中的"申报服务器 IP 地址"编辑栏中正确输入申报服务器IP 地址"218.56.36.32"或"211.97.246.121"。

上述信息输入完毕，单击该对话框中的"测试连接"按钮，系统便连接所设置的服务器并给出是否连接成功的提示信息。如果连接不成功，请检查网络硬件连接设备或重新修正服务器设置，再进行测试，直到连接成功为止。这里一定要先做，测试连接然后再击确认。

【第四步】当系统基本设置工作完成后，要开始进行日常业务处理时，则须执行"结束初始化"功能（单击"初始化终"按钮或单击"系统初始化\结束初始化"菜单项）以使系统从初始设置状态转为"正常处理"状态。

系统初始设置的基本流程为：设置申报服务器 IP 地址→下载企业税务信息→下载税务代码信息→设置企业基本信息。

下面分别介绍各项设置的具体操作方法。

1. 下载企业税务信息

【第一步】登录系统并打开"系统设置"子窗口，然后单击子窗口中的"税务信息更新"快捷按钮或"系统更新\征管系统信息下载"菜单项，便打开"网络下载操作"对话框，如图 6-9 所示。

【第二步】在"网络下载操作"对话框中，单击"向服务器发送请求"按钮，则系统便向申报服务器请求下载征管系统信息。如果下载成功便弹出"征管信息下载查询"窗口以显示下载结果；否则便显示上次下载结果（可能为空）。

【第三步】在"征管信息下载查询"窗口，可以按月份查看历次下载结果；也可以利用该窗口下端的"下载"按钮而返回到"网络下载操作"对话框，继续发送下载请求或提取上次下载结果。

【第四步】下载或查询完毕，在"网络下载操作"对话框或"征管信息下载查询"窗口中，单击"退出"按钮便结束该操作。

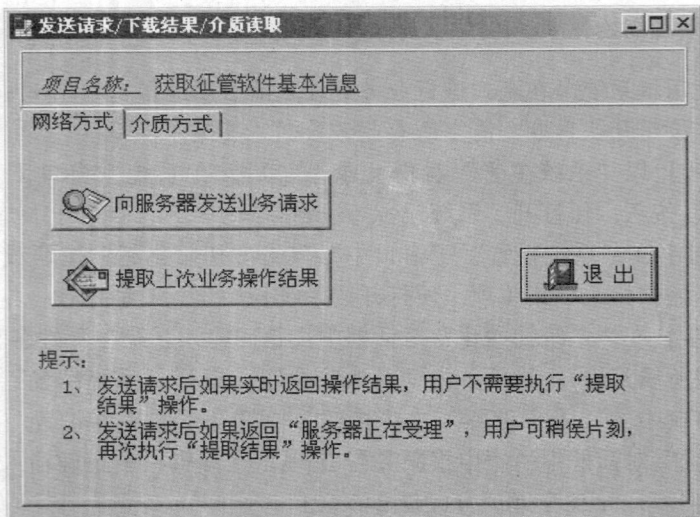

图 6-9

2.设置企业基本信息

在进行了"下载企业税务信息"的操作之后，企业基本税务信息便从税务征管系统下载到本系统，企业无需再手工录入。利用"设置企业基本信息"功能可以查看下载结果或进行数据修改、设置附加信息等操作。操作方法为：

【第一步】登录系统并打开"系统设置"子窗口，然后单击子窗口中的"税务信息设置"快捷按钮或"系统初始化\企业税务信息"菜单项，便打开"企业税务信息设置"对话框。

【第二步】在"企业税务信息设置"对话框中，分页显示各类信息，包括基本信息、申报信息、开票机信息等等，可以分别进行查看。

【第三步】查看完毕，单击该对话框下端的"确认"按钮即可。

注意：凡是从税务端下载的企业基本数据都不可修改，只能浏览。

（二）采集报税资料

1.存根联数据导入

系统设置了三种导入方式，前两种常用：

1) 如果企业使用了防伪开票软件，则选择"采集方式1——从开票软件导入"方式，并指出所用开票软件的版本和开票数据存放路径，然后执行导入功能。具体是：DOS版为4.1票表处理、Windows版为Windows版防伪开票，防伪开票后导入路径为：DOS版为相应盘符下的PB文件夹（一般为c:\pb）；Windows版为系统默认路径（Windows版开票系统应与电子申报系统安装在同一台机

图 6-10

器中)。

2) 如果企业从税务局获得了补录存根联的文本文件，则选择"采集方式 2——从文本文件导入'，并指出文本文件存放路径，然后执行导入功能。例如：原 DOS 版开票的企业，因 DOS 版开票软件和电子申报系统不能安装在同一台机器中，企业到 DOS 版机器中 c：\ pb \ 下拷贝 saleinvh.dbf、saleinvb.dbf、saleinvl.dbf、tabused.dbf 文件，再进行存根联导入。

说明：

① 当存根联数据导入之后，须在"存根联登记"界面对每张发票的发票属性（应征，简易征收，免征，即征即退）进行设置。

② 导入的存根联数据必须与防伪税控开票机的电子信息一致，只允许对"作废标志"项进行修改，其他项目不允许修改删除。

2．抵扣联数据导入

进入"报税资料"模块单击"抵扣联导入"按钮进行抵扣联的数据导入，（目前，抵扣联数据只能在税务机关用软盘导出后，才能进行"抵扣联导入"操作）选择从税务机关、或网上认证导出的认证文件（如：RZ00102370684749863553200 40429152545.xml，文件名中有企业税号、导出时间等信息），按确定按钮执行导入。

说明：

① 在税务机关进行认证的企业，在最后一次认证发票时，同时要带一张空

白软盘，导出本期认证数据。

② 纳税人为网上认证的企业，可以直接从网上认证系统下载 XML 文件导入；亦可在每月申报期第一天税务机关合并完数据后到税务机关下载数据。

③ 当抵扣联数据导入之后，须在"录入界面"对每张发票的抵扣性质（是否允许抵扣）进行设置。

④ 只允许导入和录入开票日期在 90 日之内且本期认证通过的发票。

⑤ 导入的抵扣联数据只允许对"抵扣标志"项进行修改，其他项目不允许修改删除。

⑥ 企业可多次导入发票数据。（建议在每月申报日做此项工作。）

注意：数据正确导入后可在"存根联登记"、"抵扣联登记"模块下对导入数据进行数据查询、相应修改设置。系统保留了手工录入功能，以备用户在需要时使用。

（三）生成纳税报表

"纳税报表"模块的功能如图 6-11 所示。

图 6-11

本软件设置了报表自动生成功能——即在完成报税资料采集的基础上，系统自动生成附表三、四；然后利用汇总功能生成附表一、二；再对附表一、二进行汇总而生成主表。具体填写步骤和方法如下：

【第一步】查看附表三、四：单击图 6-11 子窗口导航图中相应的快捷按钮或主窗口上的菜单项，便打开附表三或四查询/修改/打印窗口，在该窗口中可以查看防伪税控发票存根联或抵扣联是否完全采集、数据是否正确。若不全面或不正确，则应回到"报税资料采集"模块导入、录入或修改发票数据。若发票数据完整正确，则可以进行下一步（还可以打印报表）。

【第二步】生成附表一、二：单击图6-11子窗口导航图中相应的快捷按钮或主窗口上的菜单项，便打开附表一或二查询/修改/打印窗口，在该窗口中单击"汇总"按钮，系统便自动将防伪税控发票存根联或抵扣联以及"普通发票控管系统"中的四小票数据汇总到相应的数据项；其他数据项可以手工填写。确认报表数据完整正确后，则可以进行下一步（也可以打印报表）。

【第三步】生成主表：单击图6-11子窗口导航图中相应的快捷按钮或主窗口上的菜单项，便打开增值税主表查询/修改/打印窗口，在该窗口中，利用"下载"按钮可以从税务端获得报表期初数和累计数；利用"汇总"按钮便将附表一、二中的数据汇总到相应的数据项；其他数据项可以手工填写。确认报表数据完整正确后，则可以打印报表。

注意：

报表窗口工具条上"下载"按钮的功能是，将报表中的期初数据从税务端下载更新，应慎用。报表窗口工具条上"结转"按钮的功能是，将报表中的数据恢复到期初填写之前的状态，应慎用。系统已按照实际报表样式而设置了报表打印格式。如果要打印报表，请单击该窗口工具条上的"打印"按钮，则出现"打印参数设置"对话框，用户可以自行设定页面大小、页面边距等参数，还可以预览打印效果，然后执行打印功能。资产负债表主表中，"资产-1"栏目中的"资产总计"数值必须与"负债及所有者权益-2"栏目中的"负债及所有者权益合计"数值相等，即达到负债表的平衡，系统才允许保存数据。在报表复核后，请单击该窗口工具条上的"复核人"按钮而打开数据编辑对话框，在此输入复核人姓名即可。

（四）电子申报

当本期的各种纳税报表全部填写完毕，便可以利用"电子申报"模块进行申报。其处理流程为：审核纳税报表→生成申报文件→发送申报文件→查询申报结果。"电子申报"模块子窗口如图6-12所示。

（五）纳税报表审核

审核内容包括：① 企业应该申报的纳税报表是否都已填写完成；② 各报表之间以及表内的数据勾稽关系是否正确。操作方法是：单击子窗口中的"报表预先审核"快捷按钮或'电子申报\报表审核"菜单项，系统便执行审核功能，

图 6-12

并显示审核结果。用户可以保存和打印审核结果。

（六）电子文件生成

① 若使用网上申报方式，单击"执行电子申报—进行申报"，单击"向服务器发送业务请求"按钮之后，若网络畅通，则系统自动完成申报及税款划拨工作并返回申报/扣款结果信息。若申报/扣款工作已完成，但没有收到反馈信息，则用户可以利用"提取上次业务操作"按钮来接收并查看申报结果信息。如传送不成功则需根据提示进行相应报表的修改。修改完成后需重新审核、重新生成电子文件并进行数据申报。直至成功申报为止。

注意：采用防伪税控系统的纳税人，必须先到税务机关报税、报送四小票数据（报税、报送四小票数据不分先后）后方能进行增值税电子申报。

② 如果使用介质申报方式，则在"介质方式"页面上执行"请求文件写盘"按钮功能，将申报文件写入软盘或优盘，然后持盘到税务机关申报。申报完成后，再利用"介质方式"页面上的"读取反馈文件"按钮功能获得申报结果。

成功申报后需单击"期间查询"模块按钮，确认账务月份，在每月申报期后（一般在每月 11 日后，遇节假日按税务机关规定顺延）下次申报前单击"期间结转"模块按钮进行结转，以后每月周而复始进行上述各项操作。

二、网络税款缴纳技能

(一) 现行申报缴纳税款的几种主要方式

第一种，在法定的纳税申报期内，由纳税人自行计算、自行填开缴款书并向银行（国库经收处）缴纳税款，然后持纳税申报表和有关资料，并附盖有经收银行收讫税款印戳的缴款书报查联，向主管税务机关办理申报。这种方式简称"自核自缴"。采用这种方式既方便了纳税人，又减轻了税务机关填开税票的工作量。但必须在保证纳税人能正确计算税款并使用预算科目和预算级次的前提下。

第二种，纳税人在主管税务机关指定的银行开设"税款预储账户"，按期提前储入当期应纳税款，并在法定的申报纳税期内向主管税务机关报送纳税申报表和有关资料，由主管税务机关通知指定银行划款入库。

第三种，在法定的纳税申报期间，纳税人自行填写纳税申报表，并携带其他有关纳税资料，向主管税务机关办理申报纳税，由主管税务机关开具完税凭证，交由纳税人向银行缴纳税款。

第四种，在法定的申报纳税期内，纳税人持纳税申报表和有关资料以及应付税款等，报送主管税务机关；主管税务机关归集报缴数字清单、支票，统一交由作为同城票据交换参与单位的国库办理清算。

对于未在银行开立账户的纳税人，可按现行办法在办理申报纳税时以现金结算税款，提倡并逐步推行使用信用卡。

(二) 税收电子缴库的基本操作

现以安徽省芜湖市国税局推行的网上申报系统为例，概括介绍税收电子缴库的基本操作。

1. 概述

税收电子缴库是基于税、库、行已实现联网的条件下，对税款征收业务的处理直接依据电子信息完成税款收缴、上解、入库的过程。税务、国库和银行对税款征收业务的处理直接依据经发送方审核确认后的税款电子信息，不再使用原开具的纸质完税凭证，税务、国库经收处和国库依据税款电子信息记账核算。其主要内涵是税、库、行信息一体化和征税无纸化。

实行税收电子缴库，符合国家金税工程三期的总体思路，进一步方便了纳税人，避免了纳税人为缴纳税款奔波于国税局与银行；同时也减少了税、库、行三个部门的手工操作，节约了经济成本和人力成本，提高了各部门的经济和社会效益，实现了税款的及时入库。

税收电子缴库的总体设计为：国税局根据申报信息等产生缴税信息，并通过税行专线传递至人民银行，联入同城电子清算网络，再由人行通过与各商业银行间的信息传输网络通知各商业银行进行扣款，各商业银行进行扣缴税款回单打印交付纳税人，并将扣款信息反馈人行，由人行与国税局进行对账，实现以人行为中心的税、库、行三方网络一体化。

2. 适用范围

税收电子缴库目前暂适用于市区范围内非个体纳税人正常申报税款、清缴欠税、查补税款、加收滞纳金、预缴税款、预提所得税、缓缴税款等。这里所称的税收电子缴库不适用于采取网上银行方式缴纳税款的纳税人。

3. 纳税人操作步骤

(1) 网上申报

1) 登录"网上申报系统"。纳税人登录芜湖市国税局网站，进入"网上申报系统"，输入税号和密码，单击"登录"。

2) 网上申报。纳税人在网上申报系统在线填写纳税申报表及附表，并进行纳税申报。

3) 电子缴库。在选择申报税种单击"申报"后，纳税人可选择何时缴纳税款，如选择在申报后立即缴纳税款，则单击"确定"；如果纳税人不选择申报后立即缴纳税款，则应单击"取消"，纳税人可以退出网上申报系统。当纳税人不选择在申报后立即缴纳税款，应在申报期满前一日再次登录进入"网上申报系统"，单击左边菜单中的"电子缴库"，在系统出现下一个页面后纳税人选择税种，单击"缴款"。

以下几点要特别注意：

① 纳税人在进入"电子缴库"模块单击"缴款"的当日必须保证自己的缴税账户余额不少于当期申报应纳税款。

② 如果纳税人在申报期最后一日进行网上申报，则不能选择，必须在申报后立即进入"电子缴库"模块进行缴款确认。

③ 如果纳税人已单击"缴款"，则当期申报税款已进入电子缴库的扣划过程，此时，纳税申报不可撤销。因此，请在确认纳税申报无误后再单击"缴款"。

4) 退出。单击"缴款"后，系统出现新的页面，再单击确定，出现另一页面，在选择税种后提示"已提出缴税申请"，此时，纳税人退出网上申报系统即可。

5) 电子缴库查询。纳税人在我局网上申报系统确认缴纳税款后，可在2日后进入网上申报系统单击左边菜单"电子缴库查询"查询缴纳情况。

(2) 清理欠税

纳税人持税源管理中心、稽查局开具的清理欠税通知书到办税服务中心要求缴纳欠税，由办税服务中心进行受理和录入，无需取得税收通用缴款书（税票）。

纳税人在到办税服务中心办理的当日必须保证自己的缴税账户余额不少于应清理的欠税金额和应加收的滞纳金之和。

(3) 查补税款

纳税人收到稽查局、税源管理中心的税务处理决定书并填写送达回证即可。纳税人在送达回证的当日必须保证自己的缴税账户余额不少于应补税款和应加收的滞纳金之和。

(4) 滞纳金

纳税人有未按规定期限缴纳税款情形，依法需缴纳滞纳金，无需到国税局办理任何手续。纳税人在实际缴纳滞纳税款的当日必须保证自己的缴税账户余额不少于应纳滞纳金（应纳滞纳金＝滞纳税款×滞纳天数×万分之五，其中，滞纳天数自滞纳税款之日起至实际缴纳税款之日止）。

(5) 大户预缴税款、延期申报预缴税款

纳税人只需持预缴税款通知书或延期申报申请审批表到办税服务中心，由办税服务中心受理和录入。纳税人到办税服务中心办理的当日必须保证自己的缴税账户余额不少于应预缴的税款。

(6) 稽查补税预缴税款

纳税人只需持稽查补税开票通知书到办税服务中心，由办税服务中心受理和录入。纳税人在到办税服务中心办理的当日必须保证自己的缴税账户余额不少于应预缴的税款。

(7) 预提所得税

纳税人只需持扣缴外国企业所得税申报表到办税服务中心，由办税服务中心受理和录入。纳税人在到办税服务中心办理的当日必须保证自己的缴税账户余额不少于应纳税款。

(8) 缓缴税款

为保证税款及时准确入库，纳税人应在批准的缓缴期限到期前1日持延期缴纳税款申请审批表到办税服务中心办理有关手续。纳税人在批准缓缴期限届满之日必须保证自己的缴税账户余额不少于应纳税款。

(三) 网上银行业务

1. 概述

网上银行业务，是指银行通过因特网提供的金融服务。人民银行负责对银行开办网上银行业务实施日常监督、现场检查和非现场监管。2001年7月10日中国人民银行发布实施《网上银行业务管理暂行办法》（以下简称《办法》）。《办法》规定，银行机构在我国境内开办网上银行业务，应在开办前向人民银行提出申请，经审查同意后方可开办。政策性银行、中资商业银行（不包括城市商业银行）、合资银行、外资银行、外国银行分行开办网上银行业务，应由其总行统一向人民银行总行申请。城市商业银行开办网上银行业务，应由其总行统一向人民银行当地分行、营业管理部申请。

　　网络银行迅速发展，究其原因主要有三：一、有助降低经营成本。在银行经营开支中，以工资和租金占最大比重，网上银行服务则透过电脑处理客户需求，毋须依赖密集的分行网络，还可节省大量人力资源，符合成本效益。二、网上银行服务的潜在发展客户队伍庞大。由于毋须理会时间及地域限制也可处理银行交易，客户可随时随地处理网上个人财务安排，因此特别吸引拥有个人电脑的客户和高级行政人员。三、网上银行更可打破地域界限，因此对在海外没有分行网络的银行来说，非常有实效，网上电子银行这一特点有利这些银行在海外取得突破性的发展。特别是已树立名牌效应的银行更得益。

　　2．业务操作

　　以招商银行网上企业银行为例，介绍其业务操作程序。

　　1）在招商银行开立账户，填写《招商银行网上"企业银行"服务协议》和《招商银行网上"企业银行"申请表》，提交招商银行任一网点审查核准。

　　2）招商银行客户服务中心为企业开通网上企业银行用户，向客户分发系统管理密码信封、IC卡密码信封等。

　　3）用户到开户行网点领取开户资料，数字证书卡及其读写器，预约客户经理提供培训和安装服务。

　　4）进行业务前准备及系统设置，下载安装程序。局域网代理服务器的用户可能需要进行通讯参数的设置；数字证书卡用户宜先安装数字证书卡读写器及其驱动程序，再测试数字证书卡及读写器；然后，各类用户从招商银行网页（www.cmbchina.com）上下载安装企业银行程序。关于具体的操作步骤与其他应用程序大同小异，这里不再赘述。

实　训　八

　　通过税控机及计算机网络练习如下操作：

　　1）练习利用计算机开具发票。

　　2）利用税控机进行开票。

　　3）利用税控机进行报税。

　　4）利用网络进行报税。

　　5）利用网络进行税款缴纳。

第七模块　会计资料整理技能

会计资料产生于单位的经济活动，尤其是会计核算活动之中。主要包括会计证、会计账簿和财务报告等会计核算的专业材料，是记录和反映经济业务的重要史料和证据，因而具有非常重要的保留价值。

各单位的会计资料往往是分散的，数量也很多，类别也比较繁杂，为了对会计资料进行妥善保管，以发挥其会计档案的作用，有必要对会计资料进行挑选、收集、整理，形成会计档案，集中妥善保管，有序存放，以方便检查，防止随意销毁、散失和泄密。

会计资料的整理就是将已收集的会计资料分门别类地加以系统化，按序存放。其整理的目的是对会计资料实行有序管理。整理工作包括系统化、编目以及必要的加工等。系统化就是区分全宗、分类组卷、案卷排列三项工作；编目就是指会计资料的目录编制、备查表的编制等等。会计资料整理是会计档案管理的重要内容，是存放、利用会计档案的前提。

第一单元　会计凭证的整理、归档

一、会计凭证的整理

会计凭证是记录经济业务发生和完成情况的书面证明，是记账的重要依据。会计凭证是会计资料的重要组成部分，也是形成其他会计资料的重要来源。会计凭证包括记账凭证和原始凭证。

原始凭证是在经济业务事项发生时由经办人员直接取得或填制、用以表明某项经济业务事项已经发生或其完成情况、明确有关经济责任的一种原始依据。如发货票、进货单、差旅费报销单等。原始凭证一般作为记账凭证的附件附在记账凭证后面。

记账凭证是对经济业务事项按其性质加以归类、确定会计分录，并据以登记会计账簿的凭证。记账凭证是根据原始凭证编制的。

会计凭证的整理方法是：

1）把所有应归档的会计凭证收集齐全，并根据记账凭证进行分类。记账凭证一般分为收款凭证、付款凭证、转账凭证三种，根据不同的种类，按顺序号或按时间逐张排放好。

2）整理记账凭证的附件（原始凭证），补充遗漏的必不可少的核算资料，剥除不属于会计档案范围和没有必要归档的一些资料。

3）清除订书钉、曲别针、大头针等金属物。

4）将每一类记账凭证按适当厚度分成若干本。

将会计凭证整理好后，应按照有关规定的要求，认真作好会计凭证的装订工作。

二、会计凭证的装订

在装订会计凭证前，检查会计凭证及其附件是否齐全，编号从小号到大号是否连续，把填制好的记账凭证按顺序号排列好，防止编号颠倒；制单、记账、稽核责任者没签字盖章的，要补齐并加盖戳印；编制记账凭证汇总表，试算平衡后，与总账核对，账表相符后，方可着手进行装订。每月装订会计凭证的本数应该根据单位业务量大小来确定，避免过厚或过薄，订本太厚事后翻阅不便，订本太薄，不好保管，容易散失。不准跨月装订。

装订会计凭证要加封面、封底，其格式如图 7-1 所示。

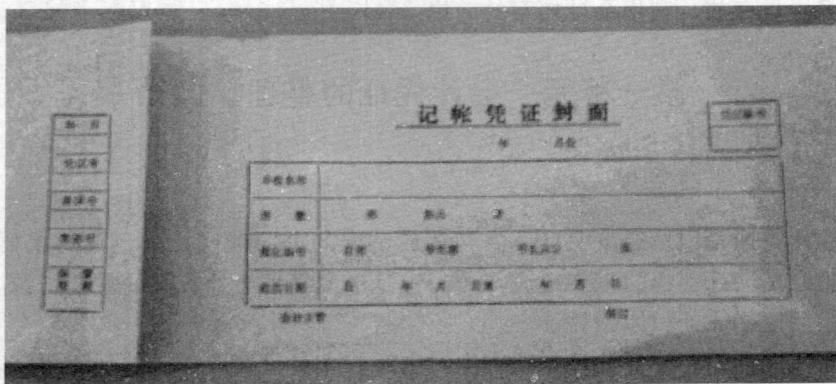

图 7-1

在装订前，要把会计凭证封面叠好，把科目汇总表放在第一页记账凭证前边，按顺序号把记账凭证后边所附的原始凭证墩齐，不规格的原始凭证要叠好，使其不超过记账凭证的长和宽。具体来说：对于纸张面积大于记账凭证的原始凭证，可按略小于记账凭证面积的尺寸，先自右向左，再自下向上两次折叠，如果采用"角订法"进行装订，要把折叠起来的左上角反折成一个三角形，如果采用"侧订法"装订，则要把折叠起来的的左边，留一些空余，另外再用厚纸折成三角或长条，衬在装订处，这样使装订处与不装订处一样厚薄，既美观又便于装订和查阅；对于纸张面积很小、无法进行装订的原始凭证，可按一定的顺序和类别，粘贴在"原始凭证粘贴单"上。"粘贴单"的大小、形状与记账凭证相仿、略小为宜。粘贴时对小票分别排列，适当重叠，但要露出数字和编号，以便于计算和复核。同类、同金额的单据应粘贴在一起，既方便计算，又不易搞错，同时还美观。

记账凭证所附原始凭证的顺序应该是：先是单张的面积小于记账凭证的，后是原始凭证粘贴单，最后是折叠过的、纸张较大的原始凭证。

数量过多的原始凭证可以单独装订保管（不包括发票），在封面上注明记账凭证日期、编号、种类。同时，在记账凭证上注明原始凭证名称、编号及"附件另订"字样。

各种经济合同、存出保证金收据、涉外文件和上级批准文件，应当另编目录，单独登记保管，并在记账凭证或原始凭证上注明批准机关名称、日期和文件字号。

会计凭证的装订办法较多，通常的装订办法有"角订法"和"侧订法"等。

（一）角订法

要先准备一些装订工具，如铁锥或打孔机、剪刀、铁夹、线绳、浆糊、三角包纸（牛皮纸）等。然后将记账凭证的左、上、下对齐，接着便是加封面并用铁夹夹牢。包角纸的大小一般为边长为 13 厘米的正方形剅去三分之一（如图 7-2

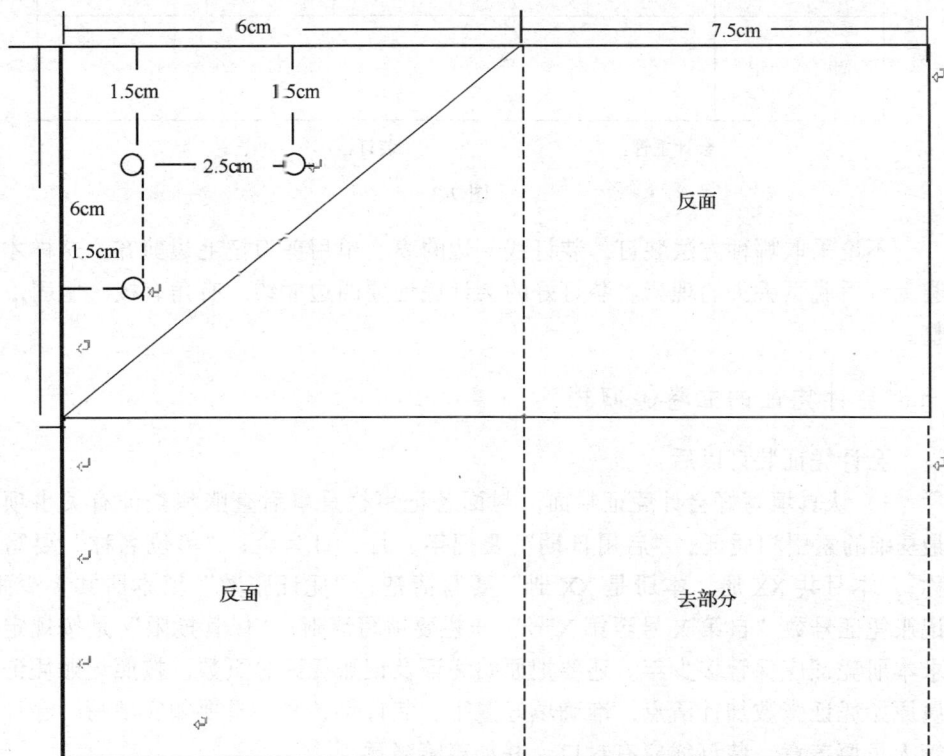

图 7-2

所示），先将包角纸的角对准左上角，反面向上，然后在虚线处打眼、装订、包角。包角的要求是按虚线折叠后，剪去左上角，再在反面涂糨处抹上糨糊，从上方包向背面，再从左方包向背面，然后盖章。如图 7-2 所示。

（二）侧订法

侧订法与"角订法"的不同之处是采用左侧面装订。装订时再加一张纸复在封面上（此封面长，反面朝上），以底边和左侧为准，墩齐、夹紧，在左侧打三个孔，把线绳的中段从孔中引出，留扣，再把线绳从两端孔引过，并套入中间的留扣中，用力拉紧系好，余绳剪掉。复底纸上涂上浆糊。翻转后将左侧和底部粘牢，晾干后，写好封面有关内容即可存查。如图 7-3 所示。

凭证名称	凭证讫号码		记账凭证张数	附件张数	备注
	自	至			
附记					

会计主管：　　　　　　　　装订：

图 7-3

不论采取哪种方法装订，装订线一边的表、单用剪刀把毛边剪齐，这样才能避免订后脱页丢失的现象。装订好的会计凭证要四边成线，有角有棱，坚固，规整。

三、会计凭证的立卷、归档

会计凭证装订以后：

1）认真填写好会计凭证封面，封面各记事栏是事后查账和查证有关事项的最基础的索引和凭证。"启用日期"要把年、月、日写全；"单位名称"要写全称；"本月共 XX 册，本册是 XX 册"要写清楚；"凭证张数"填本册共多少张；记账凭证号数"自第 X 号至第 X 号"一栏要填写清晰；"保管期限"是按规定要求本册凭证应保管多少年。还要把原始凭证及记账凭证总页数，按照记账凭证所属原始凭证张数加计清点，准确填好数字。装订年、月、日要如实填写。会计主管人员要盖章，装订线应有封口，并加盖骑缝章。

2）填好卷脊上的项目。卷脊上一般应写上是"某年某月凭证"和案卷号。

案卷号主要是为了便于保存和查找，一般由档案管理部门统一编号，卷脊上的编号应与封面案卷号一致。

3）将装订好的凭证按年统一编流水号，卷号与记账凭证册数编号应当一致，然后入盒，由专人负责保管。

第二单元　会计账簿的整理、归档

一、会计账簿的分类

会计账簿也称为会计账册，是记录会计核算过程和结果的载体。会计账簿的形式和种类很多，按照其外表形式分类主要有"订本式账簿"，如总账、日记账（现金日记账、银行存款日记账）等；"活页式账簿"，如材料、费用、往来等明细账等；"卡片账簿"，如商品保管卡等。按用途分主要有"日记账"、"分类账"、"备查账"详见图 7-4 所示。

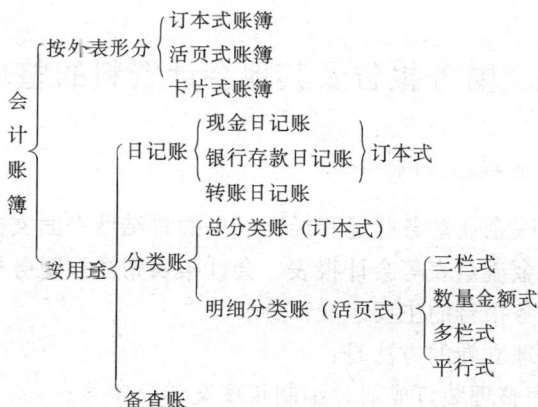

会计账簿
- 按外表形分
  - 订本式账簿
  - 活页式账簿
  - 卡片式账簿
- 按用途
  - 日记账
    - 现金日记账
    - 银行存款日记账 （订本式）
    - 转账日记账
  - 分类账
    - 总分类账（订本式）
    - 明细分类账（活页式）
      - 三栏式
      - 数量金额式
      - 多栏式
      - 平行式
  - 备查账

图 7-4

二、会计账簿的整理、归档

会计账簿作为全面、系统、连续地记载各种经济业务的工具，是编制各种财务报告所需要经济资料的三要来源，也是检查、分析和监督单位经济活动和财务收支的依据。因此，会计账簿是储存数据资料的重要会计档案，整理时要做到以下几点：

1）为保证会计账簿记录的合法性和账簿资料的完整性，明确记账责任，便于查阅，账簿在启用时，都要在账簿的扉页填写"经管人员一览表"和"账户目录"。

2）对活页账簿，如明细分类账等，在会计年度结束后，要及时加工整理。

①在装订前，撤去账夹和空白账页，填齐账户目录页号，还要分别会计科目在账页的右上方编上总页数和分页数；②在前后加装会计账簿封面、封底，并在扉页上填写好启用表；③按封面、账簿启用表、账户目录、账页、封底顺序排列，装订成册，封口处加盖装订人名单，账簿脊背注明所属年度。

3）对订本账簿，如日记账、总账等，在会计年度结束后，也要及时加工整理。为了保证账簿的原来面貌，不撤去空白页，但需要在记录账页的最末一行下划红线，以示结束使用，并在账户目录上，详细记录使用账页的页数和空白账页的页数。

4）认真填写会计账簿案卷的封面。详细写明：单位名称、会计年度、账簿名称、账簿编号、本账起讫页次、记账人员和会计主管签名盖章等。

5）会计账簿一般按年编号，除跨年度使用的账簿外，应按照总账、现金日记账、银行存款日记账、往来明细账、存货明细账、固定资产明细账、收入明细账、成本明细账、其他明细账、辅助账簿的顺序，编制年度案卷总序号来立卷归档。

第三单元　财务报告及其他会计资料的整理、归档

一、财务报告的整理、归档

财务报告是反映企业财务状况和经营成果的总结性书面文件，它包括资产负债表、利润表、现金流量表等会计报表、会计报表附注和财务情况说明书等。其中，会计报表是财务报告的主要组成部分。

财务报告的整理立卷的方法是：

1）按月份顺序整理装订成册并编制年度案卷总序号；

2）月内按合并会计报表类、汇总会计报表类、本企业财务报告类、个别财务报告类的顺序整理，类内按会计报表、财务情况说明、内部会计报表、财务分析的顺序整理，会计报表按其编号的顺序整理；

3）财务报告有月报、季报、年报。所以，一般按月报、季报、年报分别整理、装订、立卷。年终决算报告要单独整理立卷，装订一册，季报和月报，可根据张数的多少，立成一卷或数卷；

4）平时，月（季）财务报告，由会计主管人员负责保存。年终，将全年财务报告，按月份的时间顺序整理装订成册，登记《会计档案目录》，逐项写明财务报告名称、页数、归档日期等。经会计机构负责人审核盖章后，由主管财务报告的人员负责装盒归档。

财务报告的装订应以左上角齐。装订顺序是：①封面；②财务报告说明书；

③会计报表；④封底。

二、其他会计资料的整理、归档

其他会计资料包括财务收支计划、工资计算表、银行存款余额调节表和银行对账单、经济活动分析报告、审计报告及比较重要的经济合同等。这些资料不需全部移交档案部门，有的在一个很长的时期内由财会部门保存，这就需要认真筛选，把收集起来的这些资料，逐件进行鉴别，将需移交档案部门保管存放的，另行组卷装订，按要求移交。

一般来说，其他会计资料应按照银行存款余额调节表和银行对账单类，财务收支计划类，重要合同类，会计档案保管清册和会计档案销毁清册类，会计档案移交清册和查阅登记清册类，增设或合并会计科目说明、会计科目名称对比明细表、会计印章启用交接封存或销毁材料类，财产清查类，经济活动分析、审计报告类等其他应保存的会计核算专业资料的顺序整理立卷，类内按照时间顺序，分册或合并装订，并编制年度案卷总序号。

总之，会计资料的收集整理要规范化。卷脊、封面的内容要按统一的项目印制、填写，封面、盒、袋要按统一的尺寸、规格制作。做到收集按范围，整理按规范，装订按标准。

实 训 九

利用前面所练习于具的各种发票以及模拟会计凭证、账簿、报表等进行如下训练：

1）原始凭证整理的训练。

2）记账凭证、账簿以及会计报表整理的训练。

3）会计凭证装订方法的训练（包括"角订法"和"侧订法"）。

主要参考文献

安徽省珠算协会．1997．安徽珠算工作十五年

曹先海．1995．计算技术习题集．合肥：安徽省新闻出版局

计算技术编写组．1991．计算技术．北京：中国财政经济出版社

汪正明．1998．计算技术．合肥：中国科学技术大学出版社

姚克贤．1994．珠算教程．大连：东北财经大学出版社

姚珑珑．2000．计算技术．大连：东北财经大学出版社

张成武．1994．计算技术．北京：中国商业出版社

张筱仲．1998．计算技术．北京：中国财政经济出版社

张昕，韩巨松．2000．微机键盘快速录入技术．北京：中国商业出版社

张晔清．2002．连锁企业门店营运与管理，上海：立信会计出版社